U0508734

美丽不哀愁

伊丽莎白·泰勒的传奇一生

欧阳雪　茜茜　何小东／编著

社会科学文献出版社
SOCIAL SCIENCES ACADEMIC PRESS (CHINA)

图书在版编目(CIP)数据

美丽不哀愁：伊丽莎白·泰勒的传奇一生 / 欧阳雪，茜茜，何小东编著. — 北京：社会科学文献出版社，2011. 10

ISBN 978-7-5097-2702-7

Ⅰ. ① 美… Ⅱ. ① 欧… ② 茜… ③ 何… Ⅲ. ① 泰勒，E.（1932～2011）—传记 Ⅳ. ① K835.615.78

中国版本图书馆CIP数据核字（2011）第 185675 号

美丽不哀愁
—— 伊丽莎白·泰勒的传奇一生

编　著／欧阳雪　茜　茜　何小东

出 版 人／谢寿光
总 编 辑／邹东涛

出 版 者／社会科学文献出版社
地　　址／北京市西城区北三环中路甲29号院3号楼华龙大厦
邮政编码／100029

责任部门／北京社科智库电子音像出版社　责任编辑／马晓星
电子信箱／dzyx@ssap.cn　　　　　　　　责任校对／单远举
　　　　　　　　　　　　　　　　　　　　责任印制／岳　阳
设计制作／**3A** 设计艺术工作室　马　宁　段　丽

总 经 销／社会科学文献出版社发行部（010）59367081　59367089
读者服务／读者服务中心（010）59367028

印　装／北京季蜂印刷有限公司　印　张／20
开　本／787mm×1092mm　1/16　彩插印张／1
版　次／2011年10月第1版　　　字　数／244千字
印　次／2011年10月第1次印刷
书　号／ISBN 978-7-5097-2702-7
定　价／39.80元

幼小的泰勒和母亲萨拉、哥哥霍华德的合影。（由左至右为泰勒、萨拉、霍华德），这个肥肥的小娃娃后来成了世界上最美丽的女人、好莱坞之光。泰勒曾经说，我妈妈是我最好的女性朋友、向导和陪伴者——至少在演艺事业的初期，确实如此。

放莱西回家的小女孩有着能掐出水的皮肤、聪慧的眼神和温暖的微笑，这是泰勒最早的本色出演。

右上：出演《灵犬莱西》里的小女孩时，泰勒11岁。家里的教育令她早早学会筹谋与承担，但是骑着自行车飞快驶过草坪上的小路时，童真的欢乐也是不打折扣的。

右中：泰勒出演的海伦带给简·爱内心的力量，躺在病床上时，她眼神里依然只有关怀，小小年纪的泰勒究竟是何时、怎样具备了这样的眼神，这是一个谜。

右下：小小的泰勒已经具备一种深色调的魅力，那时候被她的微笑折服的人们还不知道她长大会有多美。

11岁的小泰勒在奥森·韦尔斯主演的《简·爱》里扮演主角在孤儿院的朋友。在孤儿院冰冷的环境里，只有她是温暖的。

出演《玉女神驹》的机会是12岁的泰勒自己向公司和导演争取来的，那之后，她一举走进观众心里，成为了明星。同时，因为在拍摄过程中，从马上摔下来，她的一生都饱尝病痛的滋味。这也让她早早不再做梦，直面世态炎凉。

尽管米高梅大力宣传《玉女神驹》的主角是米基·鲁尼（上图中的男孩），然而成为影片灵魂的却是泰勒。泰勒在拍摄之前就会骑马，但为了亲自演出骑马比赛的镜头，她进行了相当严苛的专业骑马训练。

在《玉女神驹》中，泰勒出演的小女孩的妈妈说，人的一生要尝试做一件大事，哪怕这件事很蠢。不仅影片中的女孩听到了，泰勒也听到了，后来她做了很多大事。

　　女孩中奖了，奖品是一匹马，她骑着这匹马女扮男装夺取了赛马的胜利，这就是《玉女神驹》。泰勒曾说："马和狗都是我的老师。"晚霞中，女孩骑着马远去的镜头有如宫崎骏的漫画般经典唯美。

　　17岁的泰勒出演《岳父大人》，这时她已经是人们心中不折不扣的玉女，米高梅的公主。

　　当人们在《岳父大人》中看到泰勒披上了婚纱的同时，她在现实中也穿上了白纱，嫁给了希尔顿的继承人尼克，那是一场宾客云集，令媒体疯狂的世纪婚礼，连戴安娜王妃的婚礼也为之逊色。

　　美丽的少女在等待出嫁，她的父亲则懊恼她为何嫁得这么早。

同样是17岁这一年，泰勒被派拉蒙电影公司借过去，扮演了《小妇人》里的艾米，她是4个姐妹中最漂亮的一个，派拉蒙之所以要借她，很可能是在自己旗下找不到足够美的姑娘了。

《小妇人》中的3个姐妹在看对面搬来的新邻居，一屋子都是姐妹，来了个富有的男孩邻居实在是件美妙的事情。只有泰勒笑得很矜持，好像在说，不就是来了个男孩吗。

泰勒戴着金色的假发演出了艾米，爱撒娇，会骗人，也是4个姐妹中最聪明的一个。戴上金色的假发，她看上去反而更像染过头发的东方人。

1951年，《郎心如铁》上映，拍摄这部经典之作时，泰勒17岁，蒙哥马利28岁。

蒙哥马利的神情中总有一种隐约的脆弱，仿佛他永远不会去伤害别人，而别人很容易就会伤害到他。

《郎心如铁》中的经典镜头，泰勒在左边开车，她的男主角坐在右边。后来几乎在所有她的影片里，都是由她来开车，男人乖乖坐在她身边。

右：当伊丽莎白·泰勒在演《郎心如铁》时遇到了蒙哥马利，她就变成了一块黏在他身后的年糕，并且是终其一生。演得正投入的她不知道，米高梅公司因为出借她给派拉蒙，收取了3.5万美元的报酬，而她本人却只得到1万美元，这时她还太年轻，不了解世道险恶。

左下：泰勒的挚友蒙哥马利·克里夫特。他的脸部线条有种令人难以想象的魅力。

右下：在《郎心如铁》中，导演斯蒂文斯让泰勒和蒙哥马利在草坪亲吻，那是一个极其美好的场景。也是泰勒对他产生类似爱情的情愫的开始。泰勒不知道，在她的一生中，将有多少同性恋、双性恋的男性朋友，而对他们而言，泰勒的存在代表的是母亲式的关怀。

蒙哥马利扮演的男主角正在打电话，他不知道富家千金的芳心已经落到了他的身上。泰勒穿着那件影迷们喜欢极了的白色天鹅绒晚礼服，正带点好奇地看着他。

身份相差太悬殊，相爱也是一种折磨，至少对《郎心如铁》中的男主角来说是这样。他枕在她身上，惶惑不安；她像个温柔的母亲，没有索取，只有纯粹的安抚。

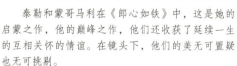

泰勒和蒙哥马利在《郎心如铁》中，这是她的启蒙之作，他的巅峰之作，他们还收获了延续一生的互相关怀的情谊。在镜头下，他们的美无可置疑也无可挑剔。

《劫后英雄传》是20岁时的作品，泰勒穿上了东方的服装。她的风情令人目眩，看上去仿佛同时拥有东方和西方的美。

出演《魂归巴黎》的时候，泰勒22岁，已经有了一个孩子。与其他长发女演员不同，她永远一头短发，却光彩照人。照片左侧是跟泰勒配戏的是风流倜傥的男演员罗杰·摩尔，他是《007》系列中第三任詹姆斯·邦德的扮演者。泰勒是那个年代唯一一个跟所有最出名的男影星都配过戏的女演员。

类似的打扮苏菲·玛尔索曾经做过，但是无论五官的精致程度、不辨血统的魅力，还是形于外的活力，她似乎都比泰勒逊色多了。

《魂断巴黎》是根据F.司格特·菲茨菲拉德的小说《重访巴比伦》改编而成的电影。泰勒扮演的角色原型是菲茨菲拉德的妻子塞尔达。

上：在大多数片子里，泰勒的角色总是热力四射、聪慧有主见；然而在《魂断巴黎》中，因为没有嫁对丈夫，终于红颜薄命了一回。这时她正处于第二次婚姻中，对"不合适的丈夫"的破坏力已经很有体会。

右：22岁的泰勒这时的丈夫是比她大十多岁的英国演员迈克尔·怀尔汀，这位年长的男人不但没有为她带来足够的支持，而且恰恰相反，在各方面都依赖着她。

同样是22岁，泰勒演出了《狂想曲》，她在影片中从未出嫁的少女演到嫁为人妇，终于懂得了爱的真谛。她是这样热情美丽，令人觉得辜负了她的男人都应该遭到报应。尽管这个角色不算突出，至少年轻的意大利男演员带给她性感的能量，这正是她渴望在银幕上，从与她合演的人那里获得的。

不可知的未来需要坚定的心灵才能面对，《魂断巴黎》里泰勒饰演的海伦有这样的力量，但没有目标，而她的丈夫则正好相反。他们的生活一片茫然，巴黎的繁华只是消磨了他们的意气。

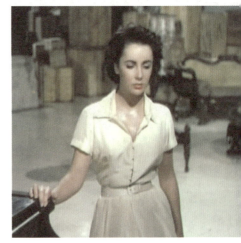

上：宝蓝色的衣服需要极其白皙的皮肤和烈焰红唇才能衬托出风采，穿着宝蓝色小衬衫的泰勒自然地与这个颜色相衬生辉。

右上：《狂想曲》中相当著名的一幕。小提琴家单膝跪在泰勒面前，为她扮演的美貌少女演奏，那一刻，她在聚光灯的正中央。泰勒穿着她最适合的颜色——黑色，像黑玫瑰一样盛放；如果他为别人演奏，那才是件怪事。

右下：《象宫鸳劫》也是22岁时的作品，泰勒无比性感撩人地投入到这个被丈夫疏远冷淡而备受挫折的少妇角色中，她的肌肤如玉一样光泽细腻。

《战国佳人》让泰勒和蒙哥马利又一次合作，他是她最好的朋友、最信任的顾问。泰勒在这部片子里台词顺畅、举止得宜，表现得流畅而富有趣味。

《战国佳人》是一部为了挑战《乱世佳人》而拍摄的影片。当《乱世佳人》拍摄时，泰勒还是个孩子，如果早生十年，她就是天生的郝思嘉，那种高傲和顽强如出一辙。

费雯丽需要挑战演技极限才能具有的眼神，泰勒天生就有。

接演《热铁皮屋顶上的猫》是泰勒的第三任丈夫迈克尔·托德的主意，因为她有猫一样慵懒而锋利的眼神，还有率真火热的性情。然而泰勒的影片还没有演完，她的丈夫就在空难中丧生了。

保罗·纽曼成了泰勒在《热铁皮屋顶上的猫》里的丈夫。在影片中，当他面对妻子富有张力的挑逗时，眼神里只有厌弃和恐惧。现实中的他又是一个同性恋。

导演将重点放在表现泰勒的龇着牙的猫一般的特色上，由于剧情需要，她的举动还带有性的挑逗。

因为身体太差，丈夫又突然空难去世，泰勒在拍摄《热铁皮屋顶上的猫》的后期常常陷入发呆、哭泣的崩溃状态，可是她在镜头前依然是那个活力四射的麦琪。26岁的她有成熟的表演才华和娇美的容貌，这一切都在自内向外地发光。

泰勒一生都喜欢面对真实，她要把潜伏的问题揪出水面，不要表面上的歌舞升平，因为那预示着内在的腐朽和危机四伏。每当她略带讽刺地似笑非笑时，心里就在想该怎样打破那层虚伪的表象。

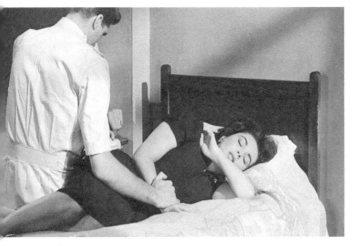

《夏日痴魂》展现了精神上的崩溃与挣扎，然而每当导演喊"卡"，真实的泰勒马上会令房间充满生命力。

演出《夏日痴魂》时，泰勒依然处在对空难去世的丈夫迈克尔·托德的怀念中，公众又因为她与艾迪·费舍尔的恋情而讨伐她，这一切只令她的表演更加深邃厚重。

《夏日痴魂》中，泰勒饰演的女主角的表兄让她穿上性感的泳衣去海滩上引诱年轻的男人们。心理疾病的深渊攫住了每一个人。

从少女时代起，黑色就比任何颜色都更适合伊丽莎白·泰勒，这个令许多人又爱又恨的颜色能衬托出她严冬般凛冽的美貌。在《夏日痴魂》里，一袭黑衣更衬托出女主角凯瑟琳的复杂性格和所面临的困境。

泰勒的挚友蒙哥马利这时因为车祸已经毁容，但镜头下他的轮廓依然无懈可击。他对泰勒来说是兄长般的存在，影片里也一样，只有看到这位稳定平和的精神病医生，少女凯瑟琳才会安静下来。

凯瑟琳·赫本也是《夏日痴魂》中的重要角色，她华美而带有阴森的演技衬托出了泰勒的勇气和蒙哥马利的智慧。

《青楼艳妓》也许是泰勒最不愿意演的片子了，她不愿意演一个活活笨死的交际花。因为合同以及公司的坚持，她还是演了，于是拿到了第一尊奥斯卡小金人。

在《夏日痴魂》的拍摄过程中，华纳公司已经在忙碌地宣传影片，他们拍摄了泰勒穿着白色性感泳衣的照片，却用黑色的氛围来吸引观众的好奇心。影片票房大获成功。

虽然所演的是一个妓女，但是她的仪态依然高雅尊贵。在演这部片子的过程中，泰勒患了严重的肺炎，几乎踏入鬼门关。在她后来的日子里，肺炎几度发作，为她带来了巨大的考验和痛苦。

《青楼艳妓》里，泰勒扮演的格劳丽娅把摆脱生活中各种问题的唯一希望寄托到一个男人身上，这对现实中的她来说是不可能的，几乎是天方夜谭。泰勒相信爱情，但是她从不认为哪个男人会是她的真命天子。

理查德·伯顿和泰勒在《埃及艳后》中诀别，死亡将他们暂时分开；现实中他们正爱得如火如荼，一切刚刚开始。

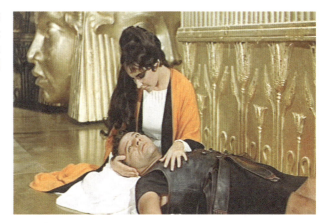

金光灿灿的埃及女王来到罗马，她庄严辉煌的现身瞬间虏获了万千民众的心。在当时的电影史上，这个镜头是空前的。泰勒坐在巨大的石像上俯瞰众生，还有谁能像她那样君临这个世界，诠释那位几千年前的美艳奴隶主。

伯顿和泰勒之间的第一个镜头发生在1962年1月22日，他们之间的电流让导演变成多余的存在。

克里奥佩特拉曾经是玛丽莲·梦露梦想的角色，可是她做不到像这样在展露风情的同时保持威严。

这是一种万有引力。为了能长相厮守，伯顿和泰勒分别离婚了。

30岁的泰勒这时候大病初愈，拍摄一直在重重困难中前进，巨大的场景、糟糕的天气、泰勒的病，还有她与伯顿传出的绯闻都令这部影片充满话题性，也让20世纪福克斯差点破产。

作为那个时代最负盛名的女演员，泰勒有一身冰肌玉骨。她饰演的克里奥佩特拉抓住了恺撒的心。即使在沐浴中，女王也依然保持清醒的眼神。

伊丽莎白·泰勒扮演的埃及女王是永恒的经典，妆上孔雀形眼影，她的样子与古埃及的壁画一模一样。

左：与泰勒合演《春风无限恨》时的伯顿正在巅峰期，他的控制力、爆发力都无可挑剔，英伦风格的风度翩翩中带着狂野，所欠缺的只是一尊小金人。

右：《春风无限恨》中的泰勒是个艺术家，她有艺术家的忧郁与疯狂，还有无可挑剔的服饰搭配力。神秘的紫色与她相得益彰。

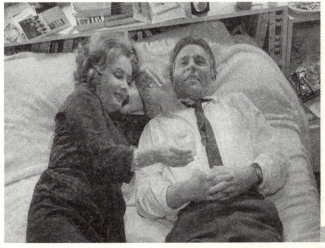

上：为了拍摄《谁怕维吉尼亚·伍尔夫》，泰勒增肥25磅，打扮成老年妇女。她和伯顿作为男女主角双双获得了奥斯卡提名，但只有她获奖，她的表演收放自如，泼辣中带着可爱劲。

右上：《谁怕维吉尼亚·伍尔夫》是一部带点黑色的影片，许多地方照搬了泰勒和伯顿的生活，他们在寻找激情、寻求突破，一些台词令人心酸。尽管扮成中老年妇女，从这张照片可以看出，那时的泰勒依然具有女孩般的脖子和肩膀。

右下：泰勒和伯顿对彼此充满爱意，即使是在演电影，即使扮演的是一对争吵的夫妻，当他们一起躺在床上时，依然有掩不住的温馨和快乐。

演出《驯悍记》时，泰勒和伯顿已结婚3年，除了享受奢华的生活，他们更一起奋斗事业，积攒实力，博取名气。

左上：泰勒和伯顿的互动中有爱和默契，他们是同一种人，在嬉笑怒骂中度过了十多年的时光。

左中：到了《驯悍记》，泰勒已经完全从上一年为了拍戏增肥扮老的状态中恢复过来，重新变得容光焕发。

左下：尽管泰勒总是要求《驯悍记》的年轻导演尊敬她、赞扬她，但她在镜头前的表现确实是最好的。

右下：1987年，泰勒日本之旅，这是她与世川良一的合影，两个人看起来古灵精怪。

理查德·伯顿有一双清澈的蓝眼睛。尽管在《驯悍记》中，他演的男人驯服了泰勒所演的女人，但这并不是这对夫妻真实生活的写照。

终其一生泰勒都是行动派，身体力行地去做各种演出需要的动作，同时她也一直为此付出巨大代价，不得不忍受各种病痛。

拍摄《驯悍记》时，泰勒接到了蒙哥马利去世的消息，然后接下来，她不得不在片场拍下这个诙谐的镜头。好在，伯顿还在她的身边，而且正在努力地冒头。

左下：出演《破镜谋杀案》时，泰勒48岁，这是一个适合她的经典角色，她表演得一如既往地锐利性感。

右下：这时的泰勒是议员夫人，她在投身政界的同时接演了阿加莎·克里斯蒂的小说改编的影片。她的表演中带有上流社会的高贵风范。

电影《郎心如铁》中的蒙哥马利·克里夫特，他是泰勒一生的挚爱。

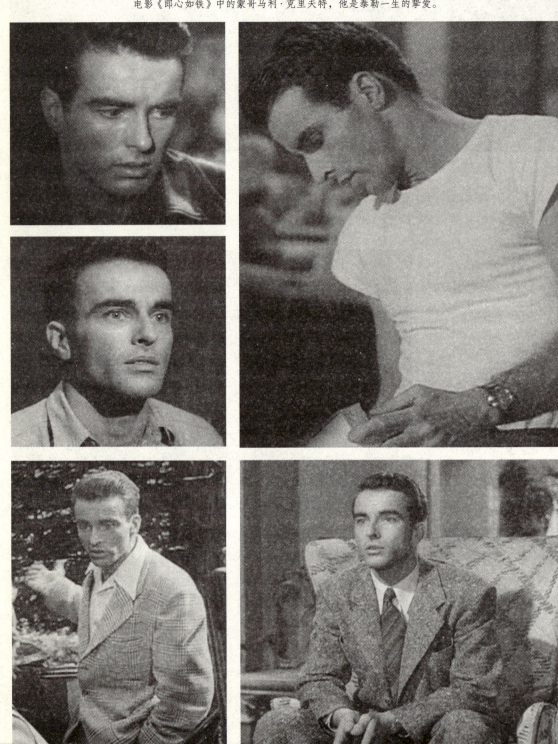

影片《狂想曲》中小提琴家一角的扮演者维多里奥·加斯曼。

影片《狂想曲》中的两个男主角维多里奥·加斯曼和约翰·埃里克森。

左上：《巨人》中的詹姆斯·迪恩　　右：《巨人》中的詹姆斯·迪恩
左下：《劫后英雄传》中的罗伯特·泰勒，他也是影片《魂断蓝桥》中多情的男主角

《巨人》中的洛克·赫德森

理查德·伯顿，他是泰勒的第五任和第六任丈夫。

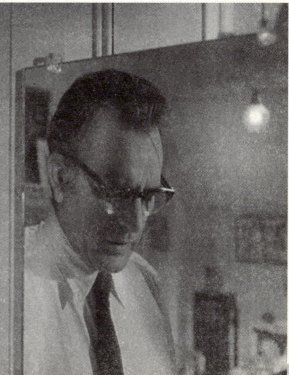

《青楼艳妓》的男主角劳伦斯·哈维，他是好莱坞老牌影帝。

　　　　　《朱门巧妇》中的男主角保罗·纽曼，他在电影中饰演泰勒的丈夫。

前　言

给你一个冥想盆

在好莱坞电影的黄金时代，有太多貌美多才的明星，伊丽莎白·泰勒只是其中一个。那其中大多数人还没等到青春远去，甚至在本应盛放的年华就香消玉殒、黯然陨落了。詹姆斯·迪恩死于疯狂飙车造成的车祸，玛丽莲·梦露猝死在自己的公寓，蒙哥马利·克里夫特因为心脏病突然离世，罗密·施奈德在写字台前停止呼吸……这些明星的真实生活并不如我们想象的那般名利双收和挥洒自如，他们中大多数人的辉煌也只是稍纵即逝，并不潇洒地走了一回。

说到明星的时候，有些人调侃：如果你能红20年，那你就是刘德华。但这仅仅是20年。伊丽莎白·泰勒从《玉女神驹》开始走红，到79岁去世，整整红了70年。人们觉得她是个传奇，认为除了超人的才华之外，她一定是个神奇的"外星人"。

这本书，与其说讲了一个泰勒的故事，不如说是通过对她生活点滴的记录，用简单的语言直接把伊丽莎白·泰勒这个人拉到你的身边，让她坐到你的桌前或者沙发上，就如同朋友一样，让你身临其境地感受她的生活细节。《哈利·波特》中有一个冥想盆，哈利可以

通过它进入不同的时空，站到当事人的身边去体会事情的变化。我们的书就如同这个冥想盆。

你可以通过跟泰勒"近距离"的接触，拨开笼罩在她身外的光环与迷雾，了解到事情的本质。那个时候，你会发现泰勒虽然是明星，但没有那么高高在上，她不过是一个智慧的普通人，只是看待问题的角度和处理问题的方式有些独特超前而已。她所做的事情也没有那么高深莫测。但是全世界都看到，她成功了。

泰勒的美貌和才华是可以给她带来更多的机会，但也会带来层出不穷的问题需要处理。上天对谁都是一样的。如果可以拿出勇气、克制自我，勤奋地运用自己的头脑，积极面对困难，你就是成功者。你不是泰勒（不可能是，但在这个世界上谁也取代不了谁），但如果你有勇气抓住机会，许多事情你也可以做得到，没有那么神奇。你同样可以像她一样驾驭自己的生活，甚至比她活得更充实、更幸福。

现在，让我们翻开这本书，走进伊丽莎白·泰勒。

第一部分 梦想与现实之间的路

泰勒四五岁的时候，皮肤开始变得细腻光润，非常迷人，而且由内向外透出白玉般的光泽，可以说已经初显美人的坏质。最神奇的是，她的那张小脸上总是带着大人般若有所思的神情，大脑袋长在她瘦小的身躯上，散发出与她的年龄不相称的成熟气质。

她学校同学的哥哥动了坏念头，把小泰勒当成了大娃娃，想把她留下来据为己有，于是他把小泰勒捆起来，关在地下室里，觉得这样就可以安全地玩个够了。这个大娃娃又水又嫩，能说会叫，他实在太中意了。

尽管米高梅以另一位参演童星为卖点大力宣传《玉女神驹》，然而成为影片灵魂的却是泰勒，这是她的作品，人们心里只有她。同时，因为在拍摄过程中，从马上摔下来，她的一生都饱尝病痛的滋味。这也让她早早不再做梦，直面世态炎凉。

不知不觉中，那个可爱的小女孩泰勒已经长大了，在豆蔻年华冉冉开放，身边的人发现她已经不再是那个纯洁腼腆的小女孩，她的腮红渐渐褪去，取而代之的是一张冷艳清秀、摄人魂魄的绝世美颜。

无情的战争使格林不得不离开泰勒，背井离乡去了朝鲜。分别的

目 录
Contents

时候，格林跟泰勒含泪吻别，还把他在全美足球赛上获得的奖品——一只金色的小足球留给了泰勒。

泰勒马上将这只足球用项链挂在自己的脖子上，展示她跟格林的爱情和婚约。

她对着小足球含泪发誓要等格林回来："我要等他，等到我18岁我们就结婚。我拍完这部电影就去朝鲜看他，要和他在一起。"小足球作证，泰勒的这些话都发自肺腑，表达她的真情。但是，战争一直在继续，格林总是不回来。

• 第一枚戒指　泰勒和比尔 / 024

在《公民凯恩》中，查尔斯·福斯特·凯恩在孤独死去前，说出了一生中最后一个词：玫瑰花蕾。那是尚未萌芽就失去的美好。不知比尔·威利后来追忆往昔，看着报纸、电视以及银幕上星光熠熠的泰勒，有没有过同样的寂寞如雪。

泰勒一生中的第一枚婚戒又成了一个永远的纪念。

• 启蒙之作　蒙哥马利·克里夫特——永远的爱 / 028

蒙哥马利·克里夫特当时28岁，正处于演艺生涯的巅峰期。他的脸部线条有种令人难以想象的魅力，被称为"葛丽泰·嘉宝之外另一张最合适上镜的脸"，摄影机的镜头永远对他微笑，为他神魂颠倒。

有些人天生能让悲剧变得像鸡飞狗跳的喜剧；有些人天生无法享受幸福，只能迎接悲剧的到来；前者说的是泰勒，后者说的是蒙哥马利。

当泰勒不顺利的时候，会用本能的方式解决问题，着急的时候会"粗言快语"。蒙哥马利对这些看得目瞪口呆，被泰勒的强悍"雷倒"，同时斯文的他又会觉得自己有些虚弱，虽有高大的身材，气势还不如这个叉着腰的姑娘。

• 郎财女貌的第一次婚姻 尼克·希尔顿 —— 史上最豪华的婚礼 / 043

1950年5月6日，那是个周末，泰勒和尼克·希尔顿的婚礼于下午5点在比弗利山的善牧会教堂举行。一辆一辆的豪华轿车将大街挤得水泄不通，排出了几英里的长队。这毕竟是米高梅公主的婚礼，而且是嫁给了酒店之王的儿子，绝对算得上是郎财女貌了（反过来说也不算勉强）。当时所有没生病的大明星都出动了，城里的娱乐记者们估计就算是生了病的也爬着坚持去参加了。

当时泰勒只有18岁，她像所有女孩一样，喜欢吃甜食，以为婚姻似蜜糖。但是她不知道这回她"舔"到的蜜是抹在刀刃上的，刚开始感受美好，但接下来就剩下疼了，因为舌头在流血了。

• 第二次婚姻 英国绅士迈克尔·怀尔汀 / 064

泰勒用自己的意志选择了迈克尔·怀尔汀，她还年轻，还不清楚自己真正需要什么，但是她已经懂得凭借本能去找一个与尼克完全不同的人。与年少多金而骄傲任性的希尔顿小开相比，年近四十却家无恒产的怀尔汀绝对不具有尼克那些曾经令她痛不欲生的问题。她相信这个有些谢顶的英伦绅士可以给她呵护、尊重与包容。幸福要靠自己争取和奋斗。为此，她不惜承担这个人以及结婚过程中的全部。

• 第三次婚姻 迈克尔·托德 / 078

泰勒坐在酒吧里，喝着香槟，述说着自己的心酸，她觉得自己虽然只有24岁，但好像已经是个老人了，觉得生活一点意思也没有。许多来宾殷勤地为这位楚楚动人的"悲情"美女倒上香槟酒。这些人中，有一个人完全不是在倒酒，而是在欣赏泰勒。他说："伊丽莎白

目 录
Contents

需要有个男人照顾他。"而他认为自己就是最适合照顾她的那个人了。这个人就是迈克尔·托德。

后来追忆往昔,伊丽莎白·泰勒说,迈克尔·托德是她一生中的两次真爱之一,另一位则是理查德·伯顿。

泰勒和艾迪的行为几乎触怒了所有人,托德空难丧生没多久,在丈夫尸骨未寒的时候,泰勒居然没有沉溺在泪水、哀思和大家的指责中万劫不复,也没有旧病复发,反而这么快就缠上丈夫的好哥们,也就是抢了好朋友黛比的老公,过得活蹦乱跳。这当然是大逆不道的!

理查德·伯顿是泰勒真正的情人,永恒的爱人。他们在一起嬉笑怒骂地度过了十多年光阴,结过两次婚,合作主演了12部影片,并且一直深爱对方。他们的个性同样暴躁,同样激烈如火,感情就像他们手中的一把双刃剑,而生活中各种摩擦都会成为导火索,一时间战火纷飞。

估计在打斗中泰勒吃了不少亏,首先是她的身体太丰满,胳膊就显得很短,这样当她咬牙切齿挥手打人的时候,就只见两只小胖胳膊在空中乱舞,却打不到对方。特别是当理查德·伯顿抱起她的时候,她就只剩下挣扎了,具体情形可以参见他们合演的《驯悍记》。

泰勒不喜欢忍耐,不喜欢浪费自己的时间,她要活得有价值。她要荣华富贵，但也要温柔的爱抚和殷勤的呵护。她需要身边有人给予体贴和照顾，以及无微不至的关怀。她最不能忍受的是对她冷漠和忽视。

大多数女人会选择等待，在等待中告诉自己有得可等就是女人的幸福，正如千百年来男人们不断告诉她们的道理。但是泰勒明白自己做不了一般女人。

于是她又一次趟过了男人河，华纳留在河底目送她的背影。

她曾经为自己的病痛发疯过，但是她慢慢体会到，这些病痛让她看清周围的世界，帮她在品尝世间百味的同时体会生命中重要美好的感情，这是生活给予她的最珍贵的礼物。泰勒一直坚强地活着，并且让自己快乐，因为多年患病，她了解疾病给人带来的痛苦，从来没有忘记支持其他在病痛中挣扎的人们。

泰勒比拉里大 21 岁，但她身材苗条，性感迷人，拉里从来没有觉出来泰勒是个老女人。他深深迷恋泰勒的美胸和她激情四射的热吻。

虽然已经经历了 7 次失败的婚姻，但泰勒还是相信婚姻的。她干脆利落地做了决定——跟拉里结婚。拉里惊得目瞪口呆，他真没想到泰勒肯"娶"他。

杰克逊为泰勒写了一首歌，歌的名字就叫《童年》，他这样唱道：

"有谁能帮我们找回失去的童年?"

泰勒的性格里有一种母性。早在几十年前,当许多同龄女孩子向朋友、恋人、父母寻求依靠时,她已经是他人的依靠。她在《简·爱》里饰演的童年小海伦已经拥有一双母亲般关怀的眼睛。杰克逊是哀愁的,但是泰勒不哀愁,她会给哀愁的男人带去希望。

时光飞逝,泰勒用自己独特的方式关心和爱护着孩子们。离婚、从政、生病、再婚,无论什么时候,不管发生什么样的事情,她对孩子的爱始终都没有变过。

当男人送给泰勒珠宝的时候,把珠宝从精美的盒子里拿出来,戴到泰勒的玉颈上,顿时会呈现奇妙的世间风景。男人会惊奇地发现:那些珠宝回家了,它们不再孤独。而这样的事情是他做到的,这样的风景是他创造的,也是他第一个看到的,这种幸福只有足够有实力的男人才能享受。

第二部分 银幕上的光与影

目 录
Contents

第一部分　梦想与现实之间的路

童年　娃娃的不寻常生活

那是 1932 年 2 月 27 日，一个初春的晴朗早晨，英国伦敦近郊的怀尔德伍德路 8 号的家里传出了一个婴儿的啼哭声。谁也不会想到，这极为平常的哭声为我们的世界带来了一颗分外耀眼的明星——伊丽莎白·泰勒，她的全名是伊丽莎白·罗斯蒙德·泰勒。

当时在场的人谁也不会想到这个小女婴的未来，想不到她将会星光四射，而且她的星光照亮了全世界。她超凡的美貌，精湛的演技，旺盛的生命力给观众带来了前所未有的愉悦。而她那比电影剧情还吸引人的非凡人生经历，更是浓缩了的好莱坞明星史。

在 79 年的生命中，她时而清纯，时而妖艳，时而放纵，时而善良真诚。她从一个貌美如花的小童星成长为一位独立自信的明星富婆。等和她一茬的美女们都人老珠黄的时候，她却变魔术般地成了议员夫人。到了晚年，其他黄金时代的明星相继陨落，而经历了多次婚变、深受病痛折磨、一直都备受争议的她竟然真正得到了人们的尊重。

《灵犬莱西》中的小泰勒活泼美丽

电影艺术、如花美貌、珠光宝气、情爱婚史，每一个名词都可以作为她的标签。这样一个女人的传奇人生就从这第一声啼哭开始了。

泰勒也不是生下来就是个大美人，刚出生的时候并不漂亮，也是皱皱巴巴的一个小婴儿。她的母亲萨拉一度因此十分失望。其实她不用失望，绝世美丽的婴儿只是个传说，而且小时候相貌不突出的孩子，有时反而会随着成长展露出惊人的美丽。

这里有必要介绍一下泰勒"可爱"的母亲萨拉。

因为她的母亲绝不是一个普通的母亲。如果说把伊丽莎白·泰勒的一生之中极其重要的人物排个位次的话，那她的母亲萨拉·泰勒肯定是处于第一位。即使在泰勒长大后跟母亲矛盾很深的时候，她仍然承认，如果没有母亲萨拉，也就没有伊丽莎白·泰勒的辉煌。也许她只不过会成为一个普通的小女人（小美女）。

泰勒的母亲萨拉长得十分漂亮，曾经是位舞台剧演员，虽然30岁才嫁人，但是她性格活泼开朗。她的老公名叫弗朗西斯。弗朗西斯·泰勒，伊丽莎白的父亲，他有着迷人的蓝眼睛，是个注重穿着的艺术品商人。在泰勒小的时候，弗朗西斯脾气暴躁，不开心时会打骂孩子。可能因为那个时候生活还动荡，他像很多不合格的父亲那样把怨气发泄到什么也不知道的孩子身上。但泰勒成年后，她的父亲却变得包容，而且文雅了许多，这也许是生活富裕以及认命的结果。

传说泰勒的父亲弗朗西斯更倾向于喜欢男人，于是当时许多人对他的婚姻感到好奇，认为他结婚是为了掩盖自己同性恋的真相。但这只是个传说，实际情况是，泰勒的母亲萨拉比丈夫弗朗西斯大4岁，在那个还不流行姐弟恋的年代，他们这种前卫的结

合的确令人侧目。而且萨拉婚前是个小明星，因为结婚生子放弃演艺事业，离开聚光灯，过起普通人的夫妻生活，有些不顺心也是正常的。

泰勒四五岁的时候，皮肤开始变得细腻光润，非常迷人，而且由内向外透出白玉般的光泽，可以说已经初显美人的坯质。最神奇的是，她的那张小脸上总是带着大人般若有所思的神情，大脑袋长在她瘦小的身躯上，散发出与她的年龄不相称的成熟气质。

看到美丽的小泰勒，萨拉才真的松了一口气。在萨拉的心中一直有一个明星梦想，能帮她实现梦想的只有女儿了。

1939 年 5 月，那是第二次世界大战开始爆发的日子，小泰勒 7 岁。满怀梦想的萨拉领着小泰勒离开英国，成为侨居美国的英国人。她们先是搬到了洛杉矶的卡尔弗城，那里可以说是个电影城，米高梅电影公司买下了整块地作为影视发展的基地。

当时，电影公司正准备斥巨资拍摄电影《乱世佳人》，这件事在整个洛杉矶城里家喻户晓。凡是小泰勒出现过的地方，见到她的所有人都认为她太漂亮了，很像剧中女主人公郝思嘉的女儿白邦妮。许多人建议她的母亲带她去试镜。但是，萨拉没有让小泰勒去拍戏，反倒是送她进了学校。很可惜，伊丽莎白·泰勒那时候太小了，如果 20 岁的她能代替费雯·丽去演《乱世佳人》，想必会更加出色。她只要本色出

小泰勒像个洋娃娃（《灵犬莱西》）

演，就能演出书中那个美丽顽强、富有生命力的郝思嘉的神韵。费雯·丽是在扮演郝思嘉，而泰勒不用演，她就是郝思嘉，比郝思嘉还郝思嘉。如果《飘》的作者玛格丽特有机会认识泰勒，那《飘》的续肯

同学都是明星的孩子，就如同影片中的情景（《玉女神驹》）

定不止一集——因为她会一直写下去。

　　萨拉把小泰勒送去读书的学校，就是米高梅电影公司旗下专为童星办的一所叫小红屋的学校。专时专用，萨拉不能让自己的女儿浪费一点时间。小红屋是所很现实的学校，学校的负责人多是些非常冷酷的女教师。

　　小小年纪的泰勒是个爱幻想的姑娘。平时能独处的时间很少，她就只能利用上厕所的时间满足自己幻想的欲望，这地方虽然味道不太好，但很安静。在卫生间里，她梦想有个白马王子将她从学校里抢走。有一天，当她从卫生间里幻想完美滋滋地出来时，发现一个叫玛丽的老师正等在门口，玛丽大吼着责问小泰勒："整整5分钟的时间你在做什么？是不是在里面做白日梦！"小泰勒只好装得挺委屈地对她说："我在做什么。您去厕所闻一下就知道了。"后来，玛丽老师在给小泰勒的评语上这样写道："她虽然

"她虽然不是爱因斯坦，但也不算笨。"

这个大娃娃又水又嫩，能说会叫，他实在太中意了。

不是爱因斯坦，但也不算笨。"……

萨拉把女儿送到这所学校可以说是用心良苦，小泰勒在这里求学，学到的只有表演，以后不当演员都不行。因为别的她什么也不会。在小红屋中，有许多大明星的孩子。小泰勒的同学中有达里尔·F.扎纳克的儿子理查德和女儿达里琳，还有瑙玛·希拉等明星的孩子。

有一次，达里琳把小泰勒带回家，并向自己的父亲达里尔推荐小泰勒去试演电影。但是，事与愿违，达里尔·F.扎纳克一见到这个漂亮的小姑娘就爱不释手，他把她放在大腿上玩耍。而他淘气的儿子理查德竟然动了坏念头，他把小泰勒当成了大娃娃，而且想把她留下来据为己有，于是他把小泰勒捆起来，关在地下室里，觉得这样就可以安全地玩个够了。这个大娃娃又水又嫩，能说会叫，他实在太中意了。这次推荐算是彻底失败了。这种形式的推荐（孩子推荐孩子），萨拉认为以后也不能再用了（主要是太危险了）。

泰勒长大后，也曾回忆起那段时间在学校里的生活，她说："在那样的学校简直就是噩梦一场。学校里孩子的年龄都不一样，主要的生活就是拍戏，很少有时间读书。"泰勒认为小红屋只是个类似培训班的地方，根本算不上是一所真正的学校。因此她一直觉得自己没有体面的教育背景。

泰勒的母亲萨拉却不这样认为，她认为这样的学习生活是最合适小泰勒的。当然，

学生时代的泰勒美丽大方（《玉女神驹》）

她也不能把女儿完全交给学校，那可不是她的风格。在上学期间，泰勒的母亲对她很重视。她形影不离地跟着小泰勒——更衣室、摄像厅乃至片场的每一个角落都会出现她的身影。她就像女儿的连体人、背后灵，女儿的发展就是她的未来，她希望可以通过这种跟女儿的"连体"来改变自己的命运。厉害的是她竟然做到了。而且小泰勒也十分懂得母亲的苦心，从不拒绝这种有些变态的"连体"设计。

　　萨拉为培养女儿的美丽也是煞费苦心。每天晚上，为了保护女儿的秀发不变形，她会认真地帮小泰勒把黑发用布条扎好，这样早上起来就会有一头柔顺得像刚刚洗过的头发。她还每天都领着女儿参加各种与演艺相关的学习班，带着女儿到处奔走，去学习唱歌、舞蹈、化妆等，美丽也要从娃娃抓起。而且戏剧出身的萨拉了解演出是怎么一回事，她很早就开始训练女儿站在舞台的光环中心表演，让她习惯在不用眼睛看的情况下感知自己在场上的位置，永远要自然大方地站在聚光灯的焦点上。伊丽莎白是她的女儿，也是她的财产和寄托，萨拉将心血灌注在女儿身上，等着她增值。

　　萨拉当然也会有不满意和急躁的时候，她对小泰勒的要求很高，有时候会超过导演的要求。不高兴的时候，她会当着导演和众人的面大骂泰勒戏演得太糟糕了，这令小泰勒十分伤心。

　　让大家吃惊的是，小泰勒从不较劲。产生矛盾的时候，她比萨拉还像大人，她认真地给母亲道歉："对不起，妈妈，我经过反复认真的思考，知道我错在哪里了。我是应该再努力些，拍好电影，因为我已经不能离开电影了，这是我一辈子唯一能做的事情。如果我不能干好，我就会成为一棵没有根的树，会很快枯萎

的。"在这个小小的年纪,她已经学会看清自己的处境,也不再去依靠他人。泰勒的早熟可以说是让她的母亲逼出来的,但是她顺应情势的处理问题的能力确实有她母亲不可磨灭的功劳。

为了女儿的发展,萨拉带着泰勒前往米高梅电影公司,拜访了公司里举足轻重的大人物——路易斯·梅耶。很多好莱坞明星都是通过这个梅耶出道的。

当时,萨拉真的是很穷,给女儿买不起昂贵的长筒丝袜。这东西现在不贵,但在当时却是有钱人才穿得起的。萨拉想了个巧办法,就是在小泰勒的腿上涂上防晒霜,再用眉笔画上淡淡的黑线,冒充丝袜的感觉,竟然也骗过了大导演们的眼睛。这样,小泰勒就高雅齐整地出现在米高梅高层面前。

梅耶太喜欢小泰勒了,第一次见面就决定马上将她签到米高梅旗下。有意思的是萨拉竟然没有同意,这对梅耶来说也是破天荒的事情。萨拉有点心虚,她想当然地认为米高梅太有财有势了,即使签下女儿也不会太重视的,最好找家名气小的电影公司,拍小成本的电影的时候,小泰勒就会有机会当主角,最快地受到关注。

她怕小泰勒在大公司没有太多饰演重要角色的机会,从此默默无名。就像很多总把女儿攥在手中的母亲一样,她那时真的不知道小泰勒的魅力和价值。

就这样,萨拉·泰勒傻乎乎地拒绝了大腕儿级的伯乐梅耶(利用人家试了试水),屁颠屁颠地把女儿送到名气还很小的环球电影公司,签约拍摄电影《每

小泰勒的眼睛确实比同年龄女孩成熟(《简·爱》)

分钟出生一个孩子》。影片中小泰勒饰演一个不听话的孩子，每周只有 100 美元的周薪。但是萨拉没想到的是，1942 年 3 月，环球电影公司把小泰勒解雇了，原因是公司的导演觉得小泰勒的眼神太成熟，还觉得她的脸老气横秋的，不合适演小孩子。

　　这位导演不知道是不是视觉系统出了毛病，大脑灰质掉到脚上变成了"灰指甲"，竟然看不惯史上最美的眼睛，放过了这么大的一棵送上门的摇钱树。不过，这种"灰指甲"导演确实存在，据说在影帝汤姆·克鲁斯开始应聘角色的时候也被拒之门外，原因竟然是说他长得不够帅。现在看来，无关泰勒的脸蛋和眼神，只是环球电影公司这座小庙无法承受这个小姑娘强大的明星气场而已。而且《每分钟出生一个孩子》，一听这名字就知道是个没什么创意闹闹哄哄的影片，到现在几乎都没有人知道它。

现在看来，无关泰勒的脸蛋和眼神，只是环球电影公司这座小庙无法承受这个小姑娘强大的明星气场而已。

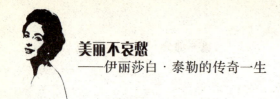

美丽不哀愁

——伊丽莎白·泰勒的传奇一生

豆蔻年华　含苞待放的电影之路

　　这一年 10 月，米高梅电影公司又给了泰勒一次试镜的机会——在影片《灵犬莱西》中扮演普里·希拉。当然，她通过了试镜，萨拉这回变得低眉顺眼，马上同意了。小泰勒在电影中只扮演了一个小配角，广告中没有她的名字，但还是有成千上万的大人和孩子们在看完电影后就爱上了她，甚至有杂志预言她将成为一个大红大紫的明星。之后的岁月证明，那本杂志完全可以叫《预言家》，因为泰勒大红大紫了将近 70 年。

　　她在《灵犬莱西》中饰演的那个放跑莱西的小希拉太有人缘了，《百花园》杂志说她是个最漂亮的大娃娃。米高梅公司同意给小泰勒每周 100 美元，作为自由演员的报酬，还很愿意与她签订一份周薪 75 美元的长期合同。合同规定，萨拉作为未成年的小泰勒的监护人，可以从泰勒的周薪中提取一部分的薪金作为工资。

　　萨拉不假思索地签下了这份合同，初次的成功以及报酬令她心花怒放。她这回明白了：要想让小泰勒登上明星的宝座，米高

美丽是需要培养的，小泰勒像花骨朵一样（《灵犬莱西》）

梅电影公司是最好不过的支点。有了这个支点，她才有精力为女儿再寻找发展的机会。

经过了上一次的失败，萨拉也做了一番细致的"侦察"。当时的米高梅是一个喜欢开发和创新的电影公司，它几乎每个星期都会出新的影片，它拥有包括凯瑟琳·赫本在内的所有电影名流，聚集着电影界最强的创作力量。最重要的是米高梅的总负责人梅耶先生是一个敢大胆起用新人的领导。为了给公司输入源源不断的演艺人才，他成立了"特殊部门"，这个部门就是负责把一个新人最快最直接地塑造成一个大明星，迅速给公司带来效益。是的，所有证据都向"私家侦探"萨拉表明，米高梅是最牛最合适的，之前她的结论错了，好在现在来得及纠正。

这段时间，小泰勒还为米高梅拍了影片《多佛的白色悬崖》。这之后没过多久，她被借到20世纪福克斯电影公司，在奥森·韦尔斯主演的《简·爱》中扮演死于肺炎的孤儿海伦。海伦是简·爱的童年好友。这是个小角色，但位置很重要，表演时需要投入很深的感情。小泰勒的眼睛中充满了母爱和关怀，特别适合这样的角色。在电影里，海伦拉着简的手，带给她支持、力量还有爱；最后，为了帮朋友说一句话而送命的小海伦，临死前还告诉小小的简："明天会是个温暖的日子"，她鼓励情绪崩溃的简的情景催人泪下，给观众留下深刻的印象。

影片在宣传时还是没有写泰勒的名字，但是作为新人的小泰勒还是引起了人们的关注，因为《巴顿将军》而闻名于世的奥森·韦尔斯说，他真想知道这个小姑娘长大会是什么样子。奥森·韦尔斯在影片里理所当然地饰演主角罗切斯特先生，他也给小泰勒留下了深刻的印象。他经常迟到并讲究排场，完全无视导演的指挥。

人的一生中，至少要尝试做一次惊天动地的事情，哪怕这件事情是一件蠢事。

这让小泰勒第一次明白了大明星是可以左右电影拍摄的。在她幼小的心里，从那时便开始期待有一天也可以成为重要的角色，成为电影的主宰。

1943 年的秋季，11 岁的泰勒在一次偶然的骑马训练中被米高梅的制片人潘德罗·伯曼发现，他希望泰勒可以试演电影《玉女神驹》。为了让泰勒尽快进入角色，潘德罗马上安排助手开始给小泰勒讲戏。

小泰勒在马上英姿飒爽（《玉女神驹》）

这部影片讲述的是爱马的乡村小女孩维拉韦·布朗女扮男装参加赛马，最后夺冠的故事。影片从始至终给人积极进取的勇气，是一部教人相信奇迹的电影。

小泰勒一直记着影片中母亲的一句话："人的一生中，至少要尝试做一次惊天动地的事情，哪怕这件事情是一件蠢事。"

《玉女神驹》拍摄了 7 个月之久，泰勒在马上英姿飒爽，所有骑马的镜头都是由她自己完成的。她为此受了不少的罪。而影片引起的反响也没有辜负她的努力，这铿锵有力的第一役就让她迅速走红，她很快就成了好莱坞童星"幼稚园"里的小公主。

在这部电影的拍摄过程中，泰勒摔伤了背，这无疑是一场灾祸；但这件事对她的一生影响很大，某种意义上，远比影片的成功对泰勒的影响更深远。因为这次灾祸让她在未来的生活

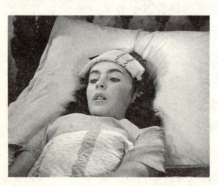

为了拍摄落下了终身的背疾（《玉女神驹》）

里一直病痛缠身，很早就不得不面对许多残酷的现实。比如她发现，当自己身体不好的时候，原本态度亲切的公司的老板们就立即想要跟她解约——那可正是她为之付出了时光、青春和健康的影片公司。

这让长大后的泰勒具备了一个最大的特点，就是有梦想但很现实。这是其他好莱坞的美女明星们没有的特点。

影片结尾的画面是夕阳映照的乡间小路，骏马上的棕发少女与背着行囊大步前进的金发少年，这一切就像宫崎骏动画中的画面一样绚烂美好，给人灿烂的希望与前进的力量。

《玉女神驹》中泰勒女扮男装成骑马师

泰勒在表演的时候，有一场戏她怎么也哭不出来，米基·鲁尼就耐心地教她，让她想象她的小乖乖狗在过马路时不小心被撞死了，或者她父亲死了，她的母亲改嫁给了一个粗鲁暴躁的男人。小泰勒领悟了米基的意思，拍摄的时候她没有乱想，只是想："这匹马太虚弱了，而我是它的主人，是我没有照顾好它。"于是眼泪就自然地流出来了，她完全进入了角色。

这部电影让泰勒一炮走红，红透半边天，成了家喻户晓的童星——骑马小英雄。真想知道此时环球公司那个抛弃泰勒的导演是何感想。

泰勒13岁生日的那天，收到了两样特别的礼物，一样是影片中泰勒赛马获胜的坐骑，另一样是为了表扬她的出色演出，公司送给她的15000美元的奖金。她的周薪从100美元一举涨到了750美元，经过萨拉的同意，小泰勒和米高梅电影公司签了一份

为期 7 年的合同。作为明星母亲的萨拉可以从泰勒的收入中每周抽取 250 美金作为工资。但是，合同中还有一项规定：泰勒的总收入中要抽取 10% 来购买美国战争债券。萨拉因为这条规定跟公司发生了争执，但最终还是只好接受。

到这个时候，只靠泰勒的收入，她的家庭已经很是富有了。

其实，从 9 岁开始，小泰勒就已经是家里的经济支柱。自从进入电影圈开始，小泰勒就不再是孩子了，她完全被电影所控制，基本上等于卖给了电影公司。她每天面对的都是大人，没有同龄的朋友。这点很像日后的迈克尔·杰克逊，所以即使相差二十多岁，同是童星出身的他们依然一见如故，成为了心心相印的挚友。

她的父亲有点从心理上不喜欢这个赚钱比他还多的女儿。但是，当他发现女儿赚到的钱有可能比他一辈子的收入还多的时候，他的自卑和不平衡渐渐消失了，因为他可以因为这个有本事的女儿过一种与之前完全不同的生活了。作为父亲他不喜欢女儿的本事，但花起女儿赚来的钱时还是十分舒服的。

有期望也很努力的母亲和非常现实的父亲，给了小泰勒一个与众不同的童年。这个童年没有游戏和礼物，更没有赞许和溺爱，有的只是各种压力和挑战。她可以说是在一种被控制和被利用的环境中成长起来的，必须在其中生存，所承受的远远超过同龄的以及比她年长的孩子。她一直没机会走进正规的学校读书，但是社会这所学校早早地向她敞开了大门，欢迎她走进冒险者的乐园——同时也是怯懦者的地狱。

> 她一直没机会走进正规的学校读书，但是社会这所学校早早地向她敞开了大门，欢迎她走进冒险者的乐园——同时也是怯懦者的地狱。

迈克尔·杰克逊最爱孩子，是因为他认为童年时的经历决定一生的幸福，童年时缺失的东西成年后是没有办法弥补的，这些疼痛的烙印会影响日后每一刻的行动和选择。泰勒的童年经历造就了她性格的两面性，一方面，她勇敢仗义，永不言败；另一方面，她狂放挥霍，不喜欢等待。

16岁的时候，泰勒曾经想暂停拍戏，过一段与同龄人一样的生活，但是萨拉表示那是不可能的，她斩钉截铁地说："伊丽莎白，你有要承担的责任。你不仅对家庭有责任，对整个国家和全世界都有责任。"

萨拉虽然有时候会犯一些小糊涂，但她真的是一个识时务的女人，女儿有了一定的演艺水平和名气之后，她就不再拼命把心思用在教女儿表演上了。她开始注意媒体和宣传，积极与媒体打交道，在各种地方尽力推广自己的女儿。她甚至觉得电影公司对小泰勒的宣传力度还不够。她会从自己的薪水中拿出一部分专门用于贿赂那些别的影星最瞧不起的记者和杂志媒体，请他们为自己的女儿说话。泰勒深知母亲的苦心，每到这种时候，只要是母亲需要，她都会全力配合。

有一次，泰勒在一家餐厅吃饭，杂志社的一个不知名的摄影记者非得要求泰勒拍一些泳装照片。泰勒的母亲欣然同意了。于是，泰勒就穿着薄薄的白色游泳衣，倾尽各种姿势让摄影记者拍了个够，最后一数竟然拍了上千张照片。泰勒一句怨言都没有，连声累都没说，每张照片上都留下了神采奕奕的笑容。这个摄影记者赞叹泰勒说："你是最配合的明星，也是我拍过的最美的女人。"

作家J.P.塞林格看到泰勒的照片，完全被她的美貌迷倒："她是我见到的最美丽的女人。"其实那时候泰勒还只是个小女孩，真算不上是女人。

萨拉不失时机，马上记住了别人称赞自己女儿的这句话，稍作改动就是"世界上最美丽的女人"，她兴奋地把这个说法告诉

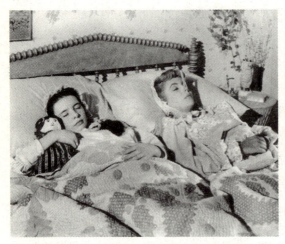

影片《小妇人》中泰勒饰演的艾米为了鼻子长得俏一点，晚上睡觉的时候也用夹子夹上它

《小妇人》中的泰勒已经是个智慧娇俏的大姑娘

好友海达·霍普。海达是好莱坞的一个专栏作家。萨拉跟海达套了多年近乎，这回终于有机会派上用场了。就这样，经过海达下笔包装，泰勒被誉为世界上最美丽的女人。在母亲别样的呵护下，泰勒就像一朵淡紫色的玫瑰，在阳光下开始悄然绽放了。

一般的母亲不喜欢孩子快点长大，也许因为长大以后就不会像以前那么听话地陪伴她，就会有自己的朋友、自己的生活，还会让母亲受到外界的刺激。有的漂亮母亲不让女儿用自己的化妆品，也不让试穿自己的衣服，要求她"质朴踏实"。根本原因是嫉妒。萨拉·泰勒并不反对女儿学成人打扮的做法。相反，她希望泰勒尽快步入成熟女子的行列，有时她把小泰勒打扮得看上去像30岁的成熟性感的女人。从这一点看萨拉不是一个小气的母亲。

萨拉的苦心真是没白费，不知不觉中，那个可爱的小女孩泰勒已经长大了，在豆蔻年华冉冉开放，身边的人发现她已经不再是那个纯洁腼腆的小女孩，她的腮红渐渐褪去，取而代之的是一张冷艳清秀、摄人魂魄的绝世美颜。

福祸参半的初恋　格林·戴维斯

　　泰勒在少女时期就开始春心荡漾，而且对珠宝和帅哥有着超出一般同龄女孩的兴趣（这些兴趣都是终生的）。她那时的主要生活是拍电影，所以她对这些的了解只限于从电影以及扮演的角色中去体会。泰勒的初吻献给了电影《乳燕飞》中的一个角色。有了第一次之后，她已经完全沉浸在对浪漫爱情的无尽幻想中（谁家少女不怀春）。

　　她会梦想自己被一个男人抱在怀里，听他念没有实质内容的朦胧小诗。诸如"你的怀抱，我的天堂"，"你的眼泪，心灵的泉水"之类的语句。她甚至每天晚上都会对着镜子一坐就是好几个小时，同时不停地变换着各种表情，尝试着各种等待并鼓励别人求爱的眼神。有时，她还会用枕头练习亲吻，亲得如痴如醉。在那些日子里，

《小妇人》中泰勒扮演的艾米在演等待骑士的公主

泰勒也颇有文艺激情，她阅读了许多书，也随性地画了不少的图画，还写出了一些类似《爱你》的小诗："假如你爱着我，只要有你的爱，我就会幸福无比。"

　　对于童年缺少疼爱的少女泰勒来说，爱情，哪怕还没有出现，已经是最好的礼物。

　　她就像生活在梦幻世界中，生活在用想象勾勒的梦幻的爱情世界中。在爱的世界中她感到舒适和平静，而一旦离开她就会变得不安起来。她常去看电影、骑马、和动物一起嬉笑玩耍。她在

美丽不哀愁
——伊丽莎白·泰勒的传奇一生

《岳父大人》中
向往爱情的泰勒

寂寞的时候会与动物为伴，从中体味那种友善的孤独。

泰勒的母亲萨拉发现泰勒这些反常的行为后十分紧张，可以说是惶惶不可终日。泰勒可以成长不烦恼，萨拉却烦恼极了。她毁掉了许多反映泰勒少女时代抑郁和朦胧情怀的作品。她把泰勒看做她的事业和希望，这个女儿是她的所有物、摇钱树，必须严格地管理，不能让她脱离掌控。

在那段时间里，泰勒共拍了8部电影，虽然她还没有获得超级巨星的地位，但早已不再是可有可无的临时演员了。米高梅电影公司在增加了她的戏份的同时也提高了她的薪酬，因为他们不能不承认：在这5年的时间里，泰勒已经长成了一位百分百的美女，而且前途不可限量。他们开始在泰勒身上投资，并且像她的母亲一样干预并操控她的私生活。是的，一定要在她长大、变得更聪明之前把她牢牢控制住。

首先，米高梅电影公司为泰勒举办了16岁的生日宴会。当时，泰勒正在拍摄《玉女倾城》。她意外地收到了许多珍贵的生日礼物：公司把影片中她最喜欢的服装送给她；她的父母也送给她一辆蓝色的凯迪拉克轿车，虽然泰勒还不会开车，也不打算学开车。

除此之外，公司敏感地意识到泰勒成长的需要，还给她做了一个特别的牵手安排，那就是给她介绍了一位名叫格林·戴维斯的足球运动员作为泰勒戏外的陪伴。格林来自西点军校，是位英俊潇洒的足球队长。他们在马里坡见了面。这样一个才貌双全的人和自己的女儿在一起，母亲萨拉非常满意。泰勒拍戏之外的时间，就和格林在一起。

这一切看起来都非常美好，公司关心她、母亲关心她，男友也有了，虽然很多安排是她完全不需要的，还占用了她几乎所有的时间，但泰勒还是接受了这一切，并且在其中寻找乐趣。在后来的日子里，生活让她渐渐明白，当自己没有能力去把握、也不了解实质的时候，看上去很美并且唾手可得的东西的危害是难以想象的。

泰勒和格林的爱情纯洁而规矩，并且处在双方家庭的大量参与和干涉下。格林常常在马里坡和泰勒的家人一起举行野餐烧烤聚会，这成为了他们恋爱的一部分。格林与泰勒的哥哥一起在沙滩上玩橄榄球，陪她的朋友一起去看电影，到处都洋溢着和谐欢乐。那年夏天的 8 月，格林有一次重要的足球比赛。他带着泰勒，让她观看比赛。那场球，格林发挥得异常精彩，他的 100 码带球进攻创造了 10 秒 8 的纪录。泰勒不踢足球，也不懂得这一成绩的含义，但是，当时所有在场记者和球迷疯狂追逐格林的情景让她难忘，并深深地打动了她。她爱上了这位球星，并且打算嫁给他。

一码=0.9144 米

但是命运往往不会成全纯洁的初恋。"有情人终成眷属"，仅仅是文人的一种虚构和梦想，在现实生活中并不都可以实现。无情的战争使格林不得不离开泰勒，背井离乡去了朝鲜。分别的时候，格林跟泰勒含泪吻别，还把他在全美足球赛上获得的奖品——一只金色的小足球留给了泰勒。泰勒马上将这只

表白感情的少女泰勒（《小妇人》）

在《岳父大人》
中为爱情患得患失
而流泪

足球用项链挂在自己的脖子上，展示她跟格林的爱情和婚约。

她对着小足球含泪发誓要等格林回来："我要等他，等到我18岁我们就结婚。我拍完这部电影就去朝鲜看他，要和他在一起。"小足球作证，泰勒的这些话都发自肺腑，表达她的真情。但是，战争一直在继续，格林总是不回来。

当年他16岁，她也16岁。泰勒是初恋，格林是头一回。两个纯情的金疙瘩碰到一块又生生分开，真不是一件让人好受的事情。动过感情的人都知道在那个年龄段的爱情是最折磨人的，也是最最难忘的。

格林同样无法忘记泰勒的美好，他从战场上给泰勒寄回玫瑰花，并向正在伦敦拍摄电影《阴谋者》的泰勒求婚。这玫瑰虽然不比伦敦旅店泰勒私人房间中的花更鲜艳，但是纯情的泰勒依然把玫瑰抱在怀里，体会着花香中散发出来的格林的浓浓爱意，她迷恋格林的一切，答应可以马上嫁给他。除了拍戏，她就把自己关在房间里给格林写信，闻着花香憧憬他们的未来。

在年轻的泰勒的心里，爱情是神圣的、专注的。她不能容忍任何人的介入。甚至在拍戏中，她一想到格林就不能自然地与合演《阴谋者》的男演员很好地接吻，导致这部电影很不成功，也因此这部影片一直到泰勒名声大震的时候才得以公演。

这种对爱情的尊重，她保持了终生，只是表现形式有点变化而已。许多人举例她的8次婚史，认为伊丽莎白·泰勒是一个水性杨花不专一的女人，但实际上她一直都是对爱情很专注的人。她认为婚姻是爱情的基础，只跟要娶她的男人上床。没有婚姻的爱情她是不能认可的。当然，没有爱情的婚姻她也受不了，会马上解除那种有名无实的关系。有人说婚姻是围城，爱情在城外，而泰勒在这城里城外穿梭不止，至死不休。

泰勒在《郎心如铁》中演绎了真实的初恋

当然，这个时候的泰勒对待爱情像纯净水一样的干净，说得明白点，就是郎才女貌，你情我爱，没有一点现实和金钱。

米高梅公司也注意到了她的状况，感到十分担忧。因为泰勒总说自己是个全身心投入电影的女人，但刚刚有了心上人，她就已经开始动摇了。

泰勒热爱电影，对自己的事业全心全力地付出，但她不同于其他女明星和女强人。她永远在随时不自觉地权衡生命中各种情感的重要性，并作出在当时当刻最适合自己的选择（当然，也只在当时当刻有效，要知道每时每刻世界都在变）。在一定的时候（有过好几次，参见后文），她甚至可以因为生活和爱情的需要，放弃拍好影片的成功机会。

16岁的泰勒就已经在全力追求属于自己的爱情了，她本能地知道这是一件好事，并且过程与结果都只属于她。但是所求和

美丽不哀愁
——伊丽莎白·泰勒的传奇一生

《郎心如铁》中
为情所困的泰勒

作为泰勒的连
体人，她身兼多职，
与泰勒形影不离，
盯着她的一举一动，
掌握她的情绪变化，
比心理分析师还深
入，比管家更尽心。

把握是两回事，那时的
泰勒还太小了，她虽然
比同龄的女孩成熟得多，
但是对很多人与事都不
够了解——比如她的母
亲，她依然相信母亲做
的每件事都是为她好，
因此，她还不能完全左
右自己的生活。

自从格林去了朝鲜，
泰勒的母亲萨拉就早早
改变了对格林的看法。在她看来，格林和泰勒不再相配，格林的
存在对泰勒没有意义。事实上，也正是她分开了这对热恋中的鸳
鸯。作为泰勒的连体人，她身兼多职，与泰勒形影不离，盯着她
的一举一动，掌握她的情绪变化，比心理分析师还深入，比管家
更尽心。她在格林回到泰勒身边前把一个名叫比尔·威利的富家
子弟介绍给泰勒。比尔的父亲是美国驻巴西和秘鲁的大使，正是
他的万贯家财改变了萨拉对优秀的格林的看法。

米高梅公司迫不及待地公布了泰勒和格林恋情的结束。但是
米高梅和萨拉的一连串行动没有改变泰勒的心。当格林终于从战
场上回来的时候，泰勒依然守候在机场。她与格林热烈地拥抱和
接吻。金色小足球在他们两人之间轻快地跳动着。

萨拉竭力阻止记者拍摄泰勒和格林的亲热照片，但泰勒亲吻
格林的照片还是被刊登在了报纸和杂志上。格林仍然认为泰勒是
自己的最爱，但是他也察觉到他们不可能再回到从前，因为贪婪

的萨拉每时每刻都在极力促成女儿和比尔的婚事。他感觉到了被排斥，即使泰勒没有变，她身边的每个人却都在排斥并且告诉他："离她远点，你不再与她相配，你不再受欢迎。"年轻的格林没有心计，没有办法承受来自各方的压力，他脆弱伤心、自我怀疑，浑身不自在。

比赛结束了，小足球的恋情被富家子弟踢出了16岁泰勒的爱情边界。

最后，格林把一串用69颗人工珍珠制成的项链留给了泰勒，带着订婚戒指离开了伤心地。他们最后一次见面是几个星期后，格林应泰勒邀请陪她去领奖，这以后他们再也没有见过面。金足球也成了那段恋情的永恒回忆。

最开心的是萨拉，因为她的女儿终于有可能投入比尔·威利敞开的怀抱了。

等待多时的比尔具有富家子弟的素质，得知泰勒和格林真正分手的消息后，丝毫没有耽误时间，他马上就给泰勒写了一封掏心掏肺且情意绵绵的求爱信，并殷切表示自己非常愿意飞到她身边，为她戴上戒指。

在伤心的泰勒答应见比尔的同时，也就宣告了她初恋的结束。

比赛结束了，小足球的恋情被富家子弟踢出了16岁泰勒的爱情边界。

第一枚戒指　泰勒和比尔

　　这一年的 5 月，泰勒得到了她见证爱情的第一枚戒指，她飞到佛罗里达与比尔·威利订了婚。

　　母亲萨拉欣喜若狂，以为大功告成。这才是电影明星该嫁的人，女儿嫁给这种家财万贯的人，以后她就不用再为生活四处奔波了。萨拉特地为此召开记者招待会，宣布女儿将在次年举行婚礼。

　　但是，出乎意料的是，表面上看起来顺理成章的事情，并没有如她所想的那么简单。比尔大公子确实倾慕于泰勒的美貌并且神魂颠倒，但他需要的是一个平凡的美女，而不是什么大明星妻子。他要求泰勒在婚后离开好莱坞、离开电影，从此只做他的人。

　　16 岁的泰勒当然是个爱情至上的女孩，她立马答应了比尔的要求，表示愿意为家庭和婚姻牺牲自己的事业。看到这里，不知大家会不会觉得很熟悉。这一幕总是不断地在全世界，包括我们周围上演，爱河中的女孩们会痴心地说，为了你，我什么都愿意。所以，泰勒的决定也很自然。

在电影《岳父大人》中泰勒遇上了同样的问题，家人对她的爱人不满意

　　身为母亲的萨拉，一直为自己在年轻的时候放弃演艺生涯而后悔，所以她多年来在女儿身上花费心血、付出努力，就是为了让女儿成为大明星。如果泰勒真的放弃电影而成为一名家

庭主妇，她也就不可能再陪女儿到米高梅电影公司参与拍片，从而受到关注和尊重；更不可能从泰勒的薪水中获取她的佣金了。培养泰勒小鸟变凤凰已经是萨拉的事业，让她在刚刚小有成就的时候就半途而废，是她不甘心也绝对不能容忍的。于是，萨拉也陷入了两难选择的境地，当年自己结婚的时候都没像现在这么纠结过，她一时没了主意。

　　泰勒也是很苦恼。为结婚放弃电影；还是为母亲继续电影事业，放弃她的爱情和婚姻？她很难受，爱人与亲人都要她选择并放弃，无论她选择哪边、放弃哪边，似乎都不是出于她自己的愿望，却会对她的终身产生巨大的影响。

　　正当泰勒为权衡感情和事业而纠结的时候，一次事件的发生帮助她做了选择：正在迈阿密拍戏的米高梅公司制片人山姆·马克斯想让泰勒参演一部影片。为此，他去比尔的公寓邀请泰勒母女一起参加茶会。比尔碰上他后莫名其妙地大骂了他一顿。泰勒出面平息了这次事件，但她和比尔之间也弄得很不愉快，她戴着比尔给的订婚戒指离开了迈阿密，回到了好莱坞。

　　这时萨拉已经发现，也许金钱并不如她想象的那样万能，追求财富的欲望有时也会牵绊前进的脚步。于是，她给了女儿一个暂时缓和矛盾的狡猾建议：泰勒可以同比尔结婚，在迈阿密定居，等有电影拍摄的时候再回到好莱坞拍戏。明眼人都看得出，这样只是拖延时间，把矛盾留到拍片结束后而已。不过比尔还是深爱着泰勒，所以接受了萨拉的建议。有了这个建议，看起来泰勒离婚礼的殿堂越来越接近了。但事情并没有向好的方向发展。

　　这时候，又一个绝好的机会出现了。泰勒被派拉蒙电影公司看上了，她将与蒙哥马利·克里夫特共同主演由德莱塞的名著《美

国的悲剧》改编的电影——《郎心如铁》。对泰勒来说，这是个跻身一流明星行列的好机会。

而且，在这部电影开拍前，泰勒结识了在她生命中一直占据着特殊位置的蒙哥马利。她对蒙哥马利一见倾心，几乎忘记了恋情，只要蒙哥马利愿意，她可以为他做任何事情。这不完全是蒙哥马利外表对泰勒的吸引，抛除感情之外，蒙哥马利对电影的专注也让泰勒震撼。他让泰勒第一次感觉到：对于一个出色的电影明星来说，外表固然是很重要的一方面，但对电影的用心和专注更是必不可少的。这种话以前也有导演告诉过她，但是她从来没往心里去。不知道什么原因，一见蒙哥马利，她就明白了，而且只要从蒙哥马利口中说出来的话，她都会终身铭记在心。

这部《郎心如铁》最终成了泰勒的"启蒙之作"。

新的天地在年轻的伊丽莎白·泰勒面前展开，她身边往来无白丁，各个卓尔不群，她立即投身到这个世界里。她知道即使没有母亲的需要，她自己再也离不开电影了。

在《郎心如铁》中泰勒遇上了一生的恋人蒙哥马利

比尔一直反对泰勒演戏，他需要娶的是位低调的佳人，所以根本不会为未婚妻有这样绝好的发展机会而有丝毫的开心。

影片的拍摄需要很长的一段时间，于是萨拉当时所说的次年完婚的诺言当然根本不可能兑现了。这事儿萨拉早就算计好了。她知道比尔一定会焦急难耐，恼羞成怒。比尔果真忍不住给泰勒打电话，要求泰勒必须承诺结婚的具体时间。而此时的泰勒正沉浸在新伙伴蒙哥马利的成熟魅力

中，并且为他们共同演绎的电影神魂颠倒，怎么可能轻易放弃这个成名的机会。她只是说拍完电影后马上和他结婚。

这时的比尔已经等完了泰勒的电影《岳父大人》。大公子出身的比尔的耐心底线被不断挑战着，这一天，终于爆发了。异常愤怒的比尔再也不想等待下去了，他想娶媳妇想疯了（也是预感到再不娶机会快过去了），连夜飞到加利福尼亚，要求泰勒立即放弃电

《郎心如铁》中
泰勒与爱人告别

影与他成亲。问题是，泰勒的拍摄工作正在顺利进行中，根本不可能中断。而且蒙哥马利·克里夫特也是她一生钟爱的对象，相比之下，不停要求她放弃这个放弃那个的比尔的分量真的不够。

比尔对泰勒爱情的花蕾没等到开花结果，就在这一夜枯萎了。他独自垂头丧气地离开了加利福尼亚，取消了与泰勒的婚约。

在《公民凯恩》中，查尔斯·福斯特·凯恩在孤独死去前，说出了一生中最后一个词：玫瑰花蕾。那是尚未萌芽就失去的美好。不知比尔·威利后来追忆往昔，看着报纸、电视以及银幕上星光熠熠的泰勒，有没有过同样的寂寞如雪。

泰勒一生中的第一枚婚戒又成了一个永远的纪念。

启蒙之作　蒙哥马利·克里夫特——永远的爱

她深不见底的
紫罗兰色眼睛总像
在无声地倾诉万语
千言。那是一种严
冬般凛冽的美貌，
令站在她身边的所
有人都黯然失色。

　　1949 年，17 岁的泰勒已然出落成一个大美人。她丰容盛貌，肌肤雪白如凝脂，头发比东方人还要深黑，深不见底的紫罗兰色眼睛总像在无声地倾诉万语千言。那是一种严冬般凛冽的美貌，令站在她身边的所有人都黯然失色。这种充满杀伤力的美，正是导演乔治·斯蒂文斯选择她出演《郎心如铁》的主要原因。在影片中，当她身穿黑色的晚礼服出现在镜头前时，就像盛放的黑玫瑰一样——令人屏息！有些女演员本来很漂亮，但在她身边就会黯然失色，变得光秃秃的，失去了风采。

　　乔治是个非常严格的导演，他希望通过努力让自己的作品尽善尽美，他深深地知道：泰勒的演技还有许多欠缺，所以他督促泰勒时刻加强训练，不放过任何细节，包括影片中需要的每一个动作和姿势，在不同心境下的每一句对话的音色。为了角色的塑

《郎心如铁》中，泰勒的美令其　《郎心如铁》的定妆照
他女演员黯然失色

相识后泰勒和蒙哥马利成了一生的朋友（《郎心如铁》）

造，为了让泰勒的表演达到他的要求，乔治经常反复和泰勒讨论如何把角色蕴涵的心理传达给观众。他还提醒泰勒，她不再是演出《灵犬莱西》的那个小女孩了。泰勒从小就要强，为了这句话，还跟导演闹了别扭。她认为导演这样的提醒是一种侮辱，她已经长大了，不想当无脑的花瓶。但乔治对艺术效果的极高要求，从某种层面上是对演员的敦促。对当时演技还平庸的泰勒来说，是一种最好的培养和训练。有人说泰勒天生就会演戏，其实不然，泰勒是个很努力的人。每一部电影的拍摄过程，都是她学习和进步的过程。而电影的导演就如同学校的老师一样，兢兢业业地教她。

　　年轻的泰勒总是一边闹着别扭一边靠近这些有才华的导演和他们的影片——这只是在开始的时候，后来她连别扭也不闹了。

　　乔治当然不是一个完全没有人情味的导演。他考虑到影片中会有一些泰勒和男主角蒙哥马利亲热的戏，乔治担心年轻的泰勒不能适应，这对一个没有结过婚的花季少女来讲确实难度有些大。为了提高泰

有人说泰勒天生就会演戏，其实不然，泰勒是个很努力的人。每一部电影的拍摄过程，都是她学习和进步的过程。而电影的导演就如同学校的老师一样，兢兢业业地教她。

蒙哥马利·克里夫特——泰勒一生的朋友。他眼神中有种略带乖乖气的执著，如果与当今的帅星相比的话，谁能与之并论呢？谢霆锋？太文弱啦。金城武？帅气有余，但魅力不足。国外的明星，皮特？欧文？小贝？没法比（《郎心如铁》）

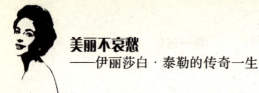

勒的演技，他决定在影片开拍前就安排她与演技成熟又认真的男主角蒙哥马利一同参加《女继承人》的首映式，这样他们就可以早些熟悉，尽早培养感情。其实，感情这方面，导演乔治真是多虑了。他低估了泰勒的情商和蒙大帅哥的万有引力了。泰勒对蒙哥马利简直就是一见钟情，从爱不释手到永不放手。这种感情光速发展到了没人拦得住的境界。

她在影片中对他一见钟情，一如现实(《郎心如铁》)

蒙哥马利·克里夫特当时 28 岁，正处于演艺生涯的巅峰期。他的脸部线条有种令人难以想象的魅力，被称为"葛丽泰·嘉宝之外另一张最合适上镜的脸"，摄影机的镜头永远对他微笑，为他神魂颠倒。有人这样形容他的脸——他长着一张棱角分明的脸，面孔像钢铁般坚毅，他面部的英俊几乎符合所有苛刻的美学标准。他的皮肤并不是那种奶油小生的光滑白皙，而是带着些许风霜刻画过的粗糙，更具男人特有的风采。还有人说蒙哥马利在银幕上展现的几乎是极致的美，无论从哪个角度看都找不出毛病。有些蒙哥马利的崇拜者"研究"过他的宣传照片后，这样形容：当光线滑过他的脸庞，投射出来的阴影都仿佛经过精确计算，呈现最完美动人的轮廓（看来是真的着迷了）。

说到蒙哥马利的形象，特别值得一提的是他的气质。

一般的帅哥都是挺拔而英俊，蒙哥马利却不是的。他身材是高大，背部却稍稍弯曲，有点小驼背，这反而让他具备一种独特的气质。他凝视人的眼神也很不同，目光中有种要被折断的脆弱，仿佛他永远伤害不到别人，别人却很容易就能伤害他。看到他时，人们不得不赞叹大自然造物之神奇，并不是把每一处都造得合乎标准，但当这些鬼斧神工的创造奇特地融合到一起的时候，整个人会呈现一种摄人心魄的灵魂之美。这是人工整容整不出来的，也是无论打多少针肉毒杆菌、玻尿酸也营造不出来的（如果打完以后人还活着的话）。

这种美，会令万千女性观众倾倒，油然生出想对他呵护怜惜的母性。

男观众的反应则是千差万别，崇拜、爱慕、嫉妒、恨，有的人甚至会说："他这种人会早死的。"就像对待《泰坦尼克号》里面莱昂纳多·迪卡普里奥饰演的杰克一样。是啊，如果他活着，别的男人真是不太好混。

17岁的泰勒初次见到蒙哥马利的那个晚上，让她终生难忘。当时她回到家中，兴奋地跑去告诉母亲她认识了一个与众不同的男人，她一脸神往地回想着蒙哥马利的笑貌音容（虽然他们刚刚分开，但是泰勒已经在想念他了）：他是个奇特的男人，我从没见过这样的男人。他好像对什么事情都很认真。他的思想很复杂，我要了解他。

这之后，只要是出现跟蒙哥马利有关的事情，泰勒的这种一往情深又有些好奇的表情就会出现，一生都是这样。蒙哥马利的容貌与神情举止中，似乎总

在《郎心如铁》中有这样一个场景：湖畔边的车里，蒙哥马利靠在泰勒的肩上，微闭着双眼，就像一个孩子偎依在母亲怀里，温暖而又悲伤……

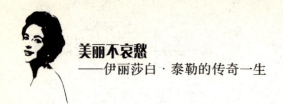

在流动着奇特的密码，泰勒接收并且读懂了，但是她总觉得不够。

蒙哥马利在《郎心如铁》的拍摄过程中给了泰勒很多帮助——帮助她思考角色的需要，教她分析影片中角色的心理，如何进入角色的内心世界，这让泰勒可以快速与角色融为一体。

导演的细心和蒙哥马利的专注对泰勒产生了巨大的影响。这是她自小接触电影以来第一次感受到电影艺术的魅力。认识蒙哥马利之后，她不再像小公主那样对导演的要求生气，也意识到自己的演技确实平庸。特别看到影片中与蒙哥马利亲密无间的镜头时，她激动不已，甚至有些不安。这部电影成了泰勒演艺生涯中真正的启蒙作品。

而对于蒙哥马利这位公认的天下第一帅，泰勒是这样看待的。她对蒙大帅哥坚毅的外表有一种特殊的感觉——仿佛他是可以信赖的，什么都可以告诉他，因为他永远不会出卖你。

从那时起，泰勒就像年糕一样粘上了蒙哥马利。他们最终结成了一种终生的，有些复杂而又十分亲密的关系。按泰勒自己的说法是，从第一次见到蒙哥马利，她就变成了他身后的一块年糕，她要死死粘着他，谁也别想把她揭下来。在后来的几十年中，她做到了。

在后来她和蒙哥马利合拍的电影《夏日痴魂》中，每一个观众都能感觉到泰勒对他的这种依赖。影片中那个因为受刺激变得有些神经兮兮的女孩，一看到蒙哥马利就可以马上平静下来。

17岁的泰勒非常注意自己的形象，她精心地装扮自己，一步一步接近成为大明星的梦想。她已经很美了，但是她还在追求更美。伊迪斯·海德为《郎心如铁》设计服装，而且凭此获得奥斯卡服装大奖。伊迪斯·海德回忆拍片情景的时候说："我还记得泰勒说，你可以把腰部再收紧一些。而当时我已经把腰身缩到很细了，但是她还是说可以再细一点。"

　　连蒙哥马利也曾忍不住诱惑，悄悄走到泰勒身边夸赞她的性感，并和她调情："你的乳房太迷人了，我都受不了了。"但是和一般男人不同的是，蒙哥马利天天守着 17 岁的泰勒，却没有爱上她。说到这里，正常人都有点明白了——他是同性恋。（否则就算没"人性"，怎么也会有点"兽性"吧。）

　　年轻的泰勒并不知道这些，她只是欣赏蒙哥马利的与众不同。的确，蒙哥马利是个很低调的人，他不喜欢夸耀，更不喜欢热闹。也许是因为他害怕过分热闹之后会更寂寞。他为泰勒的美丽而心动，但他不习惯泰勒太过抛头露面。他甚至认为跟观众一起看自己出演的电影是十分庸俗的行为。他觉得成名不是最重要的，只要默默努力顺其自然就可以了。当泰勒不顺利的时候，会用本能的方式解决问题，着急的时候会"粗言快语"。蒙哥马利对这些看得目瞪口呆，被泰勒的强悍"雷倒"，同时斯文的他又会觉得自己有些虚弱，虽有高大的身材，气势还不如这个叉着腰的姑娘。

> 蒙哥马利对这些看得目瞪口呆，被泰勒的强悍"雷倒"，同时斯文的他又会觉得自己有些虚弱，虽有高大的身材，气势还不如这个叉着腰的姑娘。

　　蒙哥马利生性孤僻，不愿意配合媒体的宣传，特别不赞成泰勒"巴结"媒体的态度。泰勒从小受母亲的熏陶，深深知道媒体的重要性。要知道，为了让小泰勒在众多小演员中脱颖而出，萨拉当初不但要求小泰勒配合米高梅公司的一切宣传，而且还觉得公司的宣传力度不够。她甚至从自己的薪水（当然也

年轻的泰勒喜欢蒙哥马利的与众不同（《郎心如铁》）

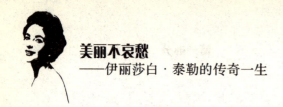

是从泰勒的薪水里抽出来的）中又拿出一部分，专门用来和好莱坞有权势的人单独搞好关系。可以说，没有当初萨拉对媒体的重视和积极配合的态度，就不会有泰勒的今天。

所以17岁的泰勒总是真诚地规劝蒙哥马利："新闻界的宣传对我们太有用了，我们得尊重好莱坞的游戏规则。其实这真的不难，只要我们和气地接受新闻采访，别人会更快地知道我们，我们会有更多机会赢得大奖。"这是一个17岁姑娘的肺腑之言，蒙哥马利没有反对，但也不会遵从。他们有不同的性格，对待事业的发展方式也会有不同的选择，但这并不影响他们之间的感情。

泰勒是真心地爱着蒙哥马利的。她看到的蒙哥马利，温暖而包容，是她见过的最有才华的人，她那时并不知道蒙哥马利有同性恋的倾向，更不了解他内心深处的痛苦，也无法阻止他在未来走向自我毁灭。她只凭直觉，觉得他可以洞彻她的内心世界，而且永远不会伤害她（我们不得不佩服泰勒出于女人本能的这种敏锐）。虽然他们最终没有步入婚姻的殿堂（似乎也用不着），但他们最终结成了一种超越血缘和婚姻之上的亲密关系。

后来的岁月里，蒙哥马利一直是她非常特殊的人。无论泰勒跟什么样的人结婚，他都是不可缺少的。泰勒对他的感情适合用"迷恋"来形容。她几十年如一日地崇拜着这个男人，在忙着交男友、结婚的同时，仍然经常给他写充满少女情怀的爱意绵绵的情书，还定期给他打电话。甚至在她和希尔顿家族的尼克度蜜月的时候，也一直思念着他。现在的人讲究精神上的忠诚，对泰勒的各位老公来说，她的精神出轨实在太严重了。

试想如果把尼克·希尔顿，也就是泰勒的第一任丈夫，换作是蒙哥马利的话，相信泰勒的第一次婚姻也许不会如此短暂，事实是她在与希尔顿婚后4周就分居了。

1951年2月，泰勒跟尼克离婚后，干脆飞到纽约。当时米高梅公司知道泰勒离婚，在豪华的华尔道夫—阿斯托里亚酒店为泰勒预订了房间，但她根本没去住，她一猛子扎进蒙哥马利在东63大街的私人住所，很久没有出来。她是那样急切地需要蒙哥马利的安慰，就像受了伤的孩子需要家人的照料，而且只要这一个。那段时间，泰勒和蒙哥马利几乎形影不离，他们深深地需要着对方，但是不可能结婚。泰勒发现蒙哥马利的生活不像她想象的那么简单。他沉迷酒精，过着几乎脱离人群，让人难以琢磨的生活。这些主要是因为他有一些"没法见人"的朋友，而且他们都患有一些莫名其妙的病，以至于要完全靠药物来支撑生命。考虑到他的性取向，大家都能明白是怎么回事。

尽管如此，但蒙哥马利在情感上是清醒的，他非常欣赏泰勒的美貌，对她给予了特别的照顾；他知道泰勒对他的爱是真诚的，是独一无二的，是珍贵的，虽然他不敢全然拥有，但是他十分珍惜。他对泰勒说："我永远不会像爱你一样爱别的女人，只要你需要，我随时都会到你的身边。"泰勒起初期望他会改变自己的主张，同她结婚。但有一天，她终于知道了蒙哥马利的秘密——同性恋的生活。于是她明白了他们不能结合的原因在于他不可能给她全部的爱，也就不想伤害她（当然也是怕自己受伤）。而泰勒不但要求婚姻，还要求对方的全部（根据她一生中的表现，我

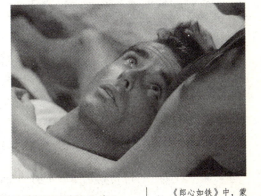

《郎心如铁》中，蒙哥马利躲在泰勒的怀里静静地看着她

们不妨把这个"全部"解读成时间、财富以及包括爱与恨在内的所有感情），她就是这样的女人。

只有蒙哥马利一个人有这样的机会，同时拒绝世界上"最美丽的女人"和"最英俊的男人"的感情。

蒙哥马利曾经拒绝过另一个著名影星——与他有"相同嗜好"的帅哥詹姆斯·迪恩的示爱。在这个世界上，可能只有蒙哥马利一个人有这样的机会，同时拒绝世界上"最美丽的女人"和"最英俊的男人"的感情。当詹姆斯·迪恩在拍完电影《巨人》后因车祸意外过世时，蒙哥马利一直有些内心不安，觉得是自己的拒绝害了他，后悔不已。其实，当时蒙哥马利对自己的性取向处于一种混沌状态，不知道该向右走还是向左走。

在影片《巨人》中，詹姆斯·迪恩有另类的表演

泰勒跟蒙哥马利的交往对蒙哥马利来说起到了一定的催化剂作用，让他尽快地了解自己，认清自己是不是同性恋——泰勒是女人的极品，还是不能满足他的需要，毋庸置疑，他的性取向肯定是男人。

奇怪的是，这些事实仍然没有动摇泰勒对蒙哥马利的爱和追随。

泰勒对蒙哥马利始终像是初恋情人，经常像粉丝一样含情脉脉地凝视着他。当她知道蒙哥马利不爱女人这一事实的那一刻，她的确很受打击。一天，看到蒙哥马利正在跟一个美男谈情说爱，她疯狂地夺门而出。蒙哥马利立即放下男朋友，去追泰勒，追上之后，他也不解释，真也没什么可以解释的，只是问她："你恨我吗？"泰勒流着眼泪回答："不，我爱你。"

自从捅破这层窗户纸之后，泰勒更是肆无忌惮地"黏"上了蒙哥马利。她经常从世界各地给蒙哥马利打电话，写一些傻乎乎的不知所云的情书。即使在工作很忙的时候，她也从未间断过跟蒙哥马利的联系。他们之间的信函多到不可计数。每当泰勒感到疲倦或者遇到伤痛，她会直接到蒙哥马利家里去住，就像野兽奔向自己的巢穴一样迫切。他就像她的哥哥、朋友、守护者以及精神上的恋人，这种极度复杂又单纯的关系简直没法定义。

事实上，泰勒从来没对任何人隐瞒过她对蒙哥马利的无条件的爱。杂志的专栏作家有次看到泰勒跟蒙哥马利在一起，怎么都觉得他们相爱。在一次聚会上，专栏作家忍不住试探性地问泰勒的丈夫（第二任丈夫：迈克尔·怀尔汀）："泰勒爱蒙哥马利？"泰勒的丈夫一点不奇怪地回答："是的。这儿的人都知道。"泰勒不只是爱蒙哥马利，而且十分信任他。

有一次，泰勒跟丈夫怀尔汀吵架，她跑去找蒙哥马利哭诉，她的丈夫也跟随而至，干脆一起在蒙哥马利家住了下来。泰勒认为跟丈夫一起不够快乐，她的丈夫认为泰勒总是不满足。最后两个人一同哭着让蒙哥马利帮他们拿主意，是分手还是继续生活在一起。这可真难坏了蒙哥马利，他只好劝完泰勒，再劝她的丈夫。

> 她经常从世界各地给蒙哥马利打电话，写一些傻乎乎的不知所云的情书。即使在工作很忙的时候，她也从未间断过跟蒙哥马利的联系。他们之间的信函多到不可计数。

无论什么时候，泰勒都会告诉蒙哥马利：我爱你（《郎心如铁》）

她深情的凝视从不改变（《郎心如铁》）

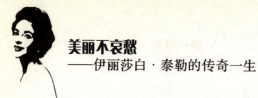

几个回合下来，泰勒跟丈夫和好如初了，蒙哥马利却一个人喝起闷酒来（稍微展开想象就知道，他真的很纠结）。

泰勒对蒙哥马利的感情就是这样。她知道蒙哥马利是真正关心她的人，在他面前，她可以像个孩子，可以不怕丢人，可以任性，可以犯傻。她可以告诉他所有秘密，包括一切不堪启齿的事情。

泰勒和蒙哥马利真可以说是有缘无分，1951年《郎心如铁》上映后，他们连合作的机会都很少了，都只能在各自的圈子里不停地接拍着新作品。直到1956年，他们才碰上一个"懂事儿"的导演爱德华·迪麦特雷克，邀请他俩在《战国佳人》中出演男女主角，这其实是他们的第二次合作。《战国佳人》是大制作，这样的工作可以跟蒙哥马利在一起，对泰勒来讲是件最幸福的事情，不要钱她也会接受的。当然，真谈钱的时候，她是不会含糊的。

当时，在《战国佳人》的片场，两位大明星合作得特别甜蜜。一贯给人阴郁感觉的帅哥蒙哥马利只有在泰勒的面前才会放怀开颜，露出他迷人的笑容。剧组聘请的好莱坞著名摄影师鲍勃·威洛比抓住机会，情不自禁地用镜头收录了这两位金童玉女生活中亲密无间的镜头，留下许多珍贵的记录。

《战国佳人》可以说是泰勒最难忘的一部电影，不仅是因为她凭借此片第一次获得奥斯卡最佳女主角奖提名，还由于在这部电影拍摄的过程中发生了许多事情。但是对蒙哥马利·克里夫特来讲，这部电影却是他梦魇的开始。

有些人天生能让悲剧变得像鸡飞狗跳的喜剧；有些人天生无法享受幸福，

几个回合下来，泰勒跟丈夫和好如初了，蒙哥马利却一个人喝起闷酒来。

《战国佳人》让他们终于在银幕中做了一回夫妻

只能迎接悲剧的到来；前者说的是泰勒，后者说的是蒙哥马利。

　　蒙哥马利的命运是从 1956 年的 5 月 12 日开始最后的悲剧转折的。拍摄《战国佳人》期间的一个晚上，他应邀参加了泰勒与丈夫怀尔汀举办的一个周六晚宴，并在开怀畅饮后昏昏沉沉地驾车独自离开。开过一段陡峭的山路时，他的汽车径直地撞上了一根水泥柱。泰勒当时正在晚宴上，听到消息后马上推开丈夫，飞奔到山下去找蒙哥马利。在看到出事现场时，她像有担当的男人一样，表现得冷静异常。她不停地呼叫着蒙哥马利的名字，从汽车后门不要命地钻进去，然后把他的头放在自己的大腿上。刚才的撞击是毁灭性的，蒙哥马利的脸被撞得好像分成了两半，流血不止；而且他的牙齿被撞掉了，有两颗还卡在他的喉咙里，眼看就窒息而亡。泰勒也算是多次徘徊在死亡线上的人了，她看到这个情景，立刻像专业医生一样把手伸进蒙哥马利的喉咙里，掏出牙，救了他的性命。

　　这时候许多记者闻风而来，不救人只拍照，心急如焚的伊丽莎白·泰勒破口大骂。记者们被这样一个刚才还是"神仙姐姐"的泰勒口中滔滔如泉涌一样的脏话吓呆了，简直抵挡不了这种强烈的反差和气场，灰溜溜地退去。剩下几位不肯走的也被这时跟着赶来的泰勒的丈夫怀尔汀和几位朋友（其中有洛克·赫德森）料理了。他们组成了一道人墙，挡住昏迷的蒙哥马利和陷入疯狂的泰勒。关键时刻，怀尔汀表现得非常经典，他龇牙咧嘴地对着照相机做鬼脸，还说："我给你们笑！拍我吧，拍我吧。"

　　人在这种时刻，最需要的就是来自朋友的切中要害的关怀，就像泰勒给予蒙哥马利的。如果几十年后的戴安娜能有这样的关怀，她至少能含笑九泉。

有些人天生能让悲剧变得像鸡飞狗跳的喜剧；有些人天生无法享受幸福，只能迎接悲剧的到来；前者说的是泰勒，后者说的是蒙哥马利。

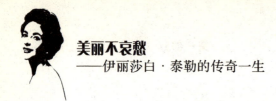

《战国佳人》中蒙哥马利饰演一个有责任感的男人

无论生活中还是银幕上泰勒都无条件地支持着她爱的人（《战国佳人》）

　　或许正因为这样，蒙哥马利虽然奄奄一息，但没有死。过了很久，救护车才把他送进了医院。蒙哥马利后来把撞掉的牙送给了泰勒，作为这次经历的纪念。

　　这次事故成了泰勒终生的痛。她觉得，要不是因为自己请蒙哥马利来陪她参加晚宴，他是不会遇到这次灾难的。想起还在拍摄中的《战国佳人》，泰勒马上向米高梅公司提出了要求：必须等到蒙哥马利康复后，一起拍这部片子——不许换角，必须等。如果公司不答应，她就辞职不干了。

　　米高梅公司在她毫不留情的威胁下让步了，然而毁容后的蒙哥马利再也没有从打击中恢复过来。他一蹶不振，完全离不开药物和酒，根本无法进行正常的工作，可怕的自我毁灭主宰了他的生活。熬到1964年，蒙哥马利已经病魔缠身，再加上吸毒和过度饮酒，他几乎丧失生活的信心。这个我们现在也不难理解，对一个靠面孔吃饭的演员，没有什么是比毁容更难面对的打击了。

　　车祸一年后，著名摄影师塞尔西·比顿为蒙哥马利·克里夫特拍摄了那张著名的照片：通过镜头，他巧妙地利用光线遮住蒙哥马利受伤的位置，就只露出他的半张脸，在照片中他依然帅得让人无话可说。

　　当时，泰勒在公司拥有独立选片和选择导演的权利，为了让自己挚爱的友人重拾信心，她决定和作为演员已经接近废人的蒙哥马利合作一部影片，风险当然很大，但这时候她已经不考虑风险了。

　　几经周折，她终于在电影《禁房情变》的剧本中为他找到一个可以本色出演的角色——一个性格优柔寡断而怪僻的同性恋军官，并用自己的 100 万片酬作为担保，让蒙哥马利来出演。这一次，一向淡定的蒙哥马利似乎预感到了什么，他忐忑不安地不断给泰勒打电话，请她并且催促她，给他一个准确的拍片时间。泰勒不断地争取，在她严肃的逼迫下，公司终于同意了她的要求，并且把开拍时间定在 1966 年 9 月。然而，1966 年 7 月 22 日，45 岁的蒙哥马利·克里夫特因为心脏病突然发作去世了。他没有等到影片开拍的那一天。他焦急的催促或许正是源于死亡迫近的预感——或许在另一个世界，还有别的角色在等待着他去演绎。

　　正在外景地紧张拍片的泰勒收到蒙哥马利的死讯，她冲进旅馆房间，把自己关在里面号啕大哭了很久。当她打开房门后，痛苦地对她当时的丈夫理查德·伯顿说："从此，我的爱情死了！"倒霉的理查德没别的办法，只能表示同意地点点头。爱情没了，好在还有丈夫的情爱。

　　其实，从那次酒后事故之后，蒙哥马利就患上严重的心理疾病，依赖药物到了成瘾成魔的地步。他一直过着自残的生活，渐渐走上了不归路。但他始终对婚姻不断破裂的泰勒十分爱护，在她

半边脸的照片

美丽不哀愁
——伊丽莎白·泰勒的传奇一生

最需要的时候给她心理上的支持和安慰。虽然他永远不可能和她结婚，但时间证明这点已经不成为他们之间的问题。泰勒一直都无法忘怀蒙哥马利，特别是在他刚去世的那段时间。那时，只要提到蒙哥马利，泰勒就会大哭不止，说她可以给他一切，一切的一切，只要他还在，只要他可以回来。没有人怀疑伊丽莎白·泰勒对蒙哥马利·克里夫特的永恒的爱与忠诚。

泰勒失去了挚爱。她和丈夫理查德都没有参加蒙哥马利的葬礼，这是一向坚强的泰勒唯一不敢面对的场面。

对伊丽莎白·泰勒来说，蒙哥马利是她一生中几个最重要的人之一，如同上帝安排给她的最珍贵的礼物。在这个人情寥落的世界上，他真的关心她并且爱她，与她的雇主和母亲完全不同（他们都只关心她挣多少钱）。持久的爱与深深的遗憾交织在一起，成为泰勒心中消磨不去的伤痕。

提起泰勒，人们往往会首先想到她的绝世美颜和 8 次著名的婚姻，还有她那有如埃及艳后般华丽多彩的奢侈生活，以及她跌宕起伏的爱情故事，还有那些爱情战利品——珠宝和钻石。但是对结婚从不恐惧的泰勒总不能保持爱情温度。她的每段婚姻时间都不长，最短的一次婚姻仅仅维持了半年，跟理查德·伯顿算是爱得死去活来，但两合两分后，也失去了爱的动力。然而这个看似感情很不稳定的大美女，却跟一个男人保持了一生的亲密关系，这个男人就是蒙哥马利·克里夫特。

他们在影片中找到了爱情之树，成为永恒的恋人（《战国佳人》）

郎财女貌的第一次婚姻
尼克·希尔顿——史上最豪华的婚礼

1949 年的秋天，泰勒在拍摄《郎心如铁》的过程中，经人介绍认识了尼克·希尔顿（即小康拉德·尼科尔森·希尔顿，尼克是他的昵称），他是酒店巨头康拉德·希尔顿之子。希尔顿饭店的主人——康拉德·希尔顿是一位新墨西哥州的商人，靠着自己的奋斗发迹，建立了一个庞大的酒店王国。早在 1949 年前，他的王国里就包括了当时纽约的旗舰饭店——华尔道夫—阿斯托里亚酒店。据保守估计，他拥有 1 亿 2500 万美元的资产，而在当时，100 万美元就算是一笔可以改变命运的巨大财富了。康拉德不但富有，还将他的财富变成托管的基金和股票，留给他的后代。23 岁的尼克·希尔顿相貌英俊，高个宽肩，有一双闪烁着狡黠和欲望的深色眼睛，作为酒店公司的副总裁，不仅是富有的财产继承人，还拥有强大的人际关系网络。

尼克在简·鲍威尔举行婚礼的晚上，在夜总会远远地看到了泰勒。尼克是个征服欲很强的男人，从见到泰勒的那一刻起，他就告诉自己一定要得到这个漂亮的女人。他马上让派拉蒙电影公司总裁弗兰克·弗里曼的儿子皮特帮他安排与泰勒见面。皮特很高兴当这个红娘，他立刻找到泰勒并向她提议和尼克共进午餐。泰勒还是那个天真的小女孩，马上答应了尼克的请求。因为她早就听说过尼克的大名，知道他是当时最完美的单身汉。

他们见面的那天是《郎心如铁》杀青的日子，伊丽莎白穿了那件在影片里出现的款式简单的白色天鹅绒紧身连衣裙。她面带

泰勒穿着天鹅绒白色紧身连衣裙，眼中还含有泪水（《郎心如铁》）

忧伤，脸上还挂着刚刚拍戏时留下来的泪痕。

尼克是一个阳刚气十足的男孩，面庞有分明的棱角，在商场中身兼数职的他有一种奇特的能力：虽然不是演艺明星，但他可以在几分钟之内就让别人喜欢上他。对泰勒也不例外，当他用那双火辣的眼睛向泰勒放电时，泰勒被他狂热的眼神灼烧、打动甚至征服。"尼克是个典型的美国男人，人很好也很单纯。"泰勒也认可他的外表。

但是，经历过两次恋爱失败的少女泰勒也隐约可以感觉到尼克不是个正常的人，她没有学过心理学，说不清是什么原因，但她总觉得有些纠缠不清的事情将会困扰她，这或许是女人的第六感。尼克从骨子里透露出一种茫然的无助，这让泰勒感到很是阴暗和未知。然而泰勒是个勇敢的女孩，她没有因这种不祥的感觉却步，她选择继续跟尼克交往。

尼克·希尔顿在第一次跟泰勒约会后就迫不及待要给她打电话。他带着浓重的得克萨斯口音，用十分正式的口吻请求她跟自己通电话。泰勒被这种从来没有遇到过的追求方式吸引了，她本来就是个率真的女孩，从来不会假装矜持，所以她立刻作出相应的答复："我很希望接到你的电话！"

当天下午，泰勒回到家中就发现收到了一个精美的盒子，里面装着36枝美丽的黄玫瑰。泰勒太喜欢这些玫瑰了，她猜不出尼克是怎么知道这是她最喜欢的花的。她把脸浸在花瓣里享受着这突如其来的惊喜。

当萨拉看到花丛中卡片上尼克的名字的时候，她比女儿还兴

奋，她就像中了彩票一样，立刻尖叫了起来。她怎
么都没想到刚刚失去比尔·威利那样的金龟婿，马
上冒出一个尼克·希尔顿这样的钻石女婿。当时的
尼克也是真的迷上了伊丽莎白，他真诚地告诉父亲
康拉德他见到了世界上最漂亮的女人，他一定要娶
她为妻，把她变成天主教徒，并且永远不离婚。作
为父亲的康拉德一生不明白女人，在两性事情上也
一直被各种问题所困。他不能给儿子更好的建议，
只是凭借多年同女人相处的经历暗示儿子：女人的
魅力就是个陷阱。

生活中，她还是个活在梦中的女孩（《小妇人》）

　　尼克·希尔顿不愧是巨商的儿子，他知道办成
一件事情的重点。在给泰勒送花之后两天，尼克就给她家里打了
电话，并接受邀请去她家共进晚餐。狡猾的尼克发现泰勒在吃肉
饼的时候把牛肾馅饼推到一边，只吃牛肉的（女孩子喜欢吃腰子
的不多），他就也学着泰勒那样做，泰勒发现了笑得非常开心，
还以为尼克对食物的喜好跟自己相同。最富有戏剧性的是，当萨
拉问到尼克是否会喝酒吸烟的时候，聪明的尼克回答得十分放松，
他没有说不喜欢，只是谎称每样都只会一小点。他大方的气度完
全骗过了泰勒和她的家人。

　　又过了两天，尼克回请泰勒一家人去贝尔艾尔酒店吃晚餐。
酒店是希尔顿家族的，有 4 间大厅、26 个卫生间、5 个酒吧间和
5 个厨房，大厅里特意放置了一些来自遥远的中国的明代花瓶，
酒吧的支架都是金制的。尼克适时自然地向泰勒的父母展示他的
财富基础。泰勒的母亲对看到的一切震惊不已，而泰勒也被尼克
完全征服了："没有比他更有魅力比他更好的人了。我太喜欢尼

当时的尼克也
是真的迷上了伊丽
莎白，他真诚地告
诉父亲康拉德他见
到了世界上最漂亮
的女人，他一定要
娶她为妻。

美丽不哀愁
——伊丽莎白·泰勒的传奇一生

《岳父大人》
中身穿婚纱的泰
勒，在生活中同
样对幸福的婚姻
充满了向往

克了！"她那时还是个沉浸在爱河中的纯情女孩。

这之后的日子里，泰勒和尼克经常约会。尼克的父亲康拉德再次专横地提醒尼克不要发展太过神速，他希望尼克跟伊丽莎白分开一段，先和他一起去圣胡安，以便冷静地想一想再做决定。但他发现有点儿来不及了，他的儿子尼克已经被伊丽莎白·泰勒迷得神魂颠倒，就像大家都知道的，越遭反对爱情就越升温。

尼克根本离不开泰勒了，他带泰勒去滑雪，紧紧地抱着她在冰天雪地里飞驰，泰勒带给了他纯粹作为男人的幸福感。在圣诞节，尼克除了赠送给泰勒精美的钻石耳环、相册、开司米紧身衣、高尔夫球棒之外，还邀请泰勒全家一起出外游玩，并把一枚5克拉的钻石订婚戒指和一根价值1万美元的钻石箍带一并送给了泰勒，同时把她的父亲叫到了身边，请求弗朗西斯同意把女儿嫁给她。这样强大的爱情攻势，是泰勒家从来没有遇到过的，他们扛不住了（扛不住也正常，面对金钱的诱惑、完美的表现，本来也没想扛）。

其实，尼克虽然有钱，但他是个有心理问题的人，这在现在心理学上叫做人格不健全。尼克从小失去母亲，生活在一个破裂的家庭里。他的父亲康拉德·希尔顿是个有名的花花公子。康拉德是个不可救药的老男人，他只喜欢漂亮、刺激、难搞到手的女人，一旦娶到手便会不知道

影片中男女主角在教堂宣誓，结为夫妻
（《岳父大人》）

· 046 ·

如何相处，这就注定了他的婚姻必然以失败告终。他和电影明星
莎莎·嘉宝的婚姻就极度痛苦而失败。

　　莎莎·嘉宝是好莱坞著名狐狸精，比尼克大不了几岁，她不
但给不了尼克母亲般的关怀，还在尼克和他父亲之间制造矛盾。
19岁的尼克因此从神学院辍学，参加了海军。尼克长大以后就成
了家族中的害群之马。他贪杯好色，跟他父亲一样喜欢玩弄漂亮
女人，而且嗜赌成性，吸毒成瘾。他的父亲康拉德·希尔顿很希
望尼克能够早点成家，经常催促他。这曾经让尼克十分烦恼。

　　尼克对自己的放荡毫不在意，但他对配偶的要求却很严格，
他很少去教堂，但坚持女方必须是一个信仰罗
马天主教的处女。尼克强迫泰勒信仰天主教，
但对于自己却既没要求也不设底线，他常常毫
无敬畏之心地把天主教的《玫瑰经》与那些色
情书刊和毒品一起放在床头的柜子上，有时还
会更甚，把十字架和一把手枪也一起放在那里。

《岳父大人》中
的老爸觉得女儿没
必要嫁得太早

　　从小到大，尼克的生活完全处于父亲强大
的主导下，父亲的成功成了他最大的阴影。他
的问题在于他有一个亿万富翁的老爸，这在常人看来是不能理解
的。他迫切地要得到泰勒也是为了怀抱最美的女人来满足自己的
自负心态，来证明自己大男人的尊严。当然，这一切都在他的潜
意识里，尼克自己肯定认为都是为了爱。

　　泰勒的父亲弗朗西斯·泰勒从别人口中听说了尼克的恶习，
所以对泰勒的婚事非常担心。某种意义上，还是男人更了解男人。
所以弗朗西斯竭力反对女儿信仰罗马天主教，但又无法跟正在热
恋中的女儿争执。

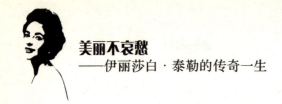

就像中国的许多父亲以及《岳父大人》里那位老爸一样，泰勒的父亲弗朗西斯·泰勒认为女儿年龄还小，而且这么漂亮的女儿又不怕嫁不出去。他尝试转变各种方法，温和地规劝女儿不要着急结婚，完全可以等到高中毕业后再谈婚论嫁。

泰勒的母亲看法完全不同。在萨拉眼中，尼克·希尔顿简直是完美女婿的化身，她已经沉浸在变成希尔顿财富继承人的岳母的美梦里。她觉得尼克是财产的继承人，泰勒又是大明星，他们二人的结合是金童玉女珠联璧合的绝配，而她就要当上希尔顿继承人的岳母了，这么完美的事情简直是毕生梦想的结晶，绝对不能让任何事物破坏。她关闭自己的眼睛和耳朵，拒绝相信所有有关尼克诸多恶习的传闻，更对尼克的暴脾气、吸毒成瘾和赌博成性置若罔闻。

当然也不能完全怪萨拉的"瞎眼"。尼克毕竟是酒店巨头的儿子，从小见多识广，虽然没有参演过电影，但在生活中他的演技一点都不在泰勒之下。萨拉只知道面对镜头时需要表演，不了解真正的生活表演艺术家为达到自己的目的，是每时每刻都在表演中生活。

尼克与从前的比尔不同，他在萨拉面前彬彬有礼，温文尔雅，从不喝酒，而且不但不阻止泰勒拍电影，还开玩笑说就喜欢泰勒这样"蹩脚的小演员"。而且尼克的父亲康拉德也十分支持泰勒继续发展电影事业，他认为泰勒在电影界已经非常有名，她可以提高希尔顿家族的声誉，扩大希尔顿家族的影响。这一点对于历尽千辛万苦培养女儿的萨拉来说再合适不过了。她终于得到了安慰，因为她可以继续从泰勒作为演员的收入账户中支取一定的酬金，同时满足自己对名利场以及上流社会的各种欲望。

其实，感情不是简单的财富加名望。这次，萨拉将把女儿伊丽莎白推向一个深深的婚姻泥潭。

泰勒的父亲弗朗西斯不太愿意和萨拉发生争执（不是对手），他最终放弃了让伊丽莎白读完高中的主张，同意把女儿嫁给尼克。

当时，伊丽莎白还不到 18 岁，尚未高中毕业就不再上学了。这都是为了早点嫁给尼克。学校十分理解泰勒家的决定，因为尼克的家族太有钱太强大，即使是现今的社会，谁也不敢断言女人是嫁得好还是做得好会更幸福，更别说学得好了。而且那所学校也不是什么正规的学校。于是，学校同意破例为泰勒提前颁发毕业证书。泰勒被光速安排进了一个毕业班里，班里的同学她根本就不认识。

1950 年 1 月，伊丽莎白拿到了高中毕业证书，她穿着长袍，头戴白帽在毕业典礼上露了一面，就算是完成了她的学习生涯。也就是说，为了生存，为了表演，为了爱情，总之为了许多事情，泰勒从小到大就没有受过什么正规的教育，这是她一辈子最大的遗憾。她也为此吃了不少的苦。

毕业典礼结束后，尼克马上正式向泰勒求婚，要求把具体的婚期定下来。商量婚期的时候，他俩正在莫坎波的舞池中漫步，泰勒随口说，"那就 5 月初吧。比如 5 月 6 日？"尼克抓住时机，即刻点头同意，并且激动地大声说："我拥有了世界上最美丽的女孩。你知道吗，伊丽莎白，你嫁给一个天主教徒就意味着永远在一

《郎心如铁》中泰勒的黑礼服白披肩的着装给影迷留下深刻印象

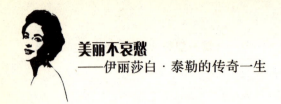

起。"说完，他们两个就拥抱在了一起，夜总会里顿时爆发出热烈的掌声。

伊丽莎白订婚的消息很快就传遍四方，希尔顿饭店在全球的生意也因此兴隆起来。康拉德·希尔顿作为顶尖的商人，如今也十分欢迎伊丽莎白成为他家中的一员，他认为米高梅电影公司的这位影坛公主童话般的爱情故事一定会给希尔顿家族的生意带来欣欣向荣的景象。

米高梅电影公司也想充分利用泰勒结婚这一特别的事件来提高电影票房的收入，他们决定把影片《岳父大人》的发行时间改在泰勒订婚的日子。米高梅电影公司给泰勒定制了一套价值3500美元的梦幻礼服，让泰勒穿着它飘飘然地进入礼堂。这套礼服是由海伦·罗斯设计的，她还为女傧相设计了7套水仙花鸭黄色的礼服，为萨拉设计了青铜色雪纺绸的礼服。

米高梅电影公司的总裁电话告知设在纽约的电影发行公司，伊丽莎白·泰勒的任何婚礼服装照片都不能被任何一家媒体独占，因为他们希望这次婚礼成为好莱坞史上最有意义的一件新闻事件。米高梅公司的这一消息发布后，许多公司也都发现了这个宣传自己的机会，纷纷赠送了表示祝贺的礼物。

派拉蒙电影公司为泰勒设计赠送了蜜月礼服。值得提及的是霍华德·杨送给泰勒一枚价值6.5万美元的珍珠戒指，康拉德·希尔顿送了100股希尔顿的股票——这股票在30年后每股价值到了15万美元。最逗的是银器公司的馈赠条件：如果新娘愿意提着一只格勒姆水壶倒茶的话，他们愿意赠送40件银器餐具。这些礼物如潮水般地向泰勒涌来。为了给礼物腾地方，泰勒不得不把起居室的东西全部搬了出去。

尼克打从心底反对泰勒接受这些礼物，他其实是个地道的大男子主义者，他还用咄咄逼人的气势疏远并赶走了泰勒至爱的朋友蒙哥马利。泰勒为此充满顾虑，她在纽约的时候不停地给蒙哥马利打电话谈论这个强壮鲁莽的未婚夫，表达心中的恐惧。

蒙哥马利了解泰勒的感受，也知道她是个敏感的人，明白泰勒对未来的恐惧不是没有道理。但是同样身为演员的蒙哥马利深知泰勒的处境，深知自己无法帮助泰勒，更无法满足她的需要。虽然爱她，但还是没有阻止她陷入这个用财富打造的最豪华的婚姻泥潭。在那一刻，这个泥潭镶金嵌玉，灿灿生光，简直是个令人睁不开眼睛也挑不出毛病的梦幻。

年轻的伊丽莎白还无法弄懂婚姻的本质，她对尼克心存疑虑，但是她的家人已经全身心地扑在婚礼的筹备中了。泰勒没法得到家人的帮助，她尝试把她的感受告诉了斯宾塞·屈塞和琼·贝内特，这是在电影《岳父大人》中饰演她父母的演员。琼的肤色和头发都跟泰勒很相似，在两部电影中都饰演过她的母亲。她认为尼克是个自私的男人，对伊丽莎白的工作一点兴趣都没有，而泰勒是个对工作很重视的人。他俩不合适。但是命运的巨轮一旦启动就不可逆转。

人们在结婚的时候都真诚地向往婚后的幸福生活，泰勒也不例外。她很爱她的父母，但她也很想独立，想真正开始自己的生活。她承认她是因为对男人的渴望才结婚的，因为只有婚姻才能带给她独立创造未来的机会和满足感。未来谁也说不清，先享受青春和爱情最美好的礼物——婚礼吧。

1950 年 5 月 6 日，那是个周末，伊丽莎白·泰勒和尼克·希

在那一刻，这个泥潭镶金嵌玉，灿灿生光，简直是个令人睁不开眼睛也挑不出毛病的梦幻。

美丽不哀愁
——伊丽莎白·泰勒的传奇一生

郎财女貌，看似
天生的一对

尔顿的婚礼于下午 5 点在比弗利山的善牧会教堂举行。那是一个富豪云集的地方，一辆一辆的豪华轿车将圣莫尼卡大街挤得水泄不通，排出了几英里的长队。当时所有的大明星都出动了，米高梅公司的所有人，从金·凯利到琼·贝内特、斯宾塞·屈塞、路易斯·梅耶、弗莱德·阿斯泰尔、琼·阿里森、范·约翰逊、黛比·雷诺兹、埃斯特·威廉姆斯、乔治·墨菲，等等。总之，没生病的都去了。城里的娱乐记者们当然更不会错过这次非常盛典，像拉迪·哈里斯、海达·霍普、卢埃拉·帕尔森、希拉·格雷厄姆等人全都出席了伊丽莎白·泰勒的这次婚礼。估计娱记中就算是生了病的也爬着坚持去参加了。这毕竟是米高梅公主的婚礼，而且是嫁给了酒店之王的儿子，绝对算得上是郎财女貌了（反过来说也不算勉强）。为了一睹泰勒的风采，影迷们将泰勒家那座粉刷一新的白色寓所团团围住，默默等待着童话中的小公主出场。

泰勒挽着头发斑白却仍然风度不减的父亲的手臂走出了家门。她穿着白色的绸缎长裙，10 码长的轻纱飘在身后，上面缀满了米色的珠子。她头上戴着乳白色的头饰，脚上穿着白色丝绸的便鞋，一身装束浑然天成，美若仙子。那服装是海伦·罗斯等 15 位米高梅的缝纫女工用了两个月的时间制作的。当电影王国里这位最美丽的新娘走向轿车的时候，街道两侧的影迷们立即开始激动地欢呼，用最热烈的掌声表示他们的爱慕和赞赏，场面极其恢弘。

无数的朋友和嘉宾在教堂内等候，每个人都送上祝福的笑容。

除了一个人，他愤愤地站在人群外边，对着新娘怒目而视。一小时前，他猛敲泰勒家的大门，冲进屋中，径直跑进泰勒的房间，责骂泰勒水性杨花，质问她过去的那些白头偕老的山盟海誓都哪里去了？！这个人就是比尔·威利。他闹了15分钟，弄哭了泰勒也自知没趣地离开了。后来的事情证明，比尔当时的举动完全不是在捣乱，只是没有控制住自己的感情，因为他还是深爱着泰勒的，在他心中泰勒一直都是他的未婚妻。他不明白，别人也不是傻子，他看中的觉得好的东西，别人也会追求和占有，所以越是美好的东西越是稍纵即逝。比尔直到1974年才结婚。

婚礼在嘹亮的《万福玛丽亚》的歌声中开始，教堂里铺满了白色的康乃馨和百合花，白色丝绸蝴蝶结系在所有的柱子上。600多位嘉宾目睹了18岁的泰勒挽着父亲的手臂踩着白色的地毯走进神圣的教堂。

仪式大约进行了25分钟，23岁的尼克和18岁的泰勒在向天主宣誓后长吻，直到教堂里宾客的掌声变成笑声，牧师弯下腰对他们说："可以了，时间够长了。"这对新人终于结成夫妻。

大街上到处都是人，他们欢呼着，如醉如痴地赞赏着。为了让新人乘车去庆祝的宴会场所，警察不得不推开热烈的人群，泰勒探出身子在喜庆的音乐声中优雅地挥手向大家致意。几乎每位来宾都希望在这样美好的日子里亲吻新娘，他们排了长长的队伍，没有尽头。新郎尼克的疲惫也是从这时开始

真实的婚礼更加隆重

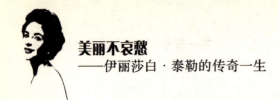

美丽不哀愁
——伊丽莎白·泰勒的传奇一生

的。他和泰勒一起应酬了两个多小时，以至于当他们应酬完去切象征幸福的巨型结婚蛋糕时，那最上面用冰糖做的一米多高的亲吻状的一对鸽子都已经等不及地融化了。尼克确实没想到娶一个女明星要在许多时候等这么久。天真单纯的新娘完全沉浸在幸福中，以为一切都十分完美，她对母亲说："我和尼克将永远在一起。"

泰勒和尼克在法国度蜜月，无论他们走到哪里都有许多影迷追着与泰勒合影，要求泰勒签名留念。泰勒热爱自己的事业，特别尊重影迷们。她在夏日的海边还披着那件灰蓝色的貂皮披肩，不是因为她有关节炎，也不是她不怕热，只是因为伊丽莎白知道她的影迷们喜欢看她穿貂皮。对于影迷的要求，她总是欣然应允，这就引起了尼克的反感，而且是非常的反感，发展到失去理智的大叫。泰勒不明白尼克为什么会突然变了一个人，她不知道尼克无法容忍的是众人对她的顶礼膜拜。

尼克身为一个世界级酒店大老板的儿子，有些大男子主义也是正常的。我们愿意相信尼克是爱泰勒的。他也认为泰勒就是他一生想要的人，所以他拼命追求并得到她。同时他也知道泰勒作为影星的影响力可以提高希尔顿家族的声望。他在爱情中深思熟虑，以为这一切都是对他有利的。但是他真正不了解的人是他自己，他不知道当泰勒真正成为他的妻子后，他容忍不了妻子的魅力远在自己之上许多倍。他不了解自己其实只需要一个可以默默支持他的人，泰勒在他的身边会让他觉得不自信。他从小就不是一个自信的人，虽然他的富有可以让普通人羡慕得要死，可他最不喜欢的就是令他自卑的人，问题是他却偏偏娶了一个有本事让任何人感到自卑的人做了妻子。

当他们驱车沿着加利福尼亚州的海岸去蒙特里半岛准备度蜜月的时候，他们住进一所豪华的度假别墅里。那里的一个服务员是泰勒的影迷，不知道尼克的大名，就随口叫他泰勒先生，这让尼克非常恼火。他变得乖戾而难以捉摸，开始跟伊丽莎白没缘由地吵架，一点没有了绅士的风度。尼克每天回来得很晚，在酒吧把自己喝得不省人事。当泰勒因为苦苦等待而有所抱怨的时候，他烦躁地对她说：去死吧。

许多人认为尼克对待女人的态度很像他的父亲，他们只是追求光鲜亮丽的女人，当真正得到了以后又不知道如何跟她们和谐相处。

不管出于什么原因，尼克带给伊丽莎白·泰勒的是噩梦一样的蜜月。尼克不开心就会去喝酒，酒后就会乱性。泰勒试着阻拦他，他竟然当着众人的面大吼大叫："你给我听着——以后少跟我来这套！"旁观者看着都觉得很纳闷，觉得他们不像是新婚，倒像是一对已婚多年快走到尽头的夫妇。泰勒也不明白，而且她只是让他回房，也没来哪套呀？

年轻的伊丽莎白一点也不明白为什么尼克一下子就开始对她不理不睬，她找不出婚前的自己和婚后有什么不同。她明明嫁的是一个风度翩翩的绅士，什么都没发生，为什么在婚后这么快变成了一个放荡的疯男孩？这短短的几天也没发现尼克吃错什么药呀？这也太离奇了！

也许问题不在她这里？一共就

童话里说：公主嫁给了王子，他们从此在城堡中过着幸福的生活

两个人，不在她这里，就肯定在尼克身上了。

尼克是有问题，而且早就有，可能有些问题他自己也不完全清楚。他内心不愿意当一个职业女性的丈夫。而且婚前的泰勒只是一个猎物，婚后就变成了尼克的私人财产，这当然是不同的。作为私人财产的泰勒又太招摇，并没有当"财产"的自觉。本来尼克以为泰勒的名气可以帮他炫耀自己征服女人的能力，但事情跟他想的完全相反。本想"提携新人"，不想"让新人提携了"，这让他失去了自信。所以尼克对泰勒婚前婚后态度上的变化也是正常的。

尼克尝试让泰勒哪里都不舒服，好像这样他自己就能舒服似的。

他变得吝啬，不愿意让泰勒买昂贵的衣服。泰勒喜欢一只小狗，尼克也不肯出钱买。泰勒就自己出钱买，为了自己开心，想买就买。尼克家是富有，但泰勒也不缺钱。

更有甚者，尼克知道对泰勒来说，性爱是一种美妙的体验，是她非常渴望得到的东西。于是他总是大醉而归，当他们开始做爱的时候，他却在泰勒最需要的时候不失时机地将她粗暴地推开，甚至不与泰勒同床。

泰勒开始很伤心。后来再一想，终于想明白了：就连这点你都不给我，这叫什么老公呀！这样下去没法过了。

泰勒本来就是个很率真的女孩，又没有掩饰自己的习惯。于是，她主动要求尼克过性生活。这样她才能得到温暖和舒适的呵护，那可不仅仅是一种性的满足。身为老公的尼克明明知道泰勒的需要却故意置之不理，明显是不想好好过。

泰勒又不是灭绝师太，她开始感到不安，很快学会了抽烟，并且努力寻找解脱的办法。

　　这时候她发现几乎没有人可以真正帮她。她没法告诉家人，因为泰勒知道这事儿最好别让她母亲知道，不然不但得不到任何的安慰，还会招来不必要的麻烦，最后弄不好还需要她来安慰她的母亲。她的母亲萨拉准会说都是泰勒不懂事、不成熟，而尼克没有毛病；虽然尼克有些公子哥的小脾气，但哪个男人不是这样子，尼克已经比许多男人都好了。而且萨拉还会认为，尼克的家产让他也有资本做一些错事。只要伊丽莎白学会多忍让一点，别太小孩子气，那尼克在不久的将来一定会变成一个非常好的丈夫，会是一个让许多女人羡慕的丈夫。"过日子就得忍，哪个女人不是这么过来的，你永远也找不到比尼克更好的男人了。"泰勒用膝盖都可以想象她的母亲会这样说。

　　泰勒对当忍者神龟没兴趣。

　　好事不出门，坏事传千里。新闻界很容易发现了泰勒和尼克的婚姻不和。泰勒也不是一个擅长掩饰的人。尼克对她不好，她先忍后等，再请求，一切能做的都做了，但尼克反而连最基本的都不给她了。泰勒也急了，别以为就尼克会闹，泰勒也会喝酒说粗话，也会大喊大叫。你不给我面子，我也不给你面子。你不让我活好，我也不让你好过。于是，两个人就在公开场合拉开架势吵架。

　　尼克越来越为自己娶了这样一个明星妻子而后悔，他对泰勒经常不断地公开露面心怀不满，他甚至变态地讨厌别人知道他是泰勒的丈夫。可他确实还是泰勒的丈夫，"泰勒先生"，而且是他装模作样，处心积虑地娶到的泰勒。结婚才没多久，他就翻脸如翻书了。

　　其实从这点可以看出泰勒真不是一个有心机的人，

泰勒的眼中虽然充满了困惑，但依旧迷人（《劫后英雄传》）

至少 18 岁的泰勒不是一个有心机的人。尼克是个商人，对收获和付出算得比一般人清楚。如果泰勒当时让尼克追个三五年再同意结婚，估计尼克婚后的变化也会慢些。但是人的命运就是千变万化，没心机也有没心机所带来的收获。

情势恶化得很快，1950 年 9 月，尼克和泰勒一起乘坐"伊丽莎白皇后"号到达法国，航行途中，伊丽莎白体重轻了 12 磅，看上去十分憔悴。

等回到纽约，尼克直接撇下泰勒去了加利福尼亚。痛苦的泰勒再也受不了了，她无法告诉家人，只能给米高梅电影公司打电话要求接她回家。萨拉得知此事，开始给尼克和泰勒打电话，想让两个人重归于好。尼克开车去接泰勒，夫妇两个一起回到了加利福尼亚。泰勒不是个记仇的人，她很容易原谅别人，不喜欢生活在抱怨里，她还是想念尼克的。他们拥抱在一起，在激情中度过了一个月的时间。

之后，泰勒开始了《岳父大人》的续集《玉女弄璋》的拍摄。电影讲述的是早婚的一段伤心的经历，闹别扭、和好、怀孩子，泰勒将自己第一次婚姻生活中的一些感悟融入角色的表演中，得到了许多人的好评。然而，尼克的脾气又被点燃了，还是为了同样的原因。伊丽莎白也不再容忍，她向媒体透露，尼克有次喝了酒后踢了她的肚子，造成她流产。她回忆她当时不知道自己已经怀孕了，只是觉得肚子疼得非常厉害，也许尼克那么做只是喝醉了，并非怀有恶意，也不是故意的。

1950 年 12 月的一天，他们疯狂地吵了起来。尼克说泰勒是个讨厌透顶的家伙。泰勒半夜里逃了出来。多年后她告诉杂志社的记者说："我当时跑出来想的只是，不能让他要了我的命。"

这就是泰勒的第一次婚姻，持续了不到一年，就这样结束了。泰勒说："和他一起 9 个月后，我离开了他，我们曾经有过一个孩子，却被他从我的肚子里踢没了。""来到这个世上不是受这种罪来的。上帝让我来到世上，不是让我怀上孩子又让别人把他从肚子里踢走的。"当时，伊丽莎白·泰勒还不懂得保护自己，她被折磨得身心憔悴，喜怒无常，一根接一根地抽烟。

这个时候，泰勒的家人和米高梅电影公司不得不面对这种破碎的局面。1950 年 12 月，米高梅公司发表了声明，表示不惜一切代价全力保护泰勒，支持她的决定，"伊丽莎白和尼克重新在一起的可能性没有了。尼克贪杯好色，对自己的妻子不管不顾。"12 月 17 日，伊丽莎白正式声明："尼克和我因性格不合最终分开，我们再无和解的可能。"

与尼克分手后，为了忘掉感情上的失败，泰勒立刻让自己投身于新电影的拍摄工作中。泰勒原本是个容易合作的人。因为年轻的她对待工作上的事情理性大方，有时候镇定得有些冷漠。她一般不会在摄影棚内对任何同事发火，因为她不是一个喜欢吹毛求疵的人（当然她那时候年轻没经验，别人不挑她就不错了，实际上大家对她也都很好）。即使有一些让她过不去的事情，她的愤怒持续的时间也很短，导演爱德华讲过："那时候的泰勒具有一种很强的内在控制力量，是个很好的合作伙伴。"

然而，离婚后的泰勒失去了常态。她对自己所遭遇的事情一直觉得委屈，家人也不能理解她，所以她不想再控制自己，或者说懒得控制自己，她常常会忍不住在拍片的地方哭哭叫叫，这样她才不会真的疯掉。她实在不能戏里戏外都演个没完，她不在乎大家看到真实的自己。世纪婚礼结束了，童话破碎了，童话里的公主必须回

美丽不哀愁

——伊丽莎白·泰勒的传奇一生

到现实中继续生活。只是泰勒的母亲还是喜欢和女儿一起活在童话里，她梦魇般地警告女儿："你不要错过希尔顿，不然你以后再也找不到这样好的老公了！"

当时泰勒只有18岁，她像所有女孩一样，喜欢吃甜食，以为婚姻似蜜糖。但是她不知道这回她"舔"到的蜜是抹在刀刃上的，刚开始感受美好，但接下来就剩下疼了，因为舌头在流血了。

受伤的泰勒一度接近崩溃的边缘，但是米高梅并没有因此同意她休息。1951年1月26日，泰勒在拍摄任务十分繁重的情况下为离婚分财产的事情上了法庭，当她说到"当我跟尼克结婚的时候，无论是在身体上还是精神上都是个处女"的时候，昏倒在了法庭上……最后的审理结果是，法庭把100股希尔顿酒店的股票和她在婚礼上所收的礼品判归伊丽莎白所有。泰勒不是一个记仇和小心眼的人，但是，这次法庭经历造成的痛苦让她久久不能忘怀，她后来拒绝在那些允许尼克在天主教堂结婚的文件上签字。

当时泰勒只有18岁，她像所有女孩一样，喜欢吃甜食，以为婚姻似蜜糖。

泰勒最终因为饱受神经衰弱、溃疡和结肠炎等多重病状的折磨，于1951年2月住进了医院。治疗期间，她得到了医生和护士的精心呵护，这让她在以后的日子里，每当心情不好或者不能承受感情上巨大压力的时候，就会躲到医院里去疗病养心。虽然住院的时候她的父母不在身边，但是医生和护士对她的照顾也足以让她满足。

影片《小妇人》中爱美又喜欢甜食的小泰勒

身体恢复后，泰勒没有因为痛苦的经历而

一蹶不振，那不是她的性格。她虽然只有 18 岁，但是已经不再因为激情去过分鲁莽。而且她学会了从朋友那里获取力量。她在威尔夏大街租了一处两层五室的公寓，和秘书佩吉·拉特利奈住在一起。佩吉之前曾为鲍勃·霍普的妻子工作过，大家对她的评价很好，说她是一个正派的女士，是个上流社会的年轻女子，她的陪伴令泰勒的生活和情绪渐渐平静下来。

《劫后英雄传》中美丽的女孩面临选择

　　这段时间，许多男人想娶泰勒，因为她是个还不到 20 岁的绝世美女。有一次，一个名叫格雷格·鲍策的好莱坞律师邀请泰勒去他在棕榈泉的房子。泰勒同意了，于是他们乘坐一架私人飞机前往那里。格雷格把泰勒送到房子里就离开了。过了一会儿，外面有人敲门。泰勒开门后吃惊地发现是霍华德·休斯。这位年轻的飞行大亨带泰勒去看了一辆老式的雪佛兰轿车，还打开一块丝制印花的大方巾，里面全都是美丽的珠宝。霍华德说："如果你愿意和我在一起的话，这些都是你的了。"泰勒没有说话，只是走进屋子，用电话叫了一辆出租车，让司机将自己送回好莱坞。

　　尼克也知道许多像他一样的花花公子想娶泰勒的事情，他的自卑心理又开始作怪了。他居心叵测地说："每个人都有机会跟泰勒睡觉，每个男人都有机会的。"可是，泰勒根本不像尼克想象中那样，她根本没有看上那些尼克式的追求者们。可以说她不再那么容易相信这种花花公子和富家子弟占有式的爱情。

　　她选择跟她的朋友们一起疗伤。那个阶段她常常去找蒙哥马利，和他一起进城找乐子。他们几乎天天都在一起，还有罗迪，

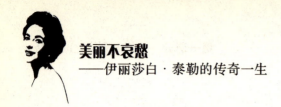

19岁的凯文·麦卡锡也会加入他们当中，一起去蒙哥马利最喜欢的格雷戈里酒吧。她跟朋友在一起，就可以把折磨她的环境隔离开，既得到关怀和放松，又不会太寂寞。

尼克·希尔顿给了伊丽莎白梦幻般的婚礼，不可否认，那也是每个年轻女孩都期待的。但这之后，尼克也给了她噩梦一样的婚姻生活。这就是泰勒的第一次婚姻，历时9个月，18岁的泰勒用不到一年的时间完成了从一个纯情的少女到一个成熟女人的学业。一般的女孩经历这些后会心灰意冷地认为婚姻真的是爱情的坟墓，但是泰勒则不同。她虽然没有像思想家那样坐下来什么都不做，去总结婚姻失败的原因（她很忙），但她没有被现实打倒，她还是相信婚姻本身是美好的，只是人不对，也隐约认识到了自己对待第一次婚姻的盲目性。

某种意义上，这次失败的婚姻也是伊丽莎白命运中的必经之路。当时，凭尼克的家世，还有泰勒母亲对有钱女婿的渴望，再加上泰勒燃烧的激情，就算再理性的人过来劝阻，也是挡不住的。也不能说这次的婚姻留下的只有痛苦，毕竟结婚典礼是盛大的，是成功的，也为泰勒家挣足了面子。那一段，所有人对泰勒的羡慕和祝福都是真实的，所有为她营造气氛的劳动人民的付出也是真诚的，所以那时泰勒的幸福是真实的。这确实不是每一个女人都能经历和拥有的，相信她也明白这一点。

泰勒的美貌是公认的，她和尼克离婚也不是因为她没有吸引力，也许正是因为她太有吸引力了。因为她和尼克都是家人眼中的宝贝，都非常的自我，都不喜欢控制自己的感情。尼克需要一个传统的家庭主妇，而泰勒则需要一个精心呵护她的爱人。这就需要双方都为两个人在一起付出许多，才能发生许多改变。否则

她不再那么容易相信这种花花公子和富家子弟占有式的爱情。

根本没有和平相处的可能性。理论上讲，他们的分开早在他们认识的时候就已经注定了。好在两个人都年轻得不得了，又都有超强的承受力，这次郎财女貌的婚姻不好说是纯粹的悲剧，也算是一段奇异的人生经历吧。

虽然当时每个影迷都知道伊丽莎白的婚姻不幸福，而奇怪的是这并不影响她对观众的吸引力，她仍然是电影杂志的封面女郎，依然是那个时代最美的女孩。只是她的美丽发生了变化。

有些疲惫，但渐渐成熟的泰勒（《劫后英雄传》）

女孩的美丽和幸福没有直接关系，而且在女孩幼稚的时候，再美丽也是没有用的。这次婚姻后，泰勒再饰演角色时，她的眼神变得和以前不一样了。以前眼中的依赖和温柔，变成了坚定和锋利，好像要把对方看穿一样。生活向这个美丽的女孩子现出了残酷的一面，值得庆幸的是，这一切来得那么早，她不至于让整个青春在童话中迷失，她还有时间，还有力量。

在这以后，小康拉德·尼科尔森·希尔顿和泰勒也曾再相聚过。几个月后，小康拉德娶了一位 19 岁的德国女伯爵——贝蒂·冯·福斯滕格，但仍然不能够取悦对方，最终选择了分手。直到多年后，他还是很关注泰勒的生活和出演的影片。在 1969 年 2 月，他因心脏病在洛杉矶去世，结束了富有却不幸福的一生，年仅 42 岁。而那时泰勒正活得兴兴冲冲，和理查德·伯顿过着演戏理财的热闹日子，后来又成了议员夫人。人各有命，这都是后话了。

她和尼克离婚也不是因为她没有吸引力，也许正是因为她太有吸引力了。

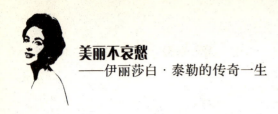
第二次婚姻 英国绅士迈克尔·怀尔汀

　　泰勒在与富家公子尼克·希尔顿儿戏般地结婚，又闪电般地离婚后，并没有从此沉沦，她小小总结了一下第一次婚姻失败的原因，还没来得及擦干脸上由于婚礼盛典留下来的"彩虹泪光"就又匆匆踏上了新恋情的征程。她宣称不要一个人唱"单身情歌"，婚姻没有错，结婚会比单身更幸福。但这回她要自己选丈夫，不再受家人的左右，她要将爱情进行到底。毕竟，这时的泰勒只有18岁，她年轻、美丽、事业成功、意志独立。

　　泰勒在拍摄《爱情至上》的时候，给自己选了一个新目标——这部影片的导演斯坦利·多伦。泰勒没有真的爱上斯坦利·多伦，只是想在自己情绪不稳定的时候能得到他的安慰。斯坦利常常殷勤地向她表达爱意，泰勒就自然地接受着。

这件事让泰勒的母亲萨拉知道了，对此非常不满意。她马上把这件事弄得众人皆知，嘲笑斯坦利·多伦是个已婚的干瘪瘦小的犹太人。泰勒太了解母亲了：母亲不喜欢这个新人选的主要原因是他没有尼克·希尔顿那样雄厚的资产背景。但是，为了那虚幻的资财，她不在乎女儿是否幸福，甚至忘了女

泰勒的眼中流露出自己的思想，她已经开始成熟的思考，不再是母亲的乖乖女。电影《狂想曲》中的泰勒渐渐明白自己的真正需要

儿差点丢了性命，反正差点没命的不是她自己。

　　泰勒再也不是那个事事听话的乖乖女，她讨厌母亲对自己婚事的任何干预，她和母亲的"亲密期"与上一次婚姻一同结束了。

　　首先她决不会再找小康拉德那样浑浑噩噩的富家大公子了，她不能在同一种人身上输两回，这回她要找实实惠惠的爱情。为了自己的幸福，她通知米高梅电影公司："不要再让我的母亲踏入公司，否则我就即刻离开米高梅。"这也是泰勒对母亲的最后通牒，萨拉只能遵守规定，因为她还指望从女儿的报酬中领取一定份额的薪水。

这回泰勒要自己决定自己的事情（《狂想曲》）

　　《爱情至上》上映后，观众对泰勒的风姿赞不绝口，她的美人照贴遍了大街小巷。在影片首映式上，泰勒为了表示感谢，紧紧搂着导演拍了许多照片，看上去亲亲密密，郎才女貌。斯坦利的妻子珍妮·多伦终于看不下去了，提出了与丈夫离婚的要求。尽管珍妮在离婚申诉中没有提到泰勒一个字，但是没有人不知道这个破坏家庭的第三者就是年方 20 的泰勒小姐。

　　也许因为泰勒并没有真的爱上斯坦利，或者说爱得不够深，她为了保全自己，退出了这场不值得的艳事之争。她解释说："我是个普通女人，有普通女人的需要。我有缺点，那是因为我具有一个女人的身体和一颗孩子般的心。"

　　米高梅公司看到有转机，马上把泰勒派到英国去出演新的彩色影片《劫后英雄传》，借此将她跟斯坦利分开，自自然然地结束了这段韵事。但是米高梅公司又一次算错了，有些事情防不胜

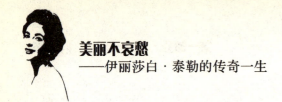

防。他们赶走的斯坦利只是个配角，泰勒人生的第二个男主角在英国才正式登场了。那就是比泰勒大将近二十岁的英国著名演员迈克尔·怀尔汀——依然是个有妇之夫。

迈克尔·怀尔汀和泰勒早在 3 年前就认识了，当时 17 岁的泰勒视他为自己的偶像。迈克尔没多少钱，而且有自己的家庭。他觉得泰勒十分孤独，希望自己能保护她。但是他反对太早跟泰勒结婚，理由是他们有年龄差距，而且他不是单身。

其实这些都不是问题。

聪明的泰勒很明白怀尔汀难言的顾虑，那就是他不富有，他主要是担心婚后负担不起泰勒的大明星生活。但是她需要爱人的关怀，她不想拖延时间，年纪大的男人犹豫起来可是没完没了的。为了最快办成婚事，她先帮怀尔汀买了一只镶有钻石的蓝宝石戒指，送给自己。这样她就可以把它天天戴在手上，让所有人看到这位英国著名的男明星向他求婚了。然后催促怀尔汀速速与英国的妻子办好离婚手续，再与她成婚。泰勒主持了一切，迈克尔·怀尔汀也只能跟着她走了。

至于成婚后的事情，泰勒也做了安排。她从那时就不会被钱困住。她想到自己多年来对米高梅电影公司的贡献，并且以自己将为公司赚更多钱为由，坦坦荡荡地把这个难题直接扔给了她的老东家米高梅。她要把新丈夫从英国带回美国，并且要求米高梅立即跟怀尔汀签一份合同，保证他有好电影可以拍，还会有优厚的薪酬。不然她就只能离开米高梅，跟随老公在英国生活了。米高梅为了留住泰勒这棵摇钱树还得搭上一个人到中年的"半老徐郎"，无可奈何中他们只能解除了跟赫伯特·威尔·考克斯和安娜·尼格尔的合同，给怀尔汀先生腾地方。

这一次，泰勒用自己的意志选择了迈克尔·怀尔汀，当然她还年轻，还不清楚自己真正需要什么，但是她已经懂得凭借本能去找一个与尼克完全不同的人。与年少多金而骄傲任性的希尔顿小开相比，年近四十却家无恒产的怀尔汀绝对不具有尼克那些曾经令她痛不欲生的问题。她相信这个有些谢顶的英伦绅士可以给她呵护、尊重与包容。幸福要靠自己争取和奋斗，为此，她不惜承担这个人以及结婚过程中的全部开销。

泰勒的母亲一直盼着有一天多金又体面的尼克·希尔顿能和泰勒复婚，而这时已经有传闻尼克跟一个女伯爵订婚了，令她基本上绝望了。尽管如此，萨拉还是不能接受这个跟自己丈夫年龄相仿的女婿。这也不能怪她。当时的怀尔汀已经不年轻，而且头上也有些谢顶了，他还是个有名无实的英国演员（老派又没钱）。但是事已至此，面对女儿的执著，她只有高举免战牌。

为了心理平衡，萨拉在头脑中，对这位准女婿的特点进行了快速检索，终于找到了可供她炫耀的特点：她的准女婿是坎特伯雷大主教的后裔，是个很尊贵的人。这位大主教可是曾经为维多利亚女王加过冕的。

这也真是为难萨拉了。找到这点值得炫耀之处后，她最终说服自己同意了这桩婚事。女儿长期的不理不睬对她而言是个教训。她对准女婿仍然

迈克尔·怀尔汀在影片《天网记》中饰演一个配角

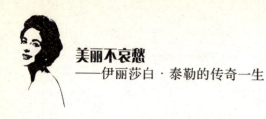

有诸多不满，但是，她也看到女儿年轻任性，而怀尔汀年长她很多，能迁就她，给她父亲般的关怀。

万事俱备，1952 年 2 月，迈克尔·怀尔汀和泰勒终于走到了一起。当时，迈克尔的经济状况实在是不好，泰勒几乎支付了他们婚礼和在阿尔卑斯山度蜜月的所有花销。

他们的婚礼在英国伦敦举行，米高梅电影公司驻英国的负责人代替泰勒的家人参加了这场与前一次万众瞩目的婚礼形成鲜明对照的婚礼。地点在威斯敏斯特的卡柯斯顿教堂，婚礼的仪式很短，大约只有 10 分钟，没有亲人到场祝福，没有成堆的礼物和昂贵的婚纱，也没有很大的排场。但是当他们走出大厅的时候，还是有成千上万的影迷奔向他们，带给他们真诚的祝福。他们紧紧地相拥着走进了等候新人的轿车中。

泰勒终于在 20 岁生日前再次拥有了一个爱自己的丈夫。

《魂断巴黎》中泰勒扮演一位巴黎最美丽的小母亲

婚后的怀尔汀在泰勒的鼓励下朝向巨星之路努力进取。泰勒对丈夫惯性的倾慕，外加他们同为演员的相互理解，保佑着他们度过了几年快乐的时光。

1953 年 1 月 6 日，泰勒为怀尔汀生下第一个孩子，取名小迈克尔·霍华德·怀尔汀。这期间，泰勒虽然不能拍戏，但是米高梅仍然每周付给她 2000 美元薪酬，等待她产后恢复体态重回银幕。不过，在怀孕的初期，公司要求她每天多工作两个小时，以便在她不能拍戏前多"榨"出一部电影来。泰勒虽然因为生子错过了两部合适她施展魅力的好影片《好男儿多殷勤》和《年轻的贝丝》，但是生活过得还算开心。等到她再次怀孕，已经接近没脾气了的米高梅公司赶快在原来合同的基础上又加了一年，保证了他们的生活来源。公司总不能欺负大肚子的女明星。

　　怀尔汀有个最大的愿望，就是成为大富豪。他也喜欢过富豪一样的生活，和泰勒一样花钱大手大脚，生活挥霍无度。但悲哀的是，虽然他希望有朝一日自己成为大富豪，但是又不想吃太多的苦。他甚至不是一个敬业的演员，不但收入根本没法满足妻子的要求，还需要依附着泰勒过日子。他和泰勒虽然喜欢互赠礼物，有珠宝、钻石、汽车等等，但是怀尔汀明显力不从心。泰勒私下向挚友蒙哥马利倾诉：她一直梦想有个男人可以照顾她，送她最喜爱的东西，但现在为一切付账的都是她自己。而且生子期间，她的演艺事业很不顺利，一切却都得靠自己去奋斗争取，迈克尔一点也帮不上她。这样无依无靠地养着一个中年丈夫的感觉实在很不好。

泰勒对丈夫不满意时会明显地表露出来（《狂想曲》）

　　1955年泰勒为怀尔汀生下了第二个孩子。一切还是得靠自己，这时泰勒得知著名的大导演乔治·斯蒂文斯正在筹备拍摄一部鸿片巨制《巨人》，原定的女主角格蕾丝·凯利不能参演，泰勒决定要抓住这个机会，在拍过《郎心如铁》之后，她对斯蒂文斯的能力念念不忘。事不宜迟，她毫不犹豫地请求米高梅把自己"暂借"给华纳电影公司出演《巨人》的女主角。米高梅欣然同意了泰勒的请求。（自己给自己找活，谁会不同意？）

《巨人》的拍摄工作十分辛苦，斯蒂文斯依然是那个追求完美的导演。他要求泰勒随时都在工作现场，同所有人一起观看样片找感觉。在这部影片中，泰勒饰演的是一个年龄跨度很大的角色，这对她来讲是一个新的挑战。而这时的怀尔汀丝毫不关心泰勒的辛苦，他秃顶、颓废，不在乎自己感受之外的一切，唯一一次去外景地看望忙碌中的泰勒，还和她产生了摩擦，最后是以吵架结束的。

"他还不如不来！"怀尔汀气得泰勒住了一个月的医院。她已经把医院当成了休养生息的地方，每当感情上出现危机的时候，都会住进去享受放松的时光。泰勒的住院也预示着她和迈克尔婚姻中产生了无法补救的裂痕。

泰勒的母亲再一次看错了，她以为年长的男人会更关心女人，其实不然。迈克尔是个有时候连自己都没精力关心的人。

泰勒饰演了《巨人》中美丽从容的莱丝丽，她在艰苦的环境中变得更加成熟勇敢

电影《巨人》一共获得了10项奥斯卡的提名，斯蒂文斯也众望所归地获得了最佳导演大奖。泰勒虽然没有拿到小金人，但她老练柔美的表演得到了评论界和观众的一致认可。不过对泰勒来说，这部电影的收获不止于此。

拍摄《巨人》时，泰勒认识了与蒙哥马利齐名的大帅哥詹姆斯·迪恩与洛克·赫德森。他们两个都热爱表演，有非凡的演技。他们的性别取向都有问题，但是他们心灵纯净，懂得关怀，跟美丽的泰勒一见如故，最喜欢做的事情就是与她亲密地腻在一起。

与泰勒相比，詹姆斯·迪恩还是个初出茅庐的新人。电影初拍的时候，泰勒并不喜欢这个玩世不恭、粗鲁自私的野小子。她常常因为不习惯詹姆斯·迪恩有些偏执的表演风格，抱怨他抢了自己的镜头。

但是这之后发生的一件小事完全改变了她的消极态度，认识到自己只是有些嫉妒迪恩无法掩盖的表演天赋，她担心这会抢了自己的风头。

结识了新朋友，新的世界向泰勒展开（《巨人》）

事实上，迪恩认为泰勒是好莱坞万众瞩目的女星，所以在与泰勒演对手戏的时候十分紧张，甚至有些失常。他没法完全松弛地进入平时的表演状态。迪恩一遍一遍地要求重拍，是因为他发现镜头中自己的脸部没表情，像冰雕。可也不能总这样下去，情急之下，他做了个奇怪的举动——解开裤子拉链，在众人面前痛痛快快地撒了泡尿。当人们惊讶又困惑不解的时候，他却平静地发出信号："好了，可以开拍了。"这一次他们总算顺利拍完了。

正是詹姆斯·迪恩这次看似鲁莽的行为给泰勒留下了深刻的印象，勾起了她的好奇心，她开始从一种新的角度看迪恩，觉得他是个不可思议的人。他的能量这样惊人突兀，没有人猜得出他究竟要做什么事情。

随着拍摄的进行，泰勒和迪恩走得越来越近，他们吃饭时坐

在一起，晚饭后还会一起神秘地消失。他们有时聊天到深夜，迪恩向泰勒讲述他的童年，他的家人。泰勒渐渐了解到，迪恩有时候会突然变得冷淡，那是因为他害怕暴露自己，是在有意地躲避。那次的迪恩令人意外的举动，是因为他实在太紧张了，没法释放积压在深处的能量。当他以特殊的方式释放出来以后，他就突破了桎梏，再也不怕了，因为他可以在摄影机前做好任何表演。

1 英里 =1609.344 米

泰勒为了安慰迪恩，送给他一只名叫"马库斯"的小暹罗猫。那是一只长着棕色毛毛的小猫。而迪恩自己却喜欢像小猫一样依偎在泰勒身边，谁都知道他们之间产生了一种特殊的友情。他对泰勒说："你送给我小猫，你知道我过的是什么样的生活吗？有可能我哪天出去了就不会再回来了。"这种时候泰勒就像个小母亲，她常常担心地去找迪恩，对别人说："迪恩在哪儿？那个孩子很孤独，需要帮助。"

迪恩的孤独（《巨人》）

詹姆斯·迪恩有个最大的爱好，是喜欢开着他的银色保时捷疯狂地在郊外飞驰。电影的导演斯蒂文斯说过：他这个开法，早晚有一天会出事的。1955 年 9 月 30 日，迪恩开车去萨利纳斯，他真的就没有再回来。那天下午 5 点的时候，迪恩把车开到了每小时 115 英里的疯狂速度，在距离圣路易斯奥彼斯波不远的地方，他的车与一辆黑白相间的福特轿车相撞了。福特车的司机是加利福尼亚理工大学的一名学生唐纳德·杰恩，他的鼻子被撞伤了。他很快从车里走了出来，但是迪恩却出不来了。迪恩撞得很厉害，他的头和身体几乎断开。人们把迪恩轻手轻脚地从车上拖出来送到附近的战争纪念医院，但是医生发现他在途中就已经去世了。

这也许是天妒英才，而且这件惨祸正好发生在影片快杀青的时候，也就是说迪恩的戏都已经拍完了。我们还是可以在《巨人》一片中看到迪恩的精彩表演，这也是他给人们留下的最后的音容了。

听到迪恩的死讯，泰勒不敢相信自己的耳朵，她给警察、医院、停尸房打电话，就是想

英俊高大的洛克（《巨人》）

证明听到的只是一个传闻，可是她打到晚上 9 点得到的所有消息都是一致的，那就是迪恩真的死了。她永远也没机会安慰容易紧张和受伤的迪恩了。泰勒哭了几个小时，眼睛肿得没法工作，导演却生气地问她："你怎么了？明天一早必须开始工作。"泰勒气得大骂导演是"冷血的混蛋"，她说："迪恩还是个男孩，我很爱他。你不懂吗？"导演坚定地告诉泰勒："这不是理由。"泰勒不再说话，只是继续静坐罢演。

迪恩的骨骸被运往印第安纳波利斯，在那里能看到温斯洛农场，那是他长大的地方。迪恩被视为 20 世纪的超级偶像，他的肖像商标被印在 T 恤、太阳镜、运动鞋和招贴画上，每年为公司带来 600 万美元的收入。虽然他死的时候很年轻，但他的税后遗产总额可达到 96000 美元，全部归他的父亲所有。

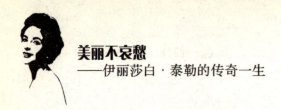

迪恩的早逝引发了泰勒的思考，启发她去抓紧时间寻找真爱自己的人，及时行乐。她从此知道天赋的美貌与才华如果不能切实地管理和使用，会引发怎样失控的悲剧。

洛克·赫德森与詹姆斯·迪恩不同，他高大威猛，却温柔体贴，而且洛克从《巨人》这部电影中得到了更多的荣誉。他一夜之间成了头号的票房明星，变成了红得发紫的人物。在拍摄《巨人》期间，泰勒常常在洛克那里找寻慰藉。洛克会给泰勒调巧克力马爹利酒喝（他们的独门饮料），从温馨的甜美和微醺中找寻幸福和快乐。

迪恩死后，泰勒因身体不适住进了医院。医生查出她的身侧有一个肿块，而且无法确定究竟是什么东西。是肿瘤？阑尾炎？剖腹产后的部分粘连？还是卵巢囊肿？泰勒一时没法恢复工作。电影公司为了减少损失，马上让保险公司对泰勒的身体状态展开调查工作。泰勒当时的年收入是18万美元，但是按照法律要交80%的税。泰勒的父母总是担心女儿会负债生活，但也只从报纸上看看女儿的消息，在看到她快崩溃的时候，也只是偶尔给她打个电话。

泰勒的老公怀尔汀先生更是连电话都少有。

这个时候，洛克给泰勒的安慰远远超过了怀尔汀。

1985年，因患艾滋病痛不欲生的洛克·赫德森为了警示青年，在电视节目里亮相公开了自己的病情。他的这次亮相，引发了公众对艾滋病的认知，里根总统第一次关注这种病，政府增加了用于艾滋病防治教育和科研的经费。洛克用自己当反面教材，在电视上的这次"公益告之"，被称为"艾滋病史上的转折点"。1985

年9月，为了洛克，泰勒出面举办了艾滋病基金募捐会。这次募捐很成功，本来只有500人参加，但洛克的勇敢亮相吸引了1500人前来募捐。

从这时起，政府开始承认对艾滋病的预防在公共健康中的重要地位。

洛克·赫德森病入膏肓，泰勒不顾自己的安危，亲自去看望他，在那个对艾滋畏惧如虎的年代，她与之拥抱，给他勇气。但是这些没能留住洛克的生命。泰勒一直后悔她曾经为身为同性恋的洛克介绍过性伴侣的事情，这导致他因为性生活的混乱而患病。她决定将余生都用在为艾滋病事业做贡献上。

正因为洛克死于此病，晚年的泰勒为艾滋病治疗的慈善事业积极奔走。她出任美国艾滋病研究基金会主席，还建立了以她的名字命名的艾滋病基金会。在1993年，因为多年的努力和付出，年迈的泰勒获得了奥斯卡颁发的琼·赫肖尔特人道主义奖，这次不是因为她的演技，而是因为她的爱心，这是后话了。

由此可见朋友在泰勒心里的分量。他们让陷入婚姻泥

影片《巨人》中泰勒和洛克饰演的一对夫妻白头偕老，过着充实幸福的生活．现实中他们也是一生的好朋友

淖的泰勒知道世界上还有各种各样的人，生活才刚刚开始。

在伊丽莎白·泰勒的一生中，有很多、很多同性恋朋友，他们英俊富有、才华横溢，但是性取向与众不同。对身边挤满了追求者的泰勒来说，他们具备男人的一切优点，却没有男人的缺点，作为朋友真是再幸福不过了。这一点只有既有能力又有魅力的女人才能真正明白，因为她们从不缺男人，却非常需要真诚有力的朋友。保守的美国社会对同性恋非常歧视，但是泰勒却不在意，她只看事情的本质。

话说回来，拍完影片《巨人》，日渐成熟的泰勒开始发觉她与怀尔汀的感情不像夫妻，更像兄妹。当他们发生矛盾的时候，就一起去找正在好莱坞拍戏的蒙哥马利。蒙大帅哥成了他们倾倒痛苦的垃圾桶。一会儿是泰勒骂怀尔汀不负责把她当小孩儿，一会儿又是怀尔汀诉说自己为了泰勒离开英国去好莱坞发展得不偿

怀尔汀是个表面成熟温柔，内心脆弱的男人（《天网记》）

失。最后他们甚至让蒙大帅哥帮他们决定是否还要继续生活下去，要不要马上离婚。蒙哥马利真的很为难，夫妻之间的事情怎么说得清，他肯定是帮他们决定不了，但是他快变成心理医生了。而且大多数心理医生最后都是自己先疯了。但是又不能不帮助泰勒，他硬着头皮为他们调解，他们倒是不吵了，蒙哥马利自己却喝晕了。

其实，泰勒和怀尔汀心里都明白，他们致命的问题是性格不合适。泰勒需要包容的父爱，想用年长的怀尔汀来弥补。年轻的泰勒哪里知道，不是所有的中年男人都成熟包容。迈克尔·怀尔

汀性格懦弱，他自己还需要依附女人生活。他原来找过的女人都很强势，相比之下，泰勒人生修炼的级别还算是较低的。夫妻两人根本不是彼此想要的那种人。这样走下去注定会令双方失望，分开是早晚的事情。他们还不能下决心，是因为他们彼此还都舍不得对方，目前也没有更合适的人选。不用着急，更合适的人马上就会出现。

1956 年，投资人、制片人迈克尔·托德开始对泰勒展开了猛烈的追求攻势，泰勒公开宣布了准备与怀尔汀分开的决定。泰勒与怀尔汀的婚姻开始于 1952 年 2 月 21 日，相处 5 年，这期间泰勒为怀尔汀生下了两个漂亮的儿子，小迈克尔 (1953 年 1 月 6 日) 和克里斯托弗 (1955 年 2 月 28 日)，泰勒成了当时最漂亮的年轻母亲。

1957 年 1 月 30 日，泰勒和怀克汀的婚姻在迈克尔·托德泼辣的求爱攻势下正式宣告了终结，这时泰勒未满 24 岁。

据悉，两人分手后，仍旧保持了多年的好友关系。这也是泰勒的风格，她要做到有情有义，不喜欢在感情上把事情做绝。1979 年 7 月 8 日，怀尔汀因患有癫痫病，不小心从楼梯摔下去，头部重伤不治而亡。怀尔汀给泰勒留下的最珍贵的财富不是钻石和珠宝，而是两个美丽的儿子。

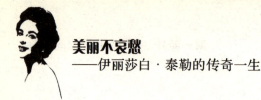

第三次婚姻 迈克尔·托德

1957年1月，泰勒和怀尔汀正式离婚了。这次他们之间没有发生争吵，是在和平的状态下冷静地分开的。到离婚为止，怀尔汀已经有十多年没有登上舞台了，他患有轻微的癫痫，总是害怕自己不能胜任工作的需要。但是越不工作他就越害怕工作。泰勒争取的米高梅工作机会算是白费了，她得养着并且迁就这个"生病的"老男人，得考虑他的自尊心，还得照顾孩子。可是在工作时，泰勒越是充满勇气地往前冲，怀尔汀就越是战战兢兢地缩在后面，有时摇旗呐喊一下，有时甚至伸出手来拖住她的衣角。一个是往上爬，另一个是往下滑。泰勒为此备受刺激，她常常自言自语："为什么那个我曾经爱过的男人现在变成了一个胆小鬼！"两个人的差距越来越大，有如狮后与老鼠，怀尔汀已经没有能力带给泰勒关怀。

《劫后英雄传》中略带忧伤的泰勒

话说回到《战国佳人》的拍摄期间，泰勒的好友蒙哥马利在拍摄期间出了车祸，但经过9个星期的恢复治疗后又回到了片场。蒙哥马利和怀尔汀完全不同，不管他有多疼，都尽量不让别人看出来，也从来不抱怨。疼得特别厉害的时候就找个地方自己吃点药，喝点酒缓解一下，回来拍戏的时候他仍然装成没事人的样子，谈笑风生地与大家在一起。这让泰勒很心疼。泰勒最讨厌别人在工作的时候喝酒，但是蒙哥马利例外，因为她知道他受伤后根本就没好，连饭都吃不下去，每天都只能忍着疼痛用吸管喝汤，但还是会坚持工作。蒙哥马利的勇气给泰勒留下深刻的印象。而她的那个天天哼哼唧唧无病呻吟的丈夫，确实不太入眼。和他相

《战国佳人》中泰勒眼神忧郁

比，她的关心当然应该落在更值得的人身上。泰勒周末总是请假去照顾蒙哥马利，如果导演反对，她就跟导演明说："我不放心，我怕我不去他会死了。"

　　泰勒实在受不了那个不自信、做事不敢全力以赴的丈夫了，但是她又恨死了离婚这件事，离婚让她感到孤独，十分难受。一想到即将到来又没法避免的离婚闹剧，她就难过得要死。这时候也不能都向蒙哥马利倾诉，他够不容易了。她坐在酒吧里，喝着香槟，述说着自己的心酸，她觉得自己虽然只有24岁，但好像已经是个老人了，觉得生活一点意思也没有。许多来宾殷勤地为这位楚楚动人的"悲情"美女倒上香槟酒。这些人中，有一个人完全不是在倒酒，而是在欣赏泰勒。他说："伊丽莎白需要有个男人照顾他。"而他认为自己就是最适合照顾她的那个人了。这个人就是迈克尔·托德。

　　迈克尔·托德是电影《环游地球八十天》的导演兼制片人，这部电影他打算使用全明星阵容出演，那阵子他为了这个到处看

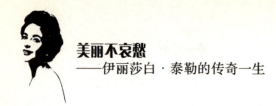

明星，才在《战国佳人》的片场遇上了楚楚可怜的泰勒。

　　事不宜迟，乘虚而入，托德是个聪明的男人。几天后，他马上组织了一次野餐会，会上邀请了泰勒和她马上要分手的丈夫怀尔汀一起参加。餐后一群人闹哄哄地玩起了赌博，赌注下得不低。托德是个赌坛高手，而怀尔汀像孩子一样只会率性而为，根本不懂赌术。没多久，怀尔汀就输了两三万，这笔金额足以让穷点的人家吃几年，而托德则是最大的赢家。泰勒本来就不想为怀尔汀付账，这样赌下去，她已经很明显面露难色。玩到中局，正值大家兴高采烈的时候，托德佯装失误弄翻了赌桌，洒了一地的筹码和扑克牌，一时大家难分胜负，这场赌局不了了之了。这个时候，他眼中略带微笑，余光一直没有离开过泰勒。泰勒也正用一种非常好奇的表情注视着托德。没有人比泰勒更明白托德此举的用意了。他这分明是在帮泰勒还没分手的丈夫的烂赌运"免单"。在满地筹码前、眼神交错间，托德成功取得了第一步进展。

　　一个星期后，托德看到杂志上一篇有关泰勒的报道，文章写得有些许讽刺泰勒的意思。上面说："伊丽莎白·泰勒为了得到别人的认可，可以让自己发出'叽咕叽咕'像鸟一样婉转的声音。"这本来是讽刺泰勒卖弄风情，但是托德看了以后非常高兴，他马上找借口给泰勒打电话，说想听听杂志上说的那种"叽咕"的声音到底是什么样子。泰勒本来情绪低落，这通电话让她立刻精神起来。这以后，托德还打电话邀请怀尔汀和泰勒一起来观看《环游地球八十天》的样片，说想听取泰勒的建议。其实，他就是找借口接触泰勒。他早在心中认准了泰勒做他的妻子。这个孤独伤心又充满吸引力的大美人他势在必得。

　　托德早知道泰勒的婚姻有危机，虽然还没有正式离婚，但他知道自己的进入也不算是具有破坏性的。泰勒当时已经跟怀尔汀分居，只是名义上的夫妻。泰勒的丈夫怀尔汀当时勉强打起精神到瑞典拍片（眼看就没有老婆养他了），连他也没觉得托德是第三者，也没有对托德和泰勒的交往做任何阻止的事情。

　　怀尔汀不笨，他早就看出托德爱上了泰勒。有一次在托德的"海德英"号快艇上，泰勒穿了一件紫色的套头衫，美得让人窒息，在场的女人都被她比得黯然失色。那天，包括怀尔汀在内的所有人都可以看出来，托德就像要把眼球当导弹发射出去，从始至终，目光紧紧锁定泰勒，不差分毫，生怕目标离开搜索范围。他是真的被泰勒迷倒了。而泰勒在这样的注视下也是神采奕奕，著名的紫罗兰色眼睛释放出不同以往的电波。可以说，托德对泰勒的爱情就发生在怀尔汀的眼皮底下，没有一点遮遮掩掩。怀尔汀也觉得泰勒的性格正合适托德，因为相比之下，托德才智过人，最重要的是他有超人般旺盛的精力，泰勒需要这样的男人。在这种情况下，他怀尔汀想阻止也不一定阻止得了，倒是不如在保护自己得益的同时接受这件事情，还显得有点绅士风度。

　　其实当时在船上的人中，还有一个日后成了重量级的人物，这里也得小提一下。这个人就是艾迪·费舍尔。艾迪和他的妻子黛比也在船上。艾迪当时对妻子说泰勒的腿长得太细了，一点都不好看，还说他不喜欢长成这样的女人。但是，后来发生的事情正好跟他说的相反。多年后，倒霉的黛比得出一个"公理"式的结论：当男人说一个女人不好的时候，你更要格外小心那个女人。

　　托德个头不高，他已经不再年轻，肯定不像泰勒身边的帅哥明星那么英俊潇洒。但是他长得很结实，是个很有吸引力的男人。托德有一种特有的专属于男人的气质，他机智过人，精力充沛，

"小肥妞"时刻都可以收到关怀的电话（《青楼艳妓》）

气度从容，这些特点完全弥补了他身上的所有缺点。

托德可以说是一个十分自信的男人，他大大方方地给泰勒每天都打许多次电话，每周都给她送去最美的鲜花，周末更会包下飞机把泰勒接到自己的住处，将她完全置于自己的笼罩下。有一天托德在米高梅公司遇上泰勒，他很兴奋地把泰勒逼到没人的角落里，疯狂地向她求婚。遭遇突然袭击的泰勒有点震惊，像不安的小兔子一样跑掉了。很快，托德追求泰勒的消息传遍了好莱坞的大街小巷，像微波炉里的爆米花一样噼里啪啦炸开了锅。泰勒毕竟还没有办离婚手续，为了避开媒体的关注，不让外界过早影响他们的二人世界，托德灵机一动，又有了新主意，他送泰勒礼物时开始采用迂回的办法。有次，他看上一只价值3万美元的珍珠戒指，非常喜欢，就买下来准备送给泰勒。但是他不去弄烛光晚宴那一套，而是委托泰勒的好友蒙哥马利在去机场接她的时候转交给她，蒙大帅哥一来二去就成了他们两人之间的"快递员"。这个"快递员"真是个实在人，每回都是必达使命，递东西带传话，尽力尽职，当然免不了说几句托德的好话。

当别人问起泰勒的新戒指的时候，她轻描淡写地解释说：这只是个珍珠戒指，象征的不是爱情而是友谊。托德的这种润物细无声的方法，倒是提醒了泰勒一件重要的事情，就是尽快处理好与怀尔汀离婚的事情。要想真正得到托德的爱，她得先离婚。

　　泰勒鼓起力量，痛苦地跟怀尔汀说："为了正常的家庭生活，我们也都真正地付出过努力，我们都知道我们之间再也没有了当初的激情。"怀尔汀也承认泰勒的说法，同意直面他们之间的离婚事宜。他们一起生活了将近5年，而且生有两个可爱的儿子。这是一个庞大的摊子，许多事不是他们不想面对，实在不是一天两天能办理完成的。

　　托德在遇上泰勒以前说过不会找一个演员做妻子，而泰勒站在他眼前的时候，一切都变了。这件事让热爱托德的女人们困惑了，她们以为托德爱上泰勒是在开玩笑，因为谁都知道泰勒是个相当出名的演员。但是一切都已成了定局，正不可挽回地发展下去。她们只好伤心地说，宁可相信鬼，不要相信男人那张嘴。

　　1957年1月，泰勒与怀尔汀提出离婚。这时泰勒刚刚拍完《战国佳人》，她放下手边的所有事情，立刻坐飞机赶往纽约，她就像只刚出笼的小鸟，她的世界里现在只有托德。虽然托德说过不要娶女演员的话，但是她可以向托德证明她首先是一个女人，其次才是女演员。

　　泰勒的母亲听到这个消息是百感交集啊。她一方面担心泰勒再次因为结婚放弃电影事业，另一方面又因为得知新的准女婿是一个富有的意大利人而欢喜。

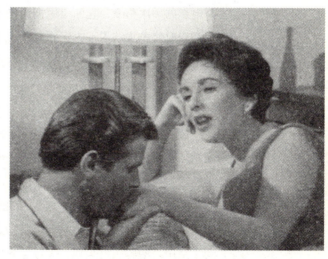

泰勒要做一个幸福的小女人（《魂断巴黎》）

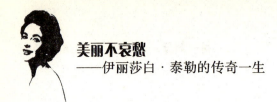
　　既然这次母亲大人都不反对，泰勒和托德马上订了婚。他们订婚的日子也是《环游地球八十天》首映式的时候。影片也大获好评，这对托德来讲简直是洞房花烛夜，金榜题名时啊。

　　托德可以说是一个天才。他原来在好莱坞一直默默无闻，但是到了 20 世纪 50 年代，他做到了一鸣惊人。他不断地取得成功。他用特殊的拍摄手法制作的电影《环游地球八十天》在奥斯卡上大获全胜。最初拍摄时，托德也遇到过困难——没有足够的资金。但托德是个非常有人缘的男人，许多有钱的女人愿意主动投资给他。于是，最大的困难在他这里就不是问题了。影片展示了观众没有见过的异域风情，给人无穷无尽的享受，同时托德还很巧妙地把它拍得娱乐加搞笑，这样没费太大力，就获得了别人奋斗一生才拥有的成就。这部影片一举囊括了 1957 年全部的电影大奖，第一周上映的收入就有 3000 万美元，这让托德非常满意。

　　托德还发明了"托德—AO"系统，这种技术是立体声宽银幕电影的一次革命，它的应用把银幕变宽变深，使得大银幕的魅力在当时将电视盖了下去，收获了大量观众的心。而且，他还要娶世界上最漂亮的女人伊丽莎白·泰勒。当然，这第三件事比前面的事业成就更加家喻户晓。

　　按照法律规定，泰勒要在跟怀尔汀离婚后一年才可以与托德完婚。在等待期间发生了一场事故——泰勒在快艇上时不小心从盘舷梯上摔了下来。

　　事情经过是这样子的：泰勒和托德乘船从巴哈马返回美国，在航行中船身突然倾斜了一下，泰勒正在舷梯上，她一下子就飞到了空中，两脚飞过头顶，飞过了 6 个台阶后直接落在硬邦邦的地上，屁股着地（幸亏不是脸）。可想而知，她这一摔真是不轻，摔成粉碎性骨折。

　　她的右腿暂时地瘫痪不能走路了，严重的时候即使是医生或护士在她的腿上打针，她都没有任何的知觉。托德为她找到东海岸最好的内科医生，准备在那里接受治疗。对方一看却说还是治不了，又把泰勒转到一名顶级的整形外科专家约翰·拉铁·摩尔医生那里。这样才找到了敢给泰勒治疗的医生。约翰尽快给她进行了手术，术中她失去了 3 节脊椎骨。约翰将她摔碎坏死的骨头全部切除，一直切到神经中枢，并在泰勒的骨盆和髋部放置了代替物。从此，年轻的泰勒的生活永远伴随着后背痛和止痛片。

　　事情还没完，医生在给泰勒做全身检查的时候无意中发现此时半残的泰勒竟然怀上了托德的孩子。托德震惊了，泰勒这一跤还摔出了一个孩子。这下托德可是真的急了，他绝不想再等了，他要尽快娶到泰勒。他责令律师马上找到解决问题的办法。

　　患难见人心，本来就不愿意负责的怀尔汀面对半残的泰勒巴不得早点一走了之，他很乐意地做了个顺水人情，放了泰勒。就这样还是经过了两次离婚的申请，才算是办完了整件事，泰勒和怀尔汀终于正式分手了，两个孩子都留给了泰勒，无心亦无力的怀尔汀挥挥袖子，退出了泰勒的生命。离婚判决书下达当日，托德和泰勒决定就留在墨西哥申请结婚证，并且结婚证到手马上办婚礼。

　　1957 年 2 月 2 日，他们终于结为合法的夫妻。

　　婚后，他们的生活可以说十分幸福。托德带着泰勒跑遍世界去宣传他的电影《环游地球八十天》。当然，他们也在借此机会环球蜜月旅行。每次首映式后，托德都会送给泰勒珠宝首饰来表达爱意。

　　事情还没完，医生在给泰勒做全身检查的时候无意中发现此时半残的泰勒竟然怀上了托德的孩子。托德震惊了，泰勒这一跤还摔出了一个孩子。

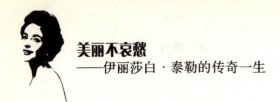

经历了各种磨难失败之后，这回泰勒碰上了真正适合她的男人。托德从来不避讳他对泰勒的爱，也从来不在乎别人的看法。他希望全世界都知道他是多么的爱泰勒这个小女人。泰勒也就是喜欢托德大方的爱。

他们在记者面前极为公开。有一天，摄影记者来给托德拍照，托德正在游泳池中摆姿势，穿着白色睡袍的泰勒突然出现在阳台上，呼唤丈夫结束拍摄，赶快陪她上床。托德说马上就来，而泰勒还不满足，她大声叫着："我要立刻跟你做爱。"弄得摄影记者满脸的无奈。还有一次是在官方的午宴上，他们突然想接吻了，托德就把头从总理面前伸过去，跟泰勒两个人无休无止地狂吻，总理就只能在那里看着。这种做法被澳大利亚的报纸说成是"公共场合的粗俗行为"。然而，他们才不会在意呢。像这样的事情一次次接连发生，反正他们现在是合法夫妻了。

1957 年 8 月 6 日，泰勒被推进了手术室。她为托德生了一个美丽的女儿，取名叫伊丽莎白·弗朗西斯·丽莎·托德。托德兴奋地对记者说："这简直就是一个奇迹！"这个孩子生得太不容易了。泰勒由于受伤，大多数的时间都要把金属架穿在身上，撑住后背仰面躺在床上，这样才能不让胎儿对她的背伤造成影响。但是，这样会使胎儿不能在正常的位置生长，而且影响了泰勒的心脏。泰勒只能再服用强心剂保命，可这又对胎儿的心脏产生不良的影响。小丽莎生下来只有 4 磅 14 盎司重，但是她继承了父母的顽强，在氧气舱里生活了两个月后，她健康地活了下来。

但是，由于身体状况，医生劝泰勒做输卵管结扎手术，为的是不再意外怀孕。

泰勒只能同意，她伤心地说："我觉得被杀死了一次，因为

1 磅 =0.45359237 千克

1 盎司 =1/16 磅 =0.028349523125 千克

我不可能再怀孕了。"

　　同年的 9 月，他们回到了加利福尼亚州的一幢白色的房子里，那栋建筑有 12 个房间，位于比弗利山酒店的后面。房子里有碉堡式的起居室，环形楼梯，屋外有大浴池。泰勒和怀尔汀的两个孩子经常开心地在池中戏水，还拿着水枪到处乱跑互相喷来喷去。主卧中有一张蓝金色相间的洛可可式的大床，推开阳台的法式大门，马上可以看到下面各式古老美丽的石头屋顶。他们和孩子一起在那边过着神仙般的生活。

"小肥妞"不喜欢丈夫离开自己一步（《魂断巴黎》）

　　当然，是夫妻就会有矛盾，再加上泰勒对爱情的要求是很高的，问题也就免不了冒出来。托德是个很会赌博的人，这也许是他能成功的一个特点。他常常一个人跑出去赌钱，泰勒为此开始抱怨，有时候她会手叉着小腰做茶壶状大声指责丈夫不能让她开心。奇怪的是，大多数的吵架都会以做爱结束，结果吵过以后他们爱得比以前更深了。

　　狡猾的托德从吵架中加深了对妻子的了解，他发现泰勒是个一点都耐不住寂寞的女人。托德没有生气，只要找到原因都会有解决问题的办法。他想了个主意，就是在出去之前给泰勒找好伴儿，当一会儿自己的替身，总而言之，必须保证有一个人在泰勒身边陪着她。有个人多次扮演过托德的"替身"，而且演得很成功，这个人就是说泰勒腿太细的艾迪。

　　而且，每次赌完了回来的时候，无论输赢他都送给泰勒一件礼物来安抚她。托德是这样想的：输的时候，他觉得都能把钱输

泰勒在甜蜜地跟家人通电话（《狂想曲》）

给外人了，怎么就不能给妻子买礼物（怎么也是往自己家买东西）；赢的时候就更不用说了，赢了钱当然要给妻子买礼物一起分享胜利的快乐。这样下次出去赌钱时泰勒就不会反对了。

为了不让妻子寂寞，托德很支持泰勒的演艺事业。泰勒在《战国佳人》中的表演获得了奥斯卡的提名。托德知道后非常高兴，一回到好莱坞就立刻为此大做宣传创造声势，希望他的努力可以影响到电影科学艺术学会的一些评委们，从而帮助泰勒最后获奖。其实，作为导演他知道妻子的表演实力还不够，但是他不想让她伤心，尽全力帮她争取这个奖项。在最后的评比中，泰勒还是输给了乔安妮·伍德荷德。泰勒从电视上知道这个结果后，马上安排自己的助手订了一大束白兰花送给乔安妮，表示对她的祝贺。也许没有人会相信，她也是为乔安妮高兴。奥斯卡奖是一个演员终身追求的奖项，乔安妮的成功对泰勒来讲也是一

《热铁皮屋顶上的猫》中泰勒出色地演绎了一个有欲望的漂亮女人

种激励，在这点上泰勒跟托德没有分歧，他们都认为有时候对手是值得尊敬的，应该是最好的朋友。

泰勒在婚前曾经承诺要为了婚姻而息影（她每次婚前都会说这样的话），但是托德不是尼克和比尔，他并没有把泰勒的话当真，也就没有那种"被骗"的感觉。相反地，托德在婚后极力帮妻子找机会重返影坛，他建议泰勒参加《热铁皮屋顶上的猫》的拍摄，认为影片中女主角麦琪真实而热烈的性格很像泰勒。这部电影说的是一个与"谎言"有关的故事，片中的人除了泰勒饰演的麦琪，其他人都用虚伪的面具掩盖着事实的真相。保罗·纽曼在片中饰演麦琪的丈夫，他也是当时好莱坞一个著名的大帅哥，性取向也同样有问题（性取向有问题的帅哥好像都让泰勒遇上了）。

在彩排的时候，保罗·纽曼很讨厌泰勒那副猫一样慵懒的样子。当时，他还是个新人，名气跟泰勒没法相比，片酬也只是泰勒片酬的五分之一，对她有些不满也是正常的。他觉得泰勒根本不值那么多钱，只是比较会嫁人罢了。他不知道生活对泰勒来说比演戏难，想嫁得好需要独特的能力，真的不像他想的那么容易（不信他"嫁"一下试试就知道了）。但是他很快就发现，当摄影机打开时，泰勒完全变了一个人，她会马上认真起来，面对镜头散发出无尽的光彩。保罗对泰勒的本色表演赞叹不已。他明白了，泰勒是太自信了，她完全没必要在试戏的时候浪费自己的激情。几场对手戏下来，保罗就服了，他也演得更加投入，两个人的演技与气场对撞产生了强大的张力，十分过瘾。当然，最高兴的人是导演。

为了支持妻子，在泰勒过完26岁生日后不久，迈克尔·托德干脆把办公室搬到米高梅电影公司的片场来。反正他也喜欢拍

托德带着泰勒周游世界，几乎一天都没分开过

电影，这样就可以生活工作两不耽误。影片开拍后，托德天天陪在泰勒身边，跟她一起吃午饭。泰勒太幸福了，她从来没有想过会碰上一个这样优秀的老公，而且还如此支持她的演艺事业，她幸福得快哭了，希望永远在托德的身边。

托德的电影和新技术为他赚了不少钱，为了让妻子开心，托德每月花3000美元租用了一架超级豪华的飞机，又花了5000美元在飞机上面装了一部电话。他们乘坐这架被称作"幸运的丽兹"的飞机一起环游地球，这飞机是他们爱情的象征。在那些日子里，泰勒跟着托德以托德太太的身份出入各种场合，得到从未有过的尊敬，度过了一生中最快乐的日子。而且，从18岁起，泰勒都是"独闯江湖"，自己为自己争取利益。而这个年龄比她大一倍的男人性格沉稳中略带狡黠，在他的呵护下，泰勒再也不用像以前那样费心，过上了富裕而充实的生活。

但是，好景不长，这种快乐的生活只过了414天。也许是因为托德太爱泰勒，爱得超过了自己的生命，在"幸运的丽兹"号上，托德犯下了一个最大的错误：他出了25000美元让泰勒随心所欲地在飞机上布置了一间超豪华的卧室，却不舍得在维修防冻系统上花钱。结果，那个只花了2000美元来修复的系统没打任何招呼，就直接在空中停止为托德工作，由此导致的飞机事故最后送了托德的性命。

那是在 1958 年 3 月，托德获得了一项大奖，他希望泰勒可以陪他一起飞往纽约去领奖。自从泰勒嫁给他，他们几乎就没有分开过。他走到哪都带着泰勒，如果泰勒能变小的话，他恨不得把她装在兜里，打牌的时候也带着。但是，在这一年的 3 月，泰勒染上了肺炎，高烧不止，卧床不起。托德守在床边，但是他不能一直等下去，因为有 3000 人将在华尔道夫—阿斯托里亚酒店眼巴巴地期待着一睹他的风采。托德只能在没有泰勒的情况下自己出发了。

1958 年的 3 月 21 日，托德和孩子们一起在家里的大浴池里开心地玩耍后，就来找泰勒吻别了，他吻了一次又一次，就是不舍得离开。他想起泰勒说过的话："无论你以后去哪里，我都跟着你一块去，老伴。"他们也确实没有一夜分开过。包括这次，泰勒发着高烧，还是闹着要陪他一起去。但医生坚决反对，抗议泰勒这样做就是不尊重他们的治疗工作。

托德下决心走的时候，外面下着瓢泼大雨，泰勒闭上眼睛，不想让丈夫看到自己担心的泪水。她觉得托德并不是真的想去，这一趟并不是十分必要，他并不是那种认为工作高于一切的人，但是一切都定好了，她没法阻止丈夫去见那些热爱他的观众，在所有人眼中这似乎都是件正当的事情。

《埃及艳后》中沐浴后的"小肥妞"

汽车开到机场，在上飞机前最后一分钟，托德又不放心了，他让助手迪克·汉利不用陪他同行了："你还是回去帮我陪那个小肥妞吧，她身边没有人的时候会寂寞的。"飞机发动了以后，托德用空对地的电话给泰勒打电话："我爱你，美人。现在起飞了，你好好睡觉吧。睡醒了我就快回来了。"于是，他坐着"幸运的丽兹"号起飞，融进了雷电、大雨、冰雹交织的夜空中。这是泰勒听到托德最后的问候。

聪明有才能、用独有的狡黠爱着泰勒的托德就这样永远地消失在了那晚的夜空中。

深夜，泰勒突然从梦中惊醒，她看了看正在熟睡的孩子，同时发现外面的暴风雨依然猛烈，她忽然想起托德出门的时候没有穿外套，本能地开始不安起来。她在床上辗转，迷迷糊糊地睡一会儿醒一会儿，焦急地等着托德的电话。她知道托德到了以后会马上给她打电话的。但是她再也等不到了。

1 英尺 =0.3048 米

就在同一时间，大概是凌晨两点多，"幸运的丽兹"号在墨西哥上空发生了严重的事故。它的机翼上结满了冰，不得不从11000英尺提升到13000英尺。海拔提升本来是为了离开冰冻层，但是没想到这个决定也是错误的，飞机进入了更猛烈的暴风雨中，而且机翼上结的冰反而越来越厚了。

就在新墨西哥州格祖尼山的上空，飞机右侧的引擎终于不堪重负停止了工作。于是，飞机完全不受控制失去了方向，它垂直扎向地面，坠毁在印第安人称之为"马尔贝"的山谷中，摔得粉碎，并燃起了熊熊的大火。飞机上的所有成员无一生还。遇难者的遗体散落在山谷中，失事的现场很快被大雪覆盖。

黎明时分，当人们发现遗体时，一切都已经被烧得没法辨认，只能在遗骸中找到托德的那枚在飞机失事时被挤压变形的结婚戒指。

在家里泰勒还是高烧不退。她抱着家里的电话，托德说好6点钟抵达后第一时间给她电话的。托德从来不失约。可是6点过了，仍没等到一声铃响，一种不祥的预感笼罩着泰勒，她忍不住去问汉利。汉利还不知道自己是侥幸捡了一条命，他安慰泰勒说："托德会照顾好自己的。"

泰勒生病的时候总是希望有家人陪伴(《狂想曲》)

早上8点钟，新墨西哥的警察通过牙齿记录确认了烧焦的尸体的身份并打来电话。当他们把消息告诉泰勒的时候，她没来得及穿好衣服就疯了一样跑到楼梯平台上尖叫起来："不，他没有死！"之后，她脸色苍白头发凌乱，尖叫完就如同石头一样沉默了。她一动不动地在那儿发呆，一坐就是好几个小时，眼睛直直盯着前方。她像个受伤的小动物，嘴里不停地念着托德的名字，如同托德还在旁边的房间，她多想这样轻轻地叫他，多想他会听见并且立即回到她的身边，叫她"小肥妞"，亲吻她的脸。

这时候，她家门前狭窄的山道上挤满了各种人——记者、摄影师、新闻电影和电视的制作人，还有许多看热闹的人，他们只想看看泰勒是如何悲伤的。她爱托德，有多爱呢？最具有讽刺意味的是，有人形容泰勒淡紫色的眼睛中充满极度的绝望，觉得即使是大灾大难中的泰勒还是美得惊人。在这种时候仍然有欣赏美人的心情，真是"难得"。

对初尝幸福滋味的伊丽莎白·泰勒来说，这是一场灭顶之灾，就像天崩地裂一般。这段时间，泰勒几乎是恍惚的，艾迪飞到了洛杉矶，朋友们轮流看着她，不敢让她一个人待着，因为她随时都可能轻生。

两个月后，在托德的葬礼那天，又刮起呼啸的风，上万名"关心"托德的影迷挤进了葬礼的现场，他们好像忘了，托德是为了满足影迷的愿望才踏上这次死亡之旅的。因为托德是乘坐"幸运的丽兹"号发生事故的，"幸运的丽兹"号就成了众人皆知的灾星。丽兹是托德对泰勒的爱称，其中许多热爱托德的影迷指责泰勒不是好太太，是她连累了托德。一些人大口喝着可乐，吃着汉堡戳在那里只是为了看热闹。有的摄像师为了争个好位置竟然争吵起来。在葬礼仪式进行的过程中，站在外面的人群一直在喊："丽兹，出来！出来！"泰勒冰雕般的脸上全都是泪水，她在心里一遍遍地对自己说："迈克尔，你不能把我丢在这里。"

《战国佳人》中孤独恐惧中的泰勒

当泰勒离开葬礼现场时，更疯狂的现象出现了。警察没法控制围观的人群，那些人像蝗虫一样黑压压地扑向了泰勒，他们为了留下名人纪念物，将泰勒的面纱抢走，还拔下了她的头发。泰勒获奖的时候也没人这样疯狂过，这些人被莫名的狂热情绪驱使着涌过来，就像苍蝇发现一个圆圆的蛋上出现了裂纹，泰勒的悲伤成了他们的兴奋剂，成了发泄的缺口。泰勒的哥哥，艾迪·费舍尔，小迈克尔（托德和前妻的儿子）和许多朋友几乎是把泰勒从人群中抢出来架上了轿车。泰勒当时连害怕都忘了，她像个机器人，在疯狂的人群中，只觉得一生也没有这样孤独过。

　　泰勒想起托德活着时说过的话，现在才深深地体会了其中的意思。他说：泰勒和他合起来是一把剪刀，分开就成了一把剪刀的半边，虽然锋利依旧，但是没有了作用。没有了托德，她失去了一个真正的避风港，她对朋友说，她失去的不仅仅是依靠，还有自我。

　　泰勒躲在家里泣不成声，托德毕竟是死了，她却还活着，今后的白天和黑夜该怎么办呢？她本想平静地与这个宠爱她的丈夫度过后半生，就像所有女人一样，相夫教子，尽享天伦之乐。但是老天爷就是不给她机会，而且用这种方式夺走了她最爱的丈夫。也许托德不死，泰勒就只是一个幸福的小女人，她的人生也不会那么具有传奇性了。

第四次婚姻　艾迪·费舍尔

　　1958年，是泰勒最难过的一年，她在事业的道路上经历着严峻的考验。这是由于率性而为的她绯闻连天，名声大坏，直接影响到了事业。

　　在迈克尔·托德的葬礼结束以后，泰勒收到了来自艾森豪威尔总统及其夫人的问候，她的影响力随着托德去世变得更大了。

　　经过3个星期的极度悲伤，为了让自己恢复过来，她继续演出《热铁皮屋顶上的猫》，这也是托德生前建议她尝试的题材。这部影片讲述的是一些跟人的生存与死亡有关的话题。泰勒饰演的也不是一个简单的角色，许多剧情都会自然地勾起泰勒伤心的往事。她还是没法完全走出失去托德的哀痛。随着拍摄工作的推进和深入，她的抑郁也越来越严重，有段时间甚至到了不能自拔的程度。她经常会突然发呆并且流下眼泪，许多她的朋友都很担心她，不敢让她一个人外出，怕她出事。

　　迈克尔·托德以前的助手迪克·汉利和小迈克尔·托德（泰勒的继子，他比泰勒小3岁）为了陪她，特意搬来和她一起住。谁都知道，泰勒从来不喜欢一个人住，更何况是在这种时候。小迈克尔每晚都可以听到泰勒的房间里传来"呜呜"的怪叫声——接受不了现实的泰勒总会半夜里从噩梦中惊醒，然后就会把小迈克尔叫来，反复地对他说："托德没有死，我不信他会死。"

《热铁皮屋顶上的猫》剧照，泰勒饰演的麦琪与保罗·纽曼饰演的丈夫交流感情

小迈克尔也没有完全从悲痛中走出来，他有些害怕这样悲伤的晚上，因为他总是不得不告诉绝望中的泰勒，自己的父亲、她的爱人已经不在了。

我们这时候不妨替泰勒想一想：她一年前刚刚粉碎性骨折差点残废，大病初愈又生了孩子，然后就成了丧夫后的寡母，身后拖着好几个孩子，有一个还是体弱的婴儿。这在一般的女人肯定要沉沦几年好好休息一下，有的女人可能一辈子也站不起来。

这时泰勒开始有意识地调整自己的精神状态，渐渐进入恢复期。说到她的恢复能力，还真是惊人的。当朋友们还沉浸在忧虑中时，她自己却快刀斩乱麻地走出来了。也许不是真的走出来，而是藏在内心深处了，总不能让所有爱托德的人天天无能为力地看她悲伤的样子，该振作了。

《青楼艳妓》中艾迪饰演的男友带给了泰勒无限的关怀

之后没过多久的一天晚上，当泰勒的朋友带着忧郁的心情来到她那里，准备安慰她的时候，却被眼前的情形惊呆了，不敢相信自己的眼睛：昨天还悲痛欲绝甚至哭着喊着要随托德而去的泰勒，今天竟然像个大娃娃一样在床上活蹦乱跳，把床当成了蹦蹦床——快要被跳塌的弹簧床的另一边躺着一个呼呼大睡的男人，而且那个男人竟然是她死去老公的朋友艾迪。她的朋友看得目瞪口呆，丈夫的尸骨未寒，泰勒就飞快地转忧为喜，川剧的变脸也没有那么快吧。

泰勒在《魂断巴黎》中饰演一个本来无忧无虑的富家女

不用怀疑，她的朋友没有看错，这个开开心心蹦个不停的大娃娃就是伊丽莎白·泰勒。泰勒也发现朋友对她的神奇变化有点

丈夫的尸骨未寒，泰勒就飞快地转忧为喜，川剧的变脸也没有那么快吧。

美丽不哀愁
——伊丽莎白·泰勒的传奇一生

接受不了，赶快到屋外，亲亲热热地对朋友们说："真的别怪我，我得活下去呀，我需要快乐！我不能总是一个人过呀。"这个男人就是前文中已经和大家混了个脸熟，宣称过不喜欢泰勒细腿的艾迪·费舍尔。他是泰勒为自己的重生找到的感情新支点。

"艾迪事件"早在《热铁皮屋顶上的猫》拍摄完毕的时候就发生了。泰勒抽出空闲，去拉斯维加斯参加一场专场演出，这也是她在托德去世后第一次出现在公开场合——第一次就出事了。当时泰勒的女友黛比·雷诺兹过来安慰她，艾迪就是黛比的丈夫。艾迪就这样又出现在泰勒的身边了。

那是 1958 年 6 月的一天，艾迪·费舍尔参加拍摄的电影也正好在拉斯维加斯首映，泰勒去后台探望了他。她的亮相让整个酒店沸腾了。艾迪对泰勒的到来兴奋之极、感激不尽，等泰勒坐到了休息室里，他就偷偷地从庆功宴上溜走，找到泰勒，陪着她一直聊到天亮。

艾迪的声音带有浓厚的磁性,他在《青楼艳妓》中扮演一个老实负责的朋友

艾迪是托德的养子和好朋友，他的个性和托德有许多相似的地方。从托德有时候让艾迪来替代自己陪伴泰勒这一点来看，艾迪可算是托德的"马仔"。然而艾迪和托德的经历是完全不同的。艾迪是个什么样的人呢？

1928 年，艾迪·费舍尔在费城的一个俄裔犹太人的家庭里出生了，他的原名叫菲什。他的父亲可以说是个暴君，爱骂人，缺乏道德观念，做任何下流的事情都没有心理障碍。1999 年，当艾迪回忆往事的时候计算了一下，在他还很小的时候，因为父亲的不稳定，他们大概搬过 20 次家。好在艾迪有一个很爱他的母亲，这让他的童年虽然没有稳定富裕的生活，但还可以说过得快乐和幸福。成年后，艾迪一直憎恨他的父亲，原因不是父亲的下流和粗俗，而是当艾迪通过努力成名后仍然没有得到过父亲的认可和丝毫的尊重，这种缺憾是无法弥补的，他带给艾迪的阴影也因此永不消退。

　　也许是因为父爱的缺失，艾迪·费舍尔一直在生活中寻找可以依赖的长者，并且紧随在其身后。迈克尔·托德就是艾迪的一个十分重要的朋友。对艾迪来说，他是朋友，是兄长，也可以说是养父。艾迪小的时候，正处于大萧条的时期，所以他是吃过苦的人。艾迪没有托德那样的才华，但他有一副动人的嗓音。他的歌声不但清澈柔美，而且还带有浑厚的磁性，是标准的男中音。为了改变生活，艾迪竭力把自己的天赋发挥到最大限度，不断辛勤工作。20 世纪 50 年代的时候，他在派拉蒙戏院演出，每天 5 场，周薪是 7500 美元，一直累到病了才不得不停下来。他的《无论何时》等歌曲曾经 22 次获得热门金曲奖。

　　1955 年，他在米高梅电影公司的撮合下认识了像纯净水一样的女人黛比，米高梅公司喜欢给自己旗下的明星介绍这样的伴侣，就像当初给 16 岁的泰勒安排了格林。黛比是技师和洗衣工的女儿，她在舞蹈、戏剧和歌唱三方面都很有才华，最大的特点就是在意并且希望得到别人的尊重。当然，她也具有这类女性通常具有的善良、诚实、踏实等品质。他们很快结婚了，成为深受大家喜爱的明星夫妇。但实际情况是他们的性生活没有和谐可言，也就是说他们的日子是过给别人看的。黛比纯洁得像圣女，艾迪是个性感的海盗。他们的付出正好跟对方的需要相反，谁也说不清对错。

美丽不哀愁
——伊丽莎白·泰勒的传奇一生

楚楚动人的麦琪希望得到丈夫的疼爱，过正常的家庭生活（《热铁皮屋顶上的猫》）

为了维护公众形象，他们一直在忍受着对方。

其实当艾迪第一次见到泰勒的时候，就被泰勒美丽孤独的外表打动了，还因为吃不到葡萄就说葡萄酸。后来他承认："泰勒对人有一种独特的亲和力。她是那么的楚楚动人，那么的需要人疼爱。"

对艾迪来讲，托德是一个德高望重的智友和长者，所以对托德的去世，艾迪也打从心里难过。他跟泰勒通过几次电话，发现泰勒常常是恍恍惚惚，语无伦次。在拉斯维加斯见面后，艾迪忍不住从加州跑到纽约去安慰泰勒，他这一安慰就两个星期都没有离开过，伤心的泰勒就像磁石一样吸住了他的脚步，艾迪怎么也走不出她家的门。于是，他们开始私下约会。起初，他们为了不让媒体对他们的关系产生怀疑，在公开场合约会时总是和其他夫妇坐在一起。

托德的助手暗示泰勒跟艾迪走得太近对她的声誉没有好处，但是一向我行我素的泰勒根本听不进去劝告（从来也听不进去）。她认为自己需要艾迪是没有错的，人总得活下去，她需要用这种方式放松自己的心灵。要知道，托德死后她太悲伤了，托德的在天之灵也不会喜欢她这样沉沦下去的，也会理解她的新选择的。托德理解就够了，至于公众——自从托德出事以来，公众一直指责她，就好像她崩溃而死才合乎情理似的。

他们真正在一起是从 1958 年 8 月 10 日开始的，那是艾迪的生日。那天艾迪去找泰勒的时候，正好看到她穿着一件泳衣喝得半醉的样子，小丽莎在她的腿边无忧无虑地玩闹着。这画面太美了，艾迪根本走不动了。半醉的泰勒还记得关心艾迪，她把托德用过的金色钱夹送给艾迪作为生日礼物。艾迪不想看她忧伤，把她拉到车上，带她到了马里布海滩散心。这时候艾迪感觉到从来没有过的甜蜜，天时地利人和都齐全，他不会错过机会了，他的脸皮也不比老朋友托德薄。他对着泰勒的眼睛（泰勒的眼中是忧伤的大海）:"我要娶你。我们什么时候可以结婚？"没等泰勒回答，他就开始吻她。小丽莎玩着他们脚下的沙子。那天以后，他们就几乎是形影不离了。

　　一言既出，艾迪就会一往无前。当时，艾迪并不是唯一想娶泰勒的人，他也不能耽误时间。他早就想清楚了，他喜欢泰勒也不是一天了，如果不抓住这次机会，让别人娶走了泰勒，天知道下次要从两个男人中间（离婚和再结婚）逮住她得等多久。他一边给泰勒念着情诗，一边告诉自己的妻子黛比他已经跟泰勒在一起了，希望可以跟黛比友好分手。然而当媒体问到黛比这件事情的时候，"纯洁"的黛比却一脸茫然地说："我从来没有听说过这种事。"

　　就这样，艾迪和泰勒才躲进了他们的小"爱巢"里相互索取着情爱和性爱，他们在纽约度过了一段非常愉快的时光，连续四天四夜都是在床上度过的（也就是泰勒的朋友们见到的那一幕）。泰勒觉得自己太孤独了，而艾迪有能力让她摆脱悲伤。

　　但是媒体和观众可没这么开放，他们愤怒了。泰勒和艾迪的行为几乎触怒了所有人，托德空难丧生没多久，在丈夫尸骨未寒的时候，泰勒居然没有沉溺在泪水和哀思中万

电影中艾迪和泰勒是一对有情无缘的朋友，但生活中他们克服万难终于走到了一起（《青楼艳妓》）

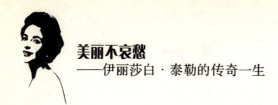

美丽不哀愁
——伊丽莎白·泰勒的传奇一生

劫不复（想想"幸运的丽兹"和大家的指责），也没有旧病复发，反而这么快就缠上丈夫的好哥们，也就是抢了好朋友黛比的老公，过得活蹦乱跳。这当然是大逆不道的！

泰勒觉得，大众没必要反应这么强烈，因为她早在1956年认识托德的时候就见过艾迪，而且她那时更喜欢的就是艾迪这位风流倜傥的歌手。但是泰勒这种女人是靠本能做选择的，而她的本能会让她往高处走。她幸福地嫁给了财力雄厚、有才华能力而且更爱她的托德。毕竟，艾迪只是托德的跟班，还是要靠托德吃饭的。

另外，在泰勒当初和托德结婚的时候，还发生了一件不可思议的事情，也为她和艾迪的结合埋下了伏笔：

在泰勒和托德新婚第二天的早上，托德邀请艾迪去他家。为了显示并且炫耀一下自己的眼光，托德竟直接让艾迪来参观他那位美丽的新娘——当时泰勒正衣着裸露、舒舒服服地睡在床上，整个画面活色生香。托德这种毫不避讳的行为，一方面代表了他的自信，另一方面他用这种大方的举动表现出他对艾迪的信任（问题是，即使是在开放的美国最开放的好莱坞，这也有点太大方了）。应该说，这种大方并没有影响到托德和泰勒的幸福婚姻，与艾迪在一起也是在托德飞机失事之后发生的。

然而这件事情确实埋下了爱情的种子，加上以前的各种来往和各种心动，泰勒和艾迪在托德死后旧情复燃也是情理之中的事。所以，泰勒并不觉得理亏，她愤怒地反击那些谴责她的媒体："那我该怎么办？一个人睡吗？"

艾迪在这件事上也没有向媒体示弱，他反驳媒体根本不了解实际情况，他说他跟妻子之间的矛盾早就存在，离婚是不可避免的，跟泰勒没有关系。

在泰勒当初和托德结婚的时候，还发生了一件不可思议的事情，也为她和艾迪的结合埋下了伏笔。

两个人都觉得，用不着为了公众的意见牺牲自己的生活，他们真心相爱，想在一起生活，和公众的意见又有什么关系。再说了，公众和媒体谁真的在乎泰勒的快乐悲伤，在乎她的死活，她的一切只是他们的筹码和噱头罢了。

"艾迪事件"连续几周都是报刊杂志的头条。几乎所有的人都谴责艾迪，支持艾迪的妻子。许多人鄙视泰勒，谴责她是可恶的第三者，只会拆散别人的家庭，借着展示自己的悲伤，抢走前来安慰她的朋友的丈夫。这次事件发展到了影响艾迪唱片的发行，广播电视公司甚至禁止泰勒在艾迪唱片发行的期间在电视上露面，因为那就等于在向人们宣传"不健康"的东西（人们的联想相当丰富）。

被打击得无处藏身的泰勒为了寻求精神的安慰，只好求助于信仰。她想皈依犹太教（她在第一次嫁给尼克·希尔顿的时候信的是天主教），这是他前夫托德和艾迪的宗教信仰，她希望自己将来永远是一个犹太人。就像做所有的事一样，她下决心之后就做得很彻底，花了6个月的时间研究《圣经》和大量的相关书籍，与犹太教士谈论犹太人的问题，还真金白银地认购了10万美元的债券来支持以色列。

问题是，在这种时候采取这种做法，简直是雪上加霜。这让更多人越发地不理解这个美丽的第三者。人们觉得她不仅品德不够圆满，而且整个思想都有问题，她的影片甚至在中国和非洲，以及一些伊斯兰国家遭到了封杀。

泰勒简直不明白她的这种追求心理安慰的举动为什么会受到如此的谴责。她因为诽谤她和艾迪的文章，一口气向法院起诉了6家杂志。结果不重要，重要的是表达她困惑的心情。不过，这

再说了，公众和媒体谁真的在乎泰勒的快乐悲伤，在乎她的死活，她的一切只是他们的筹码和噱头罢了。

次以后，她发现法律是一种强有力的武器，比报刊媒体的报道，以及人们对她说什么、怎么看待她，更加实在有效。从此，打官司成了她保护自己的常用手段，令她的所有对手都头疼不已，更加对她恨得咬牙切齿。

这时就连他们洛杉矶的许多影视圈的朋友也开始冷落他们，甚至不跟他们来往，不跟他们说话；却在他们不在场的时候疯狂地说他们是史上最差的男人和女人，就像自己是站在纯洁的制高点上的道德法官一样。当然，这个时候有一个人是从来不会离开泰勒的，那就是她的蒙哥马利。

一时间，全美国甚至全世界，到处都是指责泰勒的声音，当然也捎带着费舍尔，各种语言和口音混在一起，无比嘈杂热闹。奇怪的是，即使乱得千夫所指，他们俩还是顶着所有的压力，在众人鄙视的眼光下，幸福地结婚了（真是乱世佳人乱世情）。

艾迪的妻子虽然跟艾迪早就没有了感情，但还是不想放弃这段婚姻。但时间长了，她发现这样下去对自己也没什么好处，是的，公众支持她，可是支持又有什么用，整天生活在同情的目光里实在太累了。最后她终于同意在离婚协议上签字。艾迪得到法庭许可他再婚的通知不到3个小时，就和泰勒举行了婚礼。

这时候的媒体也出现了两种对立的观点。"正方"认为泰勒婚姻的基础是别人家庭的破裂，她破坏了伟大的"女性友谊"；"反方"则赞赏泰勒坦率真诚地追求快乐和爱情。

总之，当时的情景让泰勒搞得那叫一个乱，不过她身在旋涡中心，过得还不错，终于从失去托德的痛苦中恢复过来了。

最有意思的是，这场丑闻大战以后，在事业上，艾迪成了没人要的无业游民，而泰勒和黛比却身价大涨。黛比的年收入从 7.5

万美元涨到了 100 万美元，泰勒的片酬也涨到原来的五倍。这样说来，艾迪也算是对得起这两任妻子了。

1960 年泰勒应合约的要求出演了电影《青楼艳妓》。这部电影是泰勒和艾迪，还有劳伦斯·哈维合作出演的。泰勒几乎痛恨她要扮演的这个迷失在利益中的"变态的荡妇"。因为格劳丽娅可以说是泰勒在生活中最鄙视的那种人，格劳丽娅做的每一件事情，泰勒都不能认可。

但是按照她与米高梅的合同，她必须接演这部电影，必须饰演那个活活笨死的妓女。这就等于让她塑造一个她最厌恶的人，不管怎么演，都像在生生扭曲自己的本性。她不得不在自己认为应该说"好"的时候说"不"，在自己认为应当接受的时候拒绝，在自己认为应该适可而止的时候反而撒开了闹下去……

为了摆脱合同的束缚，泰勒找了很多律师与米高梅电影公司交涉，但都没有结果，如今米高梅也算是很了解泰勒了。米高梅公司的制片部主任执著地认为泰勒性感漂亮，又刚刚抢了别人的丈夫，没有人比她更合适演这样"有难度"的角色了。无可奈何的泰勒只得自己花钱雇了几个编剧帮她修改剧本。她是真的不明白一个原剧本中那么美丽的女人（格劳丽娅）怎么可以傻成这样子自己还浑然不觉。

但是，米高梅的制片部主任潘德罗·伯曼也不是一般人，他看完了改编后的剧本直接就扔进了垃圾箱里面。

为了报复潘德罗的武断，在整部电影的拍摄过程中，泰勒总是迟到、早退，她还觉得不够，竟然装病干脆不拍。她明确表态根本不在乎影片的死活，只关心后面要拍的电影《埃及艳后》。

但是对方意志强悍，不但一点儿没生气，还对泰勒明言："这部电影会让你得奥斯卡奖的。"

这个时候影片中有一个钢琴家的角色，本来制片方准备让大卫·詹森饰演。泰勒终于找到了心理安慰的支点，要知道费舍尔也是个明星（虽然是乐坛上的），她强烈要求让自己的现任丈夫来扮演这个角色。制片方为了稳定泰勒的情绪，决定起用艾迪，相信有他的陪伴，泰勒的怨气会少些。大卫·詹森就这样莫名其妙地下岗了。

《象宫鸳劫》中泰勒也是个表面坚强，内心需要关怀的女人

因为长期精神疲劳、情绪抑郁等多种原因，泰勒必须服用大量的药物才可以休息，这就导致拍片期间，她体质极差，抵抗力下降。最后，她真的患上肺炎。这次不是装病，肺炎恶化差点要了她的命，她不得不选择做气管切开手术……那段时间，在好莱坞甚至传出了"泰勒已死"的谣言。但是坚强的泰勒起死回生。她的丈夫艾迪救了她的命。

当时的情况是这样的：

泰勒突然患上了亚洲流感，发病时引起呼吸不畅甚至窒息。医生把泰勒的病症称为"突发性休克"。这种病况一旦出现会非常危险，病人不省人事后在15分钟之内便会停止呼吸。医生告诉艾迪能够留住泰勒生命的唯一办法就是在发病时立即进行气管切开手术，并且清除气管内使她窒息的堵塞物，只有这样才能为泰勒争取更多的时间。

艾迪一直陪在泰勒的身边，对她百般呵护。他早就知道泰勒的身体状况不好，所以一直留心她的病情，并且提醒她不要乱用药物。在泰勒犯病的最关键的时候，艾迪正好在场，他马上给医生打电话，允许他为妻子进行了急救手术。他切开了泰勒的气管，按照医生教的方法让她呼吸畅通，并把她及时送到医院，不然这个世界第一美女就会因为这小小的流感死在送往医院的路上了。

艾迪就这样救了泰勒的命。泰勒被送到医院后，被确诊为双肺肺炎，医生将一个与呼吸器相接的银制管子直接插入泰勒胸骨上侧的气管上一个切开的洞中。泰勒昏迷期间，艾迪一直守在她的身边，陪她度过了四天四夜在生死线上徘徊的时间。

这个时候，影迷们不再因为托德的死和泰勒的再婚而抱怨她了，人们意识到失去生机勃勃的泰勒确实是生活中的一大损失。电台、报纸和电视台等多家媒体的记者们涌向了伦敦医院。在医院的外面，影迷铺天盖地，他们拿着鲜花默默为泰勒祈福。西雅图飞机制造厂的 6000 名影迷还联名发来电报希望通过祝福留住泰勒年轻的生命。就连泰勒的情敌黛比（她怎么又冒出来了）也化干戈为玉帛，表示了对泰勒的慰问。伦敦医院比证券交易大厅还要人声鼎沸，群众焦急的目光比闪光灯还要晃眼，院方应要求每隔 15 分钟向公众发布一份关于泰勒病情和治疗情况的报告。

手术后，艾迪一直守在泰勒身边，泰勒非常虚弱，虽然医生给她输了血，但当时的抗生药物对泰勒的作用还是很小，她随时都有可能停止呼吸。也就是说随时都有生命危险，医生也尽了最大的努力，但效果不明显。艾迪流着泪不停恳求医生救救泰勒，医生只是摇头。

泰勒因为《青楼艳妓》中的表演意外地获得了观众和评委的认可

艾迪也成为这部获奖影片中的重要角色

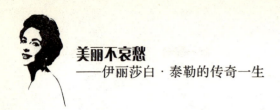

　　这时候艾迪还是没有放弃最后一丝希望。他了解到在美国有一种专门针对流感的血清，效果比抗生素强许多倍。他马上要求他的经理弥尔顿到美国寻找这种血清。弥尔顿马不停蹄，终于不负众望，在美国的一家药物实验室中找到血清并且空运到了英国伦敦。医生给泰勒注射了这种血清后，泰勒奇迹般地从昏迷中醒了过来。尽管她还是要借助人工呼吸器才能顺畅地呼吸，甚至虚弱得没法说话，但泰勒在纸上写了三个字给艾迪："我爱你"。第二天，焦头烂额的伦敦医院终于可以跟外界正式宣布"伊丽莎白·泰勒脱离危险"的消息。

　　脱离危险后，许多人都觉得她命大。泰勒的母亲萨拉还认为，泰勒的康复是跟她自己信基督教和精神疗法有关系。泰勒却说不是命大，是命好。因为她找到了一个真正爱她的丈夫。在梦中她恍惚觉得自己已经走向了彼岸，去世的托德对她敞开怀抱，是艾迪一次一次地把她唤醒，从死神手中把她抢回来的。每当她从昏迷中醒来的时候都可以看到艾迪守在身边，拉着她的手鼓励她："病情已经好转，一定要坚持！"泰勒知道是艾迪给了她活下去的勇气。泰勒发誓会永远爱艾迪，因为艾迪能进入她的感情世界，给她需要的关怀。

　　尽管泰勒非常讨厌《青楼艳妓》这部影片，这影片的诞生就如同生孩子难产一样的困难。但是影片竟然为她带来了第一尊奥斯卡小金人，那是她多年来梦寐以求的奖项。她已经三次被提名后与奥斯卡失之交臂了，这是第四次提名，她终于如愿以偿获得了第三十三届奥斯卡最佳女主角奖。1961 年，当她病病歪歪地走上颁奖台，捧着小金人的时候，简直有点哭笑不得。多种复杂的感情像麻花一样拧在了一起，真不知道是不是该感谢逼她拍片的米高梅电影公司和影片的制片潘德罗·伯曼了。

当时，她坐在会场的中央，距离舞台有很长一段距离，对她来讲就更长了。泰勒的左脚和左腿肿得吓人，她用美丽的晚礼服的裙摆遮住它们，再用一条白色的围巾挡住脖子上的刀口。听到宣读她的名字，艾迪亲吻了泰勒，并拉着她的手，扶她走到通往舞台的台阶前就停了下来，他语气像当年的托德一样，对泰勒说："孩子，下面这段路你得自己走。你自己可以的。"

这个时候，台下在场的 2500 名观众掌声雷动。泰勒在这气氛中微微颤抖着，她明白这是托德去世后观众重新接受她的表示，而且他们已经完全对她敞开了心扉。

在那一刻，泰勒的百感交集我们是可以想象的：已逝的老公迈克尔·托德过去一直帮助她，希望她有朝一日拿到这个大奖，他们也曾为这个理想努力过。她今天终于拿到了这个代表电影世界最高荣誉的奖项，却是因为这样一部影片，而爱她的那个人已经不在了，不可能同她分享这份电影人真正的快乐了。

直到获奖后，泰勒也不明白，凭什么她就合适演一个生活不检点的荡妇。她认为自己对生活和爱情都是十分认真的，她虽然结婚几次，但她是有原则的——只跟同自己结婚的男人上床。

其实导演没有看错，泰勒跟她饰演的角色是有相似之处的，她们都具有相同的特点——都是有魅力、有欲望的漂亮女人。不过能力固然重要，人生最重要的还是选择。泰勒和她饰演的角色在人生的十字路口作出了不同的选择。

在死亡线上徘徊后，没人能想到泰勒会这么快在奥斯卡的颁奖典礼上露面，她看上去气色红润，光彩照人。虽然人们能看到

"孩子，下面这段路你得自己走。你自己可以的。"

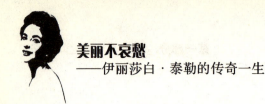

她的刀疤和虚弱，但是她的坚强已经成为观众心中的杰出榜样。

当然，还是有人会说泰勒完全是因为生病，得到了学院派的同情分，获得的是怜悯奖。但是，不可否认，她在影片中的精彩表演确实无人可以取代。

当年雪莉·麦克莲恩在电影《公寓春光》中也有出色的表演，是泰勒最强有力的竞争对手。雪莉在颁奖典礼后空手而归，她自我安慰说："我输给了气管切开手术。"不管怎么说，赢了就是赢了。而且在未来的日子里，泰勒一直是最大的赢家。

艾迪毕竟只是年轻寡妇泰勒暂时的心理依靠，他在她最需要的一刻，像救命稻草般出现在她行将崩溃的生活中，成为伊丽莎白·泰勒的丈夫，这样的婚姻其实并不牢固。

1962年，泰勒去英国拍《埃及艳后》，每个人都担心泰勒病后的气色不适合扮演传说中的绝艳女皇。结果当她第一天出现在片场的时候，所有的人都目瞪口呆。她身穿貂皮外套，挺拔大方，容光焕发，身后跟着许多随从，不可一世地走过演员理查德·伯顿和剧组人员身边，完全无视他们的存在，一直走到导演的面前，随便地把貂皮扔在地上，眨了眨她迷人的眼睛，问导演："先生，都准备好了吗？"到这个时候，20世纪福克斯电影公司的老板们才深深地舒了一口气，"王者归来"了。

随后前往探班的艾迪发现：泰勒已经爱上了理查德·伯顿。他的"替身"生涯真正结束了。艾迪说："当我看到伊丽莎白身穿埃及艳后的金色华服走出来的时候，我就有一种'悲伤'的不祥预感——我意识到她已经离我越来越远了，不再需要我了。我为此伤心地哭了。"

其实导演没有看错，泰勒跟她饰演的角色是有相似之处的，她们都具有相同的特点——都是有魅力、有欲望的漂亮女人。不过能力固然重要，人生最重要的还是选择。

第五、六次婚姻
理查德·伯顿——真爱如血亦如酒

理查德·伯顿曾经这样说过，他爱泰勒，不管她胸部下垂得多么厉害，他都会一如既往地爱她。

理查德·伯顿是泰勒真正的情人，永恒的爱人。他是泰勒口中的"我的两次真爱"中的一个，也是最后一个。他们在一起嬉笑怒骂地度过了十多年光阴，结过两次婚，合作主演了 12 部影片。

他们的性格照镜子般地相似。他们都对生活充满了欲望，以挥霍名气和财富为己任。相同性格的人在一起可以没有矛盾地尽情享受生活，许多时候还会十分默契，但是最大的问题是他们浓烈炽热的爱也会烧到对方。

情场如战场，人们说，"狭路相逢勇者胜，勇者相逢智者胜"。这两句话都适用于泰勒的婚姻。当迈克尔·怀尔汀遇到了迈克尔·托德时，他们印证了前一句，懦弱的怀尔汀很快撤退了，托德娶走了泰勒；当艾迪·费舍尔遇到理查德·伯顿时，伯顿同样是排除万难娶得美人归，他们印证了后一句。

伯顿与泰勒的爱情是这样发生的。1962 年，他们相遇在《埃及艳后》片场，37 岁的英国人理查德·伯顿就像他扮演的马克·安东尼那样，无可救药地爱上了"埃及艳后"伊丽莎白·泰勒。

泰勒当时的老公艾迪对泰勒宠爱有加，在她重病发作的时候还救过她的命，但这些都比不了理查德·伯顿的攻势。伯顿

"小肉球"泰勒

燃烧的激情完全征服了同样疯狂的泰勒。

拍摄开始，第一场戏里就有理查德和泰勒的情爱镜头。他们相对注视，然后就深深地热吻到一起，好像是相见恨晚，根本不像是在演戏。站在他们身边的每一个人都可以感觉到这对明星燃烧的激情。当导演喊停的时候，他们仍然沉浸其中，拥抱在一起根本没有分开的意思，好像导演很打扰他们似的。

拍摄刚结束，理查德就拦住马上要走的泰勒。当时泰勒身边带了一堆随从，理查德全然不放在眼里，他大方地对泰勒说："丽兹，跟我一起吃饭吧，我给你讲笑话，你肯定都没听过。"泰勒有点动心，但还是拒绝了要走。理查德大声地叫住泰勒："来吧，小肉球！非得让我抱着你才肯去呀？"泰勒被他的话镇住了，她想起托德。托德总喜欢取笑她是"小肥妞"，每当那时候，她都会跑过去说托德是"老人家"。

初次见面的理查德怎么会这么了解她呢？一种人吧。

就这样，理查德就把泰勒从大腕休息区的豪华大椅子上吸引到了他那个简陋的小桌子上同他一起进餐。那顿饭让泰勒整整笑了两个小时，她的笑声传遍了整个片场，这是托德去世后她第一次真正发自内心地笑。下班后，理查德又送泰勒回家，然后再返回到1英里外自己住的地方，也就是说他们一点都不顺路——其实泰勒有自己的"豪华班车"，真不用他送的。

　　理查德就这样在众目睽睽下开始了对泰勒的追求，夸张离奇，
却令泰勒心醉神往。

　　他们俩常常让成千上万的剧组工作人员在户外等候，自己要
在棚里尽情地享受完爱情的甜蜜才出来演戏。他们把拍摄工作变
成了旁若无人的谈恋爱，而且是在参与《埃及艳后》拍摄的无数
演员、临时演员的眼皮子底下谈，每天、每时、每刻。

　　那个时候的泰勒已经不再处于仅仅需要被观众认可的阶段，
她知道自己很美丽，而且充满激情、热爱生活，她要实现自己青
春的价值。理查德·伯顿潮水般汹涌的爱让她可以忘掉天地的存在。
泰勒不是不爱艾迪，但艾迪和理查德的性格区别太大了。艾迪的
爱就像是江南的小河，温暖而舒适；但伯顿的爱，就像是大海的
波涛，时而波澜不惊，时而巨浪滔天。但如此宏大的巨浪却愿意
在泰勒的怀里撞得粉身碎骨而在所不惜。

　　如果说艾迪是男的，那么伯顿就是雄的。

安东尼被克里奥佩特拉迷住了（《埃及艳后》）

女王设下了爱的迷宫，但自己也深陷其中
（《埃及艳后》）

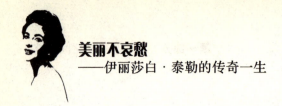

　　理查德·伯顿是一个什么样的人呢？

　　他出生在一个有 13 个孩子的工人家庭中（天知道他妈妈怎么生了这么多孩子），他是第 12 个，处在没人答理没人疼的位置上。小时候的理查德住在一个没有卫生间和自来水的简陋的屋子里。他的母亲生下他家最后一个孩子后再也不想生了，根本也养不起了，她停止了为伯顿家生孩子，然后就去世了。而当时，伯顿只有两岁，家里连丧葬费用都出不起。

　　伯顿自己曾经说过："我来自工人阶级，而且是最底层，如果我要去什么地方，我就必须尽力向上爬。"这样的出身让理查德在未来的日子里拼命抓住生命中每一个机会，他绝不放过任何一个可以改变命运的机会和能够帮助他的人（泰勒就是其中最重要的一个）。他追求最大限度的金钱和至高无上的荣誉。为了得到他想要的东西、想要的人，他可以付出超乎常人的代价。他做事比一般男人要狠要浑，因为他是挨过饿的人，他从死亡的猎杀中幸存下来，因此在遇到任何事情时，他总会从最真实最原始的需要出发，采用最本能最直接的方法解决。

　　凭着这股狠劲与固有的才华，他不断前进。为了扩充知识面，他疯狂地背诵成篇的诗歌，野心勃勃地参加百老汇的戏剧演出，获得成功后又进入演艺圈，得到奥斯卡最佳男主角的提名。

　　这个挨过饿的男人在日后的生活中教会了泰勒许多东西，也激发出了她用动物般的本能感受真正关怀的力量。

　　伊丽莎白·泰勒喜欢身边围绕着优秀的人。在遇到优秀的人时，她不会仅仅因为对方的能力或者风采而倾倒（那是粉丝才做的事情），也不会陶醉，她会用那猫一样锐利的眼睛看透他们。她一定要弄清楚，眼前的人为什么如此优秀成功，他们的力量源泉究竟藏在内心什么地方，然后索取并得到这样的力量，补充自己。泰勒眼中的有些优点，甚至连对方自己都不清楚。

泰勒几乎没有女性朋友，只有男人：爱她的男人、喜欢她的男人，还有同性恋朋友，女性通常会被她的强悍和索取吓跑——当然，也有一些是出于自我保护和嫉妒不想靠近她。

这样的泰勒遇到那样的伯顿，简直就是世上绝配！一生一代一双人。当他们的生存智慧与能力撞击时，就会直奔生活的本质——快乐——而去，且无须任何伪饰。他们相互刺激，用动物一般的头脑凭着直觉和感情行事，几乎不受任何理智和规则的限制。

最初刚听说要与泰勒合作的时候，理查德·伯顿并不喜欢这个名声在外的美国胖姑娘，他认为虽然泰勒获得过奥斯卡奖，但是她的表演能力就像她所受的教育一样可怜。

但当他看过泰勒的样片后，对她的态度明显改变了。他佩服泰勒在镜头面前的自然大方，并惊讶于泰勒能以"神游"般的速度进入影片角色状态的本领。

生活中的泰勒虽然百病缠身，但是她的出现，却像早晨的第一缕阳光，能照进理查德的内心深处。她看起来永远生机勃勃，高高在上，热气腾腾，就像《埃及艳后》中那位主宰世界的奴隶主。

泰勒也对伯顿流利地朗诵戏剧台词的本事非常钦佩。她好奇伯顿英俊外表下面潜藏的巨大能量。因为理查德是一个变化无常的人，他一会儿彬彬有礼，一会儿又粗俗暴躁，彬彬有礼时像贵族一样风度翩翩，粗俗暴躁时则像暴徒一样凶狠狰狞。这种百变是演技？是本色？可是哪来的这种本色呢？要直截了当地揭开谜

《埃及艳后》中装点成金色的大船如同清晨的天空中的一道彩虹，照在尼罗河上

底的最好方法就是成为他的妻子——法定的另一半。其实伯顿身上这些吸引泰勒的特点，都是他从小在缺粮少爱的家庭中成长的结果。

这个时候，在泰勒心中，伯顿集中了男人身上的所有优点：尼克·希尔顿的富有，迈克尔·怀尔汀父亲一样的关怀，迈克尔·托德的头脑，艾迪·费舍尔悦耳的声音。她抵抗不了这样的万有引力，深深地坠入了爱河。而且，她在拍摄《埃及艳后》之前一直身体不好，大病初愈的她此时正需要爱情的滋养。

尽管伯顿对泰勒明确表示了他的爱意和倾慕，但是这时他们还没办法公开关系。因为泰勒有她的温暖牌老公，理查德也有他美丽的妻子西比尔。此时他们俩的关系完全不正当，属于婚外恋（又是婚外恋）。

但是，媒体的眼睛从来都是贼雪亮的。短短几个星期，伊丽莎白·泰勒和理查德·伯顿假戏真做的罗曼史很快就被刊登在了各大报纸的头条。最先发现的当然是他俩身边的工作人员，然后就是那些没有固定职业的摄影师们，这帮人一直跟着泰勒。

为这个惊天绯闻，这帮人真可谓奋不顾身，他们甚至用绳索把自己吊在空中，偷拍泰勒和伯顿亲热的照片。为了钱，普通人也能成为"蜘蛛侠"，这没准就是《蜘蛛侠》的初始形态。

没用太多的时间，几乎所有认识他们的人都知道了这件不光彩的热恋，同时也都反对他们的结合。连泰勒最信任的朋友蒙哥马利也认为理查德·伯顿总是在装腔作势，认为他是在故意渲染这段浪漫史，以此来提高自己的声望。这回蒙哥马利真有点冤枉理查德了，他可是来真的。

理查德·伯顿确实喜欢勾引和他一同拍戏的女演员，但这回完全不同。这一次，他除了想征服伊丽莎白·泰勒这位世界上最漂亮的女人，还不可救药地爱上了她。

后面发生的一系列事情足以证明蒙哥马利确实是判断错了——最终，理查德为了跟泰勒在一起，几乎是"抛妻弃子"，还放弃了"劳伦斯·奥利弗第二"的荣誉与前程。是的，他做到了不爱江山爱美人。

事情的发展是这样的，泰勒和理查德在片场如胶似漆，毫不避讳旁人嫉妒的眼光。他们在一起的亲密照片最终传到了理查德妻子的手里，作为最后一个知道的人也是最不能接受的人，她甚至想结束自己的生命，但最后还是提交了离婚申请。她和理查德离婚，结束这段名存实亡的婚姻至少可以得到自由；不离婚，面对这样的情况，守着一张婚书又有什么用，当手纸吸水性又不好，还太硬。

《埃及艳后》上映后口碑极差，这也是可以理解的。因为这部影片在拍摄中破坏了两个原本幸福圆满的家庭。当然，伯顿与泰勒的绯闻也极大地刺激了票房，但是拍摄时花掉的巨额费用以及

一连串事件导致的形象危机几乎让 20 世纪福克斯电影公司破产。

理查德·伯顿和伊丽莎白·泰勒的恋爱丑闻，让福克斯公司的老板气得恨不得嚼舌头，不小心咬碎了牙齿（不过也只能往肚子里咽），更扬言要"把泰勒的乳房割下"用来弥补损失。（在这个生死存亡的时刻，老板们心里还是那么看重泰勒的乳房，可见这乳房的分量之重。）

最让人意想不到的是，顶着重重压力和骂名，泰勒和伯顿居然克服万难走到了一起。他们各自解散了原有的家庭，在两年后终于结为夫妻。这场众目睽睽、千夫所指之下的爱情不仅没有夭折，反而一直在燃烧，其热烈与持久的程度令人瞠目又敬佩。

1964 年他们正式结婚，伯顿为了让泰勒开心，给她购买了许多珠宝、皮草，还有各种迷人的小玩意儿。他们从骨子里热爱众目睽睽下的奢华生活，享受一切消费与享乐的快感，也享受彼此的陪伴；只要他们出现的地方，就会有围观和骚乱。

泰勒在《埃及艳后》中展现她迷人的双乳

虽然现在看来，明星出没引起骚乱和围观已算不了什么稀奇，但在当时就不同了。

泰勒和理查德生活的那个时代可是一个巨星云集的时代，但那时的人们比现在传统。加上泰勒当时名声在外，作为公众人物的她和理查德的行为自然会引起公愤。当时几乎所有的人都指责他们。一时间，骂伊丽莎白·泰勒和理查德·伯顿成了一种时髦。

连梵蒂冈也不甘寂寞地发布了泰勒犯"淫乱罪"的消息。泰勒多年的好友，八卦专栏作者海达·霍普也公开说泰勒的行为"令人作呕"。最不靠谱的是美国一位女国会议员也怒斥此事，她甚至建议通过一条法案，禁止泰勒和理查德在一起（美国国会真有空）。

影片中的艳色
也有清纯的一面
（《埃及艳后》）

　　泰勒气得哇哇大叫，她说永远不要再回到美国了。泰勒每回受到攻击的时候都会说这种话，诸如永远不要见到某某人，不要再回来之类的。但是她每次都只是说说，因为她爱美国。其实美国也很爱她，没有泰勒，大家寂寞。

　　玛丽莲·梦露，葛丽泰·嘉宝，奥黛丽·赫本和英格丽·褒曼也是那个黄金时代（也就是现在美国中产阶级们最怀念的"过去的好日子"）最有代表性的"宝贝"们。她们同泰勒一起见证了那个时代的发展，但与泰勒不同的是，她们的生活被那个时代特有的规矩左右着。

　　演员是名利场中人，都需要虚荣，她们生活在人们的注视和评论下，渐渐地，只为注视和评论而活，成为名利场的"囚徒"。为了保持当红的身价，维持人们的赞美，她们心甘情愿地牺牲自我，牺牲健康，牺牲幸福，去迎合时代的需要，只为满足别人对自己的要求，得到大家的赞赏。这种现象也可以褒义地简单说成是追求完美（贬义地说就是为别人活着）。

　　这些明星当中，奥黛丽·赫本长得美若天仙，她的美让人高山仰止。所有男人都会被她清纯的美丽打动，最奇怪的是女人也不会嫉妒，反而会尊重她的美丽。但是她的头脑却是"神仙"般的不现实。她不食人间烟火，走出电影世界，就会变得像一个规矩听话的孩子，所有尖锐的事实真相，她总是最后一个知道的人。这导致她几乎没有时间去面对，因为当她知道真相的时候，所有重要的事情都已经成了定局。

　　赫本脸上的表情总是一如既往地纯净无辜，清澈的眼睛似乎不染烟尘。可这么些年过去后，现如今的女孩很容易就能凭借化妆术把自己变得像赫本，就像《黑天鹅》里的娜塔莉·波特曼，只要有黑而重的眉毛和眼线，还有青春的"赫本头"。可是无论何时，根本没有人能凭借任何化妆术把自己变得像伊丽莎白·泰勒……

　　光用一个美女明星跟泰勒对比不太好，这里不妨多找些人比比说说。

　　再说格蕾丝·凯利吧，她不但秀美，而且高贵。凭借美丽，格蕾丝成了摩洛哥的王妃，她是好莱坞麻雀变凤凰的典范。然而她的一生也被这种完美的高贵永远困住，身不由己，不能自拔，找不到自由的快乐，直到因为车祸早早去世，而且车祸的原因至今还众说纷纭是个谜团。不过，她倒是优化了摩洛哥王室的美丽基因，她的儿孙辈都有无可挑剔的好相貌。

　　还有葛丽泰·嘉宝，她的脸堪称完美无瑕，被世人夸上了天。米高梅的罗兰·巴特说，"她脸上的血肉令人有毁灭的感觉"；又有记者说，"她的脸是人类进化的极致"。嘉宝为这些赞誉和盛名所累，她终生未婚，在依然年轻貌美时就告别了影坛，此后几十年，她总是用面纱遮住自己的脸，不愿让世人看到她衰老的样子，在自己的公寓里孤独生活，直到老死。她总是说，"请让我一个人待着"。

是的，她们美若天仙，但是她们其实生活在人间，需要人间的幸福。被托得太高神化得太厉害，反而找不到走下神坛的路。她们害怕老去，害怕真实的生活，宁愿死也不愿意失去美丽，可她们却不明白一个特别简单的道理：长得美不如活得美。

泰勒追求的却是真实，她趁着年华正好，早早地把那些伦理清规当垃圾一样扔给了历史；她不怕丑闻，她的丑闻多得根本分不清哪句是真哪句是假，连制片厂的老板后来都懒得再去辟谣了，因为根本也辟不过来。

泰勒的特点是：本能地追求自己的幸福生活，追求生活的本质——快乐。所有将其他女明星禁锢住的外在限制对她都是无效的。她的动物一般的直觉告诉她，任何时候都不用接受任何理性规则的束缚。她不想为别人活着，每时每刻都只想为自己而活，而且要活得淋漓尽致，对得起自己。

幸运的是，她碰上了理查德·伯顿，他们是同一种人。天造一对，地设一双。

这阵子还有过一段著名的官司，让福克斯公司充分领教了泰勒动物般的自我保护的本能以及敏锐的头脑。

金色女王与大将军无论是影片中还是生活中都是天造地设的一对（《埃及艳后》）

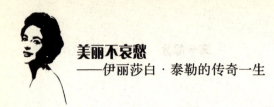
时间得拉回到泰勒 12 岁的时候。她在饰演《玉女神驹》时不小心从马上摔下来，摔伤了背，落下了终身的伤病。但是她很快就发现，当她身体不好真正需要帮助的时候，公司丝毫不会考虑她的利益，只会跟她算账。再加上她在第一次婚姻结束的时候，甚至被送上了法庭，被欺负得晕倒在了法庭上。在那一刻，公司袖手旁观，只是要求她拍戏、亮相、挣钱。

很惨？公司没损失就行，能成为话题挣更多钱，当然更好。

这些经历使泰勒很早就意识到法律武器的神圣，并不断尝试着利用法律武器来保护自己。现实的生活逼着她以最快的速度学会运用这一武器。

当时，由于新技术的兴起，电视业走上了历史舞台，不断挑战大银幕的地位。20 世纪 50 年代，20 世纪福克斯电影公司想把赚钱的希望寄托在大场面、立体效果的超大银幕电影上。他们增加了电影院的数量，以为靠这样的方法就可以渡过难关，但是他们低估了这样做的风险。新电影确实很能吸引观众，但是投入的费用也是不菲的。

1960 年，福克斯决定投资开拍的历史巨著《埃及艳后》，正是这种大场面的新电影。泰勒作为世界上最有名气的女演员被邀请担任第一女主角。令福克斯公司大跌眼镜的是，泰勒要求的片酬是 100 万美元，这在当时可是女演员的最高片酬了。

影片的制片人华纳·万格竟然破天荒地在合同上签字同意了泰勒的这一要求。《埃及艳后》需要一个震撼人心的女主角，20世纪福克斯选中泰勒来演这部影片，主要是看中她的美貌和性感，这两方面可以给观众带来性幻想和满足，勾起大批人的兴趣。

这部电影所讲述的虽然是一个历史故事，但观众欣赏的却是历史背后的伟大爱情，而爱和性之间的联系虽然不绝对，但也是密不可分的。泰勒在现实生活中就过着富足的生活，她体态性感丰腴。她在电影圈走红多年，在众多男性的心中都是女王般的存在，而且她还与许多人产生了恋情。她的名字常常跟爱与性之类的词语混杂在一起，出现在许多地方。公司认为，这一切都符合影片的需求，不仅化妆后足够妖艳，而且此时泰勒的演技也完全能表现出克里奥佩特拉的多智与沧桑。

"埃及艳后"的故事就这样开始了，谁也没有想到这部影片对电影产业的巨大影响。

拍摄刚开始，泰勒就抱病请假，耽误了拍片的时间，迫使影片不得不变更拍摄地点，从伦敦转道罗马，演员和导演的阵容也发生了变化。在养病期间，泰勒住在豪华的饭店里拒绝露面，日复一日，每天都有成千上万的群众演员身穿戏服，在广场上等待她的出现。对出资方来说，这简直是噩梦。而泰勒的要求是，当她没有生病的时候，必须在每个工作日的早晨先将这一天的片酬付给她，她才会完成当天的拍摄工作。那时候拍大场景除了雇人和砸钱，找不到别的办法了。

当然，责任也不能全部推在泰勒身上。当时，这部电影就像被诅咒了一样，每次拍摄总是碰上糟糕的天气，造成劳工纠纷又浪费预算之外的经费。诸多因素导致原先预算 500 万美元的成本最后追加到了 4400 万美元。对现在来讲，这个数字拍一部电影不算多，但是那时的 4400 万美元相当于现在 4 亿多美元。这个实打实的数目甚至超过了卡梅隆拍摄的《阿凡达》的投资，《埃及艳后》可不是 3D 的。

福克斯公司认为泰勒把心思都花在谈情说爱上，没有好好演

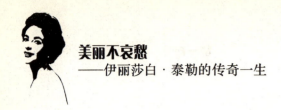

这部电影；并且觉得她在《埃及艳后》中的表演不值 100 万美元，而且电影的不成功有泰勒的许多责任，除了她天天生病告假之外，电影发行的时候，泰勒和理查德的恋爱绯闻对影片的票房也有负面影响，造成电影收入不十分理想。总之，公司不打算给片酬了。

泰勒不同意公司的说法。她觉得，谈恋爱也是体验表演的一部分，因为埃及艳后克里奥佩特拉和安东尼本来也是一对恋人。而且，不管怎样，她和理查德确实按公司的要求一丝不苟地完成了影片的所有拍摄工作，作为演员没有做错任何事情，按合同应该拿到所有的报酬（不只是那 100 万美元）。泰勒从来不做没准备的事情。她什么也没耽误，早在拍摄《青楼艳妓》的时候，她一面病病歪歪地边演边为了改剧本和导演较劲，一面就把大量精力都花在了《埃及艳后》的拍摄协议上，她向 20 世纪福克斯电影公司提出了出演这部影片必须满足的条件：

其一，她要求这部影片的制作必须采用托德发明的"托德—AO"技术，这样要求一方面表示出了她对死去丈夫托德的缅怀，另一方面她也可以从影片的收入中抽取一大笔专利使用费；

其二，公司必须承担在拍摄过程中她和艾迪（那时候艾迪还是她的丈夫），还有她的 3 个孩子，甚至包括她的经纪人往返伦敦和洛杉矶的一切旅费花销；

其三，为了保证她的美丽不打折，必须让西尼·吉勒罗做她的个人美容师；

其四，公司要帮她在多尔切斯特旅馆为她装点两套房间，还要有一辆劳斯莱斯汽车用来接她去拍戏。

这哪是演员，表面看上去泰勒简直就是"大奶奶"，公司被她整得七荤八素。但是，这样的霸王协议是拍片前就定好的。泰勒不一定完全享用协议中的所有规定，但是最后公司不认账的时候，白纸黑字的协议是最有力的呈堂凭据。这其实是她脱离母亲的保护伞后，以攻为守保护自己的一种方式。

她认为《埃及艳后》的票房其实也还不错（收回了投资的一多半）。公司亏本有许多原因，电影发行的好坏不是她可以左右的。特别是当时法律规定，放映公司必须是与大的发行公司分开经营的，这就意味着无形中失去了一半的电影院，这也导致20世纪福克斯电影公司遇上了前所未有的危机。这是福克斯公司上层投资决策的失误，与泰勒其实没有太大关系，不应该由她来承担责任。不得不说，这话没错，泰勒真的也尽力了。

在影片《热铁皮屋顶上的猫》中我们可以看到泰勒为得到自己的利益据理力争的样子

立场不同的双方各执一词，于是对簿公堂。最后，泰勒赢了这场官司，在一片掀桌摔碗的臭骂声中拿到了自己的利益——将近300万美元的收入。骂就骂吧，反正是拿到了。得到钱才是王道，才有机会休养生息，结交新朋友，寻求新发展。

福克斯公司在赔钱的情况下又输了官司，等于是雪上加霜，公司几乎破产。那些肚子里装满咬碎生吞了的牙齿的老板们，一转头看见了玛丽莲·梦露，于是这些不愉快就都迁怒到了什么也不知道的梦露身上。

梦露的片酬还是旧时的10万美元。虽然她也是当时最著名

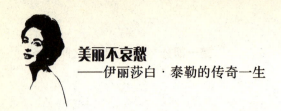

的性感红星之一，但她糊里糊涂地生活，一直没能完成之前所签订的合同中要求拍摄的影片，虽然只差一部就可以解除合同，但她的片酬确实还停在 10 万美元的状态。

为了挽回面子和金钱损失，公司把矛头转向了梦露。

1962 年，福克斯公司要求玛丽莲·梦露立刻完成电影《濒于崩溃》的拍摄。您瞅这电影名字，就像是描述当时梦露和公司的状况。这么不吉利的电影，估计泰勒听到名字就不会接拍。

当然，梦露也不想拍这部电影，她曾 3 次拒绝拍摄。但这毕竟是梦露和公司合同中的最后一部电影。（这里该补充一句了，当年泰勒拍《青楼艳妓》的时候也是不拍不行，跟此时的梦露是同样处境，所以她才会跟福克斯公司认真仔细地签协议。这都是逼出来的，她并不是霸道不通情理的"大奶奶"。）

濒临破产的福克斯公司情急之下给梦露发电报威胁说：如果不拍摄《濒于崩溃》，就把她送上法庭，跟她打官司。梦露哪懂官司上的事，而且她确实没有履行合同，她害怕极了，她担心公司的诉讼有可能会葬送她的前程。其实一个人的前程除了她自己，没人可以随便葬送得了，至关重要的是选择。况且命若没了，要前途做什么？！正所谓，皮之不存，毛将焉附。

电报带给梦露的压力很大。当时，已经 36 岁的梦露，身体状况很不好，曼妙的曲线也开始变形。看电影名字，她也知道这项工作会很辛苦，而且报酬很少，但是没有别的办法；因为她天天忙着保持身材吸引男人，对这种状况没有做过任何准备，拖延滞留的事情又太多，根本无法解决。

为了尽快完成与福克斯公司的合同，摆脱这一束缚，梦露答应了公司的要求。她以为赶快拍完这部电影，就可以解除合同，重新开始她的事业。这部电影就这样昏天黑地地开始拍摄了，但是最终它没有完成。

拍摄过程比想象中更加辛苦，可怜的梦露只会遵循导演的命令，为了追求完美，一遍一遍从冰冷的水中走出来，像模特儿一样展现玲珑的体态，连续几十遍。她本来就患有鼻炎，又是在身体极度疲惫的情况下，真不明白她当时怎么想的，难道是鼻炎侵害大脑，大脑灰质都随着鼻涕流走了？

唯一的解释是，她天真地相信了导演所说的一切，以为这样做就可以再次赢得观众心目中的地位，辉煌到老。梦露不知道的是，姿态上有没有小变化，胳膊怎样摆动，与她的未来并没有必然的关系，而且这样下去，她会生病，如果她生病死了，根本也没有未来可言。

她最终成了完美主义的牺牲品，悲惨地死在了自己的家中，身边一个人都没有。第二天早上，当助手发现她的时候，已经没有抢救的可能。大家没有意识到梦露会出事，因为她一直在努力地撑着，告诉大家她可以演好。其实那时梦露的心脏不好，乱用药物，还患有严重的鼻炎，天天过得痛不欲生。

这个百年不遇的性感女神，她的美丽曾经真的得到肯尼迪总统兄弟俩的倾倒和垂涎，但她一生都不懂得什么是最重要的，也不懂得如何保护自己。当她站着为总统献歌的时候，她的大脑却是跪着的，她的思想永远跪在有权有势的男人面前，听候他们的任意吩咐。

梦露在这部影片里是最美的，可以说是仙女

梦露在最后一部影片中仍然美艳动人，但是没人知道她的身体和精神都濒临崩溃

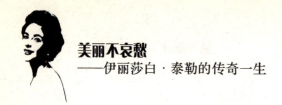

在去世前把最美的一面留给了人间。当她同意不顾身体去拍影片，还要求自己在他人眼中保持完美的同时，生命就离她远去了，只留下了未完的胶片上的倩影。

泰勒与梦露从根本上不同。看梦大美女的电影，带上眼睛耳朵，男人再带上感性器官就可以了，脑子可以放在家里休息。要跟泰勒打交道，你得带上计算器（电脑更好），脑子变得不好用的时候赶快拿出来应急。她有时会让男人的智商顷刻间降到腰部以下。她会跟你谈情说爱，同时也要利益。

其实，片场的老板在用人的时候是一样的。泰勒、梦露以及其他演员都没太大区别。他们的用人方法很简单——只要演员愿意，女人可以当男人用，男人可以当牲口用。这种用人方法在泰勒这里产生了不同的效果。每当泰勒迟到，老板们急得抓耳挠腮，用比平时快三倍的语速向泰勒大喊大叫，责怪她拖延电影的进度，而此时的泰勒就表现得一脸无辜，特别不明白地问导演："为什么呢？我每天都来了呀？我就在这儿呀！"然后不慌不忙地跟老板讲道理，哭诉自己的苦衷——身体不好，爬着也要来拍好戏。大老板们赔得每天都在吐血，哪有时间听泰勒语重心长地讲病情、谈道理。再这样赔下去，他们就剩连爷奶和儿孙的血也一起吐出来了。他们恨不得把剧本塞进泰勒的嘴里，让她住嘴。当务之急，什么也别聊了，谁对谁错没关系，赶快拍戏是正道。人家泰勒确实每天都来了，而且身体不好也是铁一样的事实。

当时每个人都知道："不要以为你出了钱，就可以让伊丽莎白·泰勒每天早上8点半准时在这里等着。如果谁不明白这一点，那只能说他自己有问题。"——泰勒是一定要等到完全调整好状态才会出现的，而这并不影响公司选择她做女主角。

泰勒其实不是不讲理。她是有头脑的人，而且她不属猴，不喜欢让制片厂的老板当猴耍。

泰勒为自己做了许多提前的安排。在开始拍摄前，她就要确定自己的利益，而且会用协议来保护自己。她从小就百病缠身，不止一次地接受死神的问候；因此她知道健康是第一重要的，是最珍贵的。当她身体不好的时候，她就会尽情地休息，再大的期望和荣誉摆在面前她也不会放在心上。因为她很早就看透，金钱、荣誉、地位，甚至爱情，都只在当时当刻有效，消费过就没有了，可以说是过眼云烟。特别是当没有了生命和健康的时候，一切都会变成虚幻。

她不要男人和老板施舍的爱，因为不真诚的爱的背后是无止境的索取。她是个天生的演员，但她不认为电影是她的生命。她爱男人，但她从来不认为哪个男人会是她的真命天子。

热带雨林里的蝴蝶扇动一下翅膀，太平洋上最终刮起了风暴。总之，这场官司最后的结果是，梦露失去了生命，20 世纪福克斯电影公司差点破产；泰勒像个勇敢的战士，不但留了下来，还获得了最大的利益。这一切，都是因为她头脑清醒，她不会因为死死地追求完美而被利用，她此时才不要那些给别人看的所谓的面子，她只想生龙活虎地活下去。

这之后，福克斯公司用了 3 年多时间，筹拍了新影片，才渐渐恢复元气。

梦露退出了历史的舞台，把她妩媚的笑容留在了人们心里；泰勒与福克斯公司的官司也结束了，而泰勒和理查德的新生活真正开始了。

美丽不哀愁
——伊丽莎白·泰勒的传奇一生

影片《一代情侣》中泰勒和理查德终于走到了一起

泰勒的这个丈夫理查德，虽然是一个矿工的儿子，但这不意味着他不懂得什么是真正有价值的事情。他十分清楚自己在做什么。他为娶到泰勒而自豪，有时候高兴得像个孩子，有点得意忘形。他到处炫耀："我娶到了这个世界上最最漂亮的女人！"

泰勒更是知道理查德·伯顿虽然很爱她，可以众叛亲离地娶她。但伯顿也不是石头缝里蹦出来的，他的成就也需要亲人和朋友的支持。他们的爱情小苗还需要来自各方的雨露滋润。

在理查德的一生中，有一个对他影响至深的人，可以说没有他的指导就没有理查德·伯顿的成功。这个人就是理查德的教父菲利浦·伯顿。在认识菲利浦前，理查德过着暗无天日的生活。

理查德·伯顿原名是理查德·詹金斯，那是因为他的生父姓詹金斯。

老詹金斯是个煤矿工人，天天嗜酒如命。他是个地地道道的穷人。至于穷到什么程度呢？一般穷男人是养不起家里的活人，但是他穷到了连死人都顾不上。詹金斯太太，那个为老詹金斯生了13个孩子的女人（理查德·伯顿的母亲）死的时候，老酒鬼连安葬她的钱都没有。为了安葬母亲，小理查德和他的兄弟姐妹一起借了10英镑。就是这10英镑折磨了他很多年，因为他们太穷了，一直要靠慈善机构的施舍勉强维持生活，就这点钱，理查德还了很久才全还上。这件事在他的童年记忆里留下了太深的印痕，他回忆的时候说："当终于还清那笔钱的时候，我们太快乐了！"

理查德的童年就是在这样的环境下度过的。他强烈的自尊与自卑可见一斑。到 10 岁的时候，理查德还是个只会说威尔士语，生活在社会最低层最受忽视和压迫的穷孩子。

直到他认识了心地善良的校长菲利浦·伯顿，一切从此改变。菲利浦·伯顿校长很喜欢他，初次见到理查德时，他看到一个脸上坑坑洼洼的小男孩，青春痘、黑鼻头，看上去脏乎乎的脸上却长着一双迷人的大眼睛，那双眼睛就像蓝绿色清澈透底的湖水。他看出这是个聪慧过人的孩子。他教小理查德讲英语，纠正他粗重的威尔士口音，教他文学和戏剧，甚至管教理查德的日常生活，监督他的行为举止。

理查德从小有个最大的优点，就是特别知道什么人是真的对他好。理查德不认为血缘关系是牢不可破的，相反他非常痛恨他的生身父亲。他请求这位校长菲利浦·伯顿把自己收为义子。得到他的同意后，理查德即刻把姓也改成了伯顿。

从此，世界上再也没有了那个令人鄙视的威尔士人理查德·詹

在《春风无限恨》中泰勒目光坚定，而理查德眼神清澈

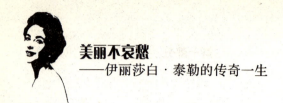
金斯，取而代之的是一个校长的儿子——崭新的理查德·伯顿。这几乎是理查德向上攀登的人生起点。这之后，在菲利浦·伯顿的教导下，理查德可以流利地讲4种语言，整篇地背诵大量的诗歌，还进入百老汇参加了著名戏剧的演出。与其说菲利浦·伯顿是理查德的养父，不如说他是教父更确切些。他在理查德心中的德高望重的位置是没有人可以比拟的。

菲利浦·伯顿一直不同意泰勒和理查德的婚事，原因很简单，就是他不希望理查德伤害原来的妻子西比尔。

虽然理查德不顾菲利浦的反对娶了泰勒，但是泰勒知道，这个老人对理查德至关重要，绝对不可以小视，所以必须尽早修复丈夫和这位养父之间的关系。她主动给老人打电话，争取第一时间得到理查德亲人的谅解和那些关心他的朋友们的支持。

泰勒爱钱，但人比钱重要，有人才会有钱，这个逻辑顺序她还是懂的。金钱必须在需要的时候发挥作用，否则就是废纸。当她需要帮助的时候，她知道怎样用金钱最快速地发挥出举足轻重的作用，达到最好的效果。

为了真正赢得丈夫的心，泰勒下了血本，做了一番细致的安排。她包下飞机，把菲利浦和理查德那些住在威尔士的亲戚们（光兄弟姐妹就十好几个）接到纽约来观看理查德主演的《王子复仇记》，并且对他们进行精心的招待。她还把一些她不太穿的衣服送给了理查德那些没怎么见过世面的姐妹们，从而轻松得到了她们的支持。

为了将来的幸福，泰勒认为费些精力、花点钱是值得的，生活在于经营和付出。

我们在前面就已经可以发现，泰勒有一个最大的特点（第一次结婚的时候就有这个特点），就是实时性很强。当她爱上一个男人，想嫁给他的时候，她会同意为了爱情放弃事业，那一刻她是什么都肯答应的。这就如同许多男人在美女坐在怀里的时候一样，那一刻他们答应的事情从心里也是真的愿意做到的，但是一旦那一刻过去了就不一样了。当泰勒得到了她想要的爱人，真正结婚以后，她就又会去投身演艺事业。因为那一刻过去了，这一刻她又觉得电影最重要，男人不能满足她的所有欲望。她总能找到借口：男人对她不够好，要是够好的话，她应该会甘愿待在家里做小女人的；既然感觉还想去拍电影，那当然是因为还不够好。（至于怎么个好法，艾迪·费舍尔曾经说过，一颗价值5万美元的钻石能让泰勒保持大约4天的快乐心情。）所以男人在欢欢喜喜把她娶回家之后，免不了有被骗的感觉。

理查德没有这种被骗的感觉。婚后他感觉很好，如鱼得水。

不是一家人，不进一家门，他们是人生的同路人，有许多共同之处令他们可以风雨同舟，并且一直深爱对方。

泰勒跟理查德结婚后，第一个最舒服的地方就是，这个男人再也不会像她的有些前夫那样让她息影了。他们都是演员，可以一起开创新的演艺天地，他们有同样的才华和野心，可以天衣无缝地配合、帮助对方。

泰勒为了让理查德在演艺界有很好的发展，介绍丈夫跟各种导演和演员打交道，教他如何赢得他们的欢心。当剧组人员一起在外用餐的时候，她会偷偷告诉理查德，让他支付所有的账单，这样可以跟大家最快速地搞好关系。

为了亲近别人，一个女演员的衣服拉链坏了，泰勒马上取下

理查德没有这种被骗的感觉。婚后他感觉很好，如鱼得水。

理查德送给她的那枚绿宝石胸针为她别上敞开的衣服，那胸针上的绿宝石价值 15 万美元。

理查德以前从不会在这样的事情上太花心思。他从一个矿工的儿子发展到一个国际巨星，走的一直不是这种亲和路线，而是我行我素、披荆斩棘；但是他从认识泰勒那一刻起，就好奇泰勒为什么有那么大的魅力，在一起之后，也非常认可泰勒的聪明才智。所以理查德完全听从泰勒为他做的每一个安排，并且吸收泰勒教给他的这一切。他深深知道，走到之前的位置是凭自己的努力，但是要想登到演艺事业的制高点，就得按照泰勒的方式来。

1964 年，理查德在《王子复仇记》中饰演的哈姆雷特获得了巨大的成功。他们连续 17 个星期都沉浸在掌声和欢呼声中，打破了以前所有的演出纪录。这对有些叛逆的夫妻，为了爱情挑战了规则；同时又通过对事业的执著追求，最终赢得了观众的认可，摆脱了丑闻的纠缠。他们用比战士还要强悍的战斗力直指成功。

这件事让泰勒充分体会到一个公理——成功才是最好的除臭剂。

泰勒和理查德在一起，第二个最舒服的地方就是可以共同炫耀他们的财富。

他们花 20 万美元在哈莱克电视台董事会买下了两个席位。他俩都热爱旅行，为了可以自由地到各地旅行，他们办理了可以进入任何国家的通行证。他们经常一起带上许多的助理，带上最爱的宠物，像国王和王后一样外出旅行。每当他们风风光光地到一个地方，也总会得到

英国绅士理查德·伯顿（《春风无限恨》）

最优厚的待遇。周围饱含羡慕嫉妒恨的火热视线让这对夫妻热血沸腾，反正钱不花也是要贬值的。

同时他们都是不安分的人，他们需要工作，需要在电影事业上的声誉和地位。不攀登，毋宁死，伯顿就是这种人，这方面他比泰勒更严重。他还是那样不想漏掉任何一个赚钱的机会，他受不了停止工作，即使他跟泰勒在一起并不缺钱，因为每项工作都是他向上攀爬的阶梯。泰勒也十分理解他，因为泰勒不但已经获得过奥斯卡奖，而且片酬也在他之上。

理查德虽然是穷人家的孩子，但他不是个吃软饭的小白脸，他有目标，现在娶了泰勒，连动力也有了。

他认为自己身为大丈夫，薪水得在妻子之上才算有面子。鉴于泰勒是世界上片酬最高的女演员，他只好希望自己成为世界上薪水最高的男演员（但是他一直没有达到这个目标）。他真正挣到钱的时候最喜欢做的一件事就是送给泰勒礼物，送给泰勒她喜爱并且珍藏的贵重礼物的时候，理查德会感受到无比的幸福和成就感——甚至比得到礼物的泰勒还开心。

说到这里，每个人都可以看到他们在拼命奋斗和疯狂挥霍方面有共同语言，但是他们俩还有一个共同之处，是一般人没有注意到的。

他们在一起的第三个最舒服的地方，就是他们非常重视钱，而且非常喜欢理财。

自从在《埃及艳后》中相识后，众所周知，那部影片没有成功，而且公认令他们的演艺成绩倒退了许多年，在公众谴责中成了"票房毒药"。虽然 20 世纪福克斯电影公司为了这部影片几乎破产，但是泰勒仍然通过打官司胜利地得到了 300 万美元的酬金，

理查德虽然是穷人家的孩子，但他不是个吃软饭的小白脸，他有目标，现在娶了泰勒，连动力也有了。

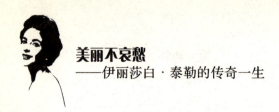

影片《驯悍记》中，两个"疯狂"的人终于结成了夫妻

同时她还拥有着《环游地球八十天》所有权的 40%。而且泰勒的老东家米高梅电影公司非常愿意同她继续签约拍摄新片《春风无限恨》，片酬也是 100 万美元；合同上还保证支付影片发行后毛利润的 10%，等于每个星期又有 4000 美元的收入属于泰勒所有。那时候泰勒已经成了一个不可忽视的十分富有的女人。我们不得不承认，泰勒很会签合同。她签下的条款既有长远考虑，又能保证眼前的利益。

他们开始一起致力于管理财产，保护他们收入的巨资在几年中不受任何的损失。

理查德投资加入了大西洋制片公司，几乎同时泰勒也加入了星际电影制作公司。这期间，泰勒还做了一个重大的决定，就是放弃她的美国身份，追随丈夫成为一个英国人。这是因为作为演员，侨居英国要比在美国享受更好的纳税优惠，这样她就可以省很多钱。在当时的美国，对于高收入人群按极高的税率征税。罗纳德·里根——也就是后来的美国总统在 20 世纪 40 年代到 60 年代期间也在忙着闯荡好莱坞，并且成功当上了二流小明星，他在自传里面提到，在好莱坞混得最好的时候，国家对他的收入实施的税率是94%，也就是说，每挣到100美元，就要交给国家94美元。即使是对于未来的总统来说，这样的刺激也是很大的，以至于他在自己的总统任期内一直推行税制改革。里根说，只有调低税率，才能让人们热心工作，才能实现美国的经济复苏。可想而知，对于泰勒这样的超级明星来说，要交的税额有多么可怕了。

为了尽量低调，泰勒在巴黎一个旅馆的房间里签署了所有有关移民英国的协议文件，私下完成了变更的全部过程。在这个过程中，她既没有去美国大使馆，也没有在公开场合宣誓。她不想再次引起公愤，因为还在拼命交税的公众们会认定成为英国公民就意味着放弃对美利坚的忠诚（她发现自己所做的许多选择都会引起莫名公愤）。

归根结底，就是4个字：积攒实力。泰勒和理查德都是穷苦出身，在他们看来，只要有足够的实力，就可以做"大爷"。他们奋发图强，希望成为演艺圈的超级"大爷"。对这件事，泰勒是这样解释的："我侨居英国，放弃美国国籍，这不代表我不爱美国，只是因为我更爱我的丈夫，我依然爱着美国，但是我更爱英国。"

的确，她爱美国，特别是好莱坞，那是她成长和成名的地方；但是英国更可爱。

泰勒成为英国公民后，马上看到了英国更可爱的地方：之后的几年中，她出演的每一部影片的报酬都在100万美元以上（还要加上毛收入的分红和每月4000美元的生活费）。当然，理查德也没闲着，他也是收入不菲。泰勒和理查德一起拍了12部片子，

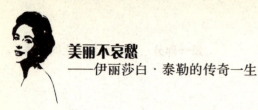

影片的酬金再加上电影的分红，一共 5000 多万美元。

理查德，这个穷人的儿子，他最梦寐以求的事情，终于在泰勒的帮助下实现了，那就是成为一个大富翁。他们商量后把这笔钱存入了瑞士银行，因为在那里他们就不用向政府缴纳收入所得税了。

这两个识时务的"财迷"夫妻在这段膨胀期里，虽然演技没有明显的进步，但是他们矛盾很少，他们边拍戏边赚钱，度过了婚姻中既浪漫又实际的时光。对于穷人出身的人，光有挥霍是不够的。

泰勒和波顿共同出演了 12 部电影，银幕上热力四射：《浮士德游地狱》《一代情侣》《驯悍记》《孽海游龙》《谁怕维吉尼亚·伍尔夫》《牛奶树下》《奇男奇女奇情》《春风无限恨》《埃及艳后》《城镇游戏》《安妮的一千日》以及具有爆炸性效应的电影《富贵浮云》。当时，这对夫妻在影坛的号召力还是无人可及的。演舞台剧出身的理查德擅长古典文学类型的电影，他们合作的电影中有相当一部分属于这一题材，由此可以看出泰勒对他事业的帮助。两人在 1983 年还一起演出了舞台剧《秘密生活》。

这是影片《驯悍记》中华服显贵的一对　　彼此驯服后，在名利场上配合得
　　　　　　　　　　　　　　　　　天衣无缝

1969 年，他们已经结婚 5 年，却依然爱得热火朝天。

这一年，理查德·伯顿为伊丽莎白买下了一颗重 69 克拉的世所罕见的梨形大钻石，这就是最著名的"伯顿—泰勒钻石"，它成为"世界上最著名的夫妇"的爱情见证。当泰勒在伯顿的陪伴下，佩戴着"伯顿—泰勒钻石"出现在社交场合时，她就像女王一样光芒四射，不可一世。

然而，等到这对"世界上最著名的夫妇"度过了甜蜜期（相当长的甜蜜期），卸下了彼此的防备后，就开始无法互相容忍了。他们常常喝到烂醉，动不动就公开向对方破口大骂甚至动手。他们的个性同样暴躁，同样激烈如火，感情就像他们手中的一把双刃剑，而生活中各种摩擦都会成为导火索，一时间之间战火纷飞。

他们像国王和王后一样出行（《驯悍记》）

估计在打斗中泰勒吃了不少亏，首先是她的身体太丰满，胳膊就显得很短，这样当她咬牙切齿挥手打人的时候，就只见两只小胖胳膊在空中乱舞，却打不到对方。特别是当理查德·伯顿抱起她的时候，她就只剩下挣扎了（看起来有些卡通），具体情形可以参见他们合演的《驯悍记》。

而《谁怕维吉尼亚·伍尔夫》则是这种生活的真实写照。整部电影都是泰勒和理查德的对手戏，他们演得朴素、泼辣，向观众展现了一种混乱的生活，这种生活中夹杂着残忍和悲哀，许多地方让人看了心酸。许多粗俗的台词都来自伯顿与泰勒的真实生活。他们都不甘心变老，都在挣扎着对抗时间的消磨，寻找新的快乐，寻找生活和演艺事业的突破点。

泰勒和伯顿在影片中扮演的教授夫妇在空虚和逃避中迷失了方向，他们彼此诅咒，大打出手，做出各种怪诞的行为。但是当人们凝视银幕时，仍然会发现他们之间——或者说就是泰勒和伯顿之间深深的爱。在每一个镜头中，他们的表情、眼神、动作中都流动着默契，配合得像连体人一样和谐。他们习惯并且强烈地需要彼此的伴随，仿佛一刻也不能分开。但是与此同时，两个人同样强烈的性格却总是发生激烈的冲突，对彼此造成入骨的伤害。这样的情景不能不令人动容。

《谁怕维吉尼亚·伍尔夫》是当时有史以来票房收入最高的黑白影片。

让他们没想到的是，这部影片竟然获得了10项奥斯卡提名。伯顿因为成功地演绎了无能的男主角乔治，获得了奥斯卡最佳男主角提名，泰勒增肥25磅，扮演了一个满嘴粗话的猪样中年妇女，竟然再次拿到了最佳女主角的小金人。上次获奖是演荡妇，这次是多长了25磅肉的荡妇，她这个"正正经经"的大美女老是这样拿奖，也是有些荒唐。

增肥扮丑后的泰勒依然迷人，她在电影《谁怕维吉尼亚·伍尔夫》中的表演再次征服了奥斯卡的评委们

观众真的为她的精湛演技所折服，因为她把影片中脾气急躁的玛莎演绎得淋漓尽致。某种程度上，这就是本色出演，不知道算不算是因祸得福。

泰勒认为她的丈夫理查德·伯顿那才是真正的上乘表演。她从各种渠道打听到，理查德也因《谁怕维吉尼亚·伍尔夫》获得 1966 年度奥斯卡最佳男主角的提名。泰勒心中窃喜，这要是夫妻双双把奖得，手拉手地把家还，岂不是成了佳话——夫妻共同拿奖，这在好莱坞的历史上也是没有的，说不定这就是个创造历史的奇迹之夜。

喝酒等候顶级幸福的降临（《驯悍记》）

当然，她也想过，就算是不能双双得奖，伯顿无论如何也是该得奖的，论大小个也该轮到他了。泰勒早就得过奖，也不是太喜欢这部影片，她对自己得奖与否无所谓。

泰勒先是听到自己再次获奖的消息。她兴奋地品着酒等待着。接下来就该公布最佳男主角了，泰勒满眼都是幸福的小星星，她憧憬着伯顿身披金甲圣衣，脚踏七色云彩，一个跟头翻上台捧起小金人，领完奖一高兴再送她一颗大钻戒。

然而传来的消息仿佛给她当头一棒，眼中美丽的小星星变成激光鸟到处乱飞。颁奖嘉宾温柔地宣布："最佳男主角是……保罗·斯科尔菲德。"她真想把杯中尚未喝完的酒泼到评委脸上，再捏碎手中的杯子一并扔过去。理查德这次还是与小金人有缘无分。眼看到手的顶级幸福就这样泡汤了。

要知道，伯顿是第五次被提名了，而且这次他演得太精彩、太出色了。泰勒愤怒了，这群学院派的评委的视听系统出毛病了吗？这明明是冷落她的丈夫。为了表示这种不满，泰勒决定不见记者，不回答问题，连自己获奖的感谢电报也不发。当然，她得的奖还是要去领的。

其实，奥斯卡的评委们也真不是吃闲饭的，他们的眼睛是雪

泰勒满眼都是幸福的小星星，她憧憬着伯顿身披金甲圣衣，脚踏七色云彩，一个跟头翻上台捧起小金人，领完奖一高兴再送她一颗大钻戒。

亮的。凡是完整看过影片《谁怕维吉尼亚·伍尔夫》的人都可以感觉到,泰勒在其中的表演可说行云流水,挥洒自如。理查德的表演也有别于他的其他作品,但与泰勒相比,还是有些呆板,不够流畅。

影片中理查德和泰勒打得天翻地覆,生活中他们却打累了。

这个时候,泰勒身边出现了一个追求者——韦恩·伯格。他是一位二手车的商人。当泰勒跟理查德之间有矛盾、不开心的时候,伯格会从心理上、生理上带给她安慰。

1973 年 11 月,泰勒在一次体检中发现卵巢上有个肿瘤,而且被怀疑是恶性的肿瘤。她马上让医生安排手术,把肿瘤切除。第二天,手术进行得很顺利,最值得庆幸的是肿瘤是良性的。

伯格为了追求泰勒,在泰勒的手术休养地拉荷华亚斯特里普斯医院租了一个套间,紧挨着泰勒的房间。这样他就可以天天陪伴泰勒。他买了玫瑰花送给她,还准备了橄榄球比赛的门票,计划在泰勒康复之后一起去夏威夷度假,同时真正成为她的情人。总而言之,这是一枝长在墙边的、含苞待放的红杏。

这个时候,理查德正在帕尔海默拍电影。当他听说泰勒有可

在众目睽睽下吵架(《驯悍记》)

爱他,又想撕碎他(《驯悍记》)

能患恶性肿瘤而且做了手术的时候，马上放下拍摄工作乘飞机去看望她，生怕去晚了见不到自己最爱的女人。他连续坐了 11

在电影《驯悍记》中，两个人都像没长大的孩子，偷偷窥探对方的秘密

个小时的飞机，穿越北极圈，筋疲力尽地赶到泰勒身边。当他推门进入病房的时候，见到伯格正亲热地陪伴在泰勒身边，理查德对他没有半句责怪，只是和和气气地让他先出去。

　　和病床上的泰勒独处的理查德虽然累得脸色苍白，精神却不错。他把一只 38 克拉的钻石戒指戴到泰勒的手上，并温柔地责怪她："傻瓜，怎么把自己弄成这样？"泰勒眯着眼睛说："麻子脸，你怎么来了。"仅仅两句话，两个人就再也分不开了。理查德要了一张紧挨着泰勒的床，照顾着泰勒度过了他们结婚以来最甜蜜的一晚。

　　第二天，他们又一起度过了 1973 年的圣诞节，像两个小孩子一样手牵着手，有说有笑的，十分幸福。

　　那个伯格呢？对不起，忘记了。

　　理查德根本没有把伯格放在心上，他认为伯格只是泰勒在寂寞的时候用来充实生活的人，不会留在心里，更不用说挑战他们十多年的默契了。

　　理查德还为这事儿调侃说："我敢肯定，对于泰勒的需要，韦恩·伯格的能力会在还没达到预期效果的时候就不行了，就像他卖的那些二手车一样的不中用。"

　　理查德是真正了解泰勒的人，正如他所料，泰勒不爱伯格，

跟他交往只是为了在理查德不在身边的时候，得到关怀和照顾；而且理查德知道泰勒不是一个优柔寡断的人。他果真没有看错。过完圣诞节，泰勒就明确向伯格表明了自己的态度，让他不要再对自己抱有任何的希望，因为她只爱理查德，不可能爱上任何人。

理查德·伯顿就这样不战而胜，轻而易举地赶走了这个第三者。

当泰勒四十多岁的时候，许多观众厌倦了她和理查德两个人总是一起出现在银幕上。同时，许多新生力量进入影坛，对他们的演艺事业也产生了很大的冲击。多年的演艺生涯需要他们像太阳一样没完没了地释放激情，当然积累了疲倦和沧桑，两个人都承受不住工作的压力，开始酗酒（说自己是太阳的尼采反正最后是疯了）。

最初相恋的时候，饮酒是他们的一大乐事，然而到了这个阶段，饮酒真正成了他们之间争吵的导火线。

理查德曾经多次尝试戒酒，但还是每天沉迷在酒精的陶醉中，昏昏沉沉。为了帮他戒酒，每当他出去点酒的时候，泰勒就私下嘱咐酒吧侍者把酒换掉，换成柠檬水之类的温和饮料。但是理查德·伯顿用偷偷给侍者小费的方式还是可以喝到酒，破坏掉自己的戒酒计划。

当泰勒发现理查德喝柠檬水也会烂醉如泥的时候，她气得大骂侍者："混蛋，我告诉过你们别让他喝酒，这样会害死他！"

泰勒的坚决带给理查德很多力量，他们在一起的时候，理查德最后一次戒酒坚

> 理查德·伯顿就这样不战而胜，轻而易举地赶走了这个第三者。

他们同是演员，在一起度过最快乐的时光。他们真诚地相爱着，并且一起面对事业的瓶颈和衰老的困扰（《谁怕维吉尼亚·伍尔夫》）

持了 140 天。这对他来讲是多么的不容易。但当时泰勒也到了承受的极限，戒酒中的理查德总是烦躁不安，不但无法帮她疏解情绪，还需要她的帮助。泰勒陷入了深深的困惑与忧郁。她顶不住压力了，于是她也拿起了酒杯，开始酗酒。

理查德狂饮后傻笑（《驯悍记》）

学坏的时候，榜样的力量是无穷的。这个时候的伯顿本来就焦渴难忍，当他看到泰勒——他最爱的人以及他戒酒的唯一约束力量，在他的面前开始喝酒的时候，他的理性崩溃了，再次破了戒。这以后他喝得不省人事，再也没能恢复正常而清爽的生活。

尽管他们都同样沉溺于酒精的麻醉之中，应该对彼此关系的破裂承担相等的责任，但是理查德不想破坏泰勒的形象，他拒绝透露任何有关泰勒酗酒的信息，并且对泰勒的所有攻击他的言论都没有采取任何的报复。离婚后也是如此，他在保护着泰勒。

理查德·伯顿曾经这样说过，他爱泰勒，不管她胸部下垂得多么厉害，他都会一如既往地爱她。谁都能感受到他的真心。然而，结合 12 年之后，他们终于声称生活无法继续，宣布离婚。伯顿说："我们爱得太激烈，最终我们两个都筋疲力尽了。"

我们相信他说的是真话，无论如何，他们共同燃烧了 12 年之久的光阴，把一切都与对方联系在一起，在培养了深深的默契的同时，还尽力带给对方正面的力量与激情。

14 个月后，他们试着重拾旧情，又在博茨瓦纳秘密复婚。尽管他们都知道自己还爱恋着对方，但长相厮守对他们而言仍然是一种折磨，次年，理查德·伯顿在拍戏的时候结识了比他小的女演员苏西·亨特，并产生了恋情。

多年的演艺生涯需要他们像太阳一样没完没了地释放激情，当然积累了疲倦和沧桑，两个人都承受不住工作的压力，开始酗酒。

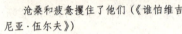

沧桑和疲惫攫住了他们（《谁怕维吉尼亚·伍尔夫》）　　理查德失去了前进的力量（《谁怕维吉尼亚·伍尔夫》）

　　此时的泰勒最讨厌离婚，她的离婚次数用一只手已经要数不过来了。但事到如今，不离婚也不行了。坐以待毙不是泰勒的风格，而且最重要的是，泰勒不喜欢不完整的爱情——要就要全部，不然不要。这一回，泰勒选择首先提出分手。这对恋人就这样再次分道扬镳了。

　　对于一般的女人来讲，这种年龄被抛弃一定会是一个致命的打击。可是这个不再年轻的美妇，接下来的表现是伯顿做梦也没想到的——他的这次离开（算起来是第二次）成就了一个议员夫人——泰勒不久后就嫁给了参议员约翰·W.华纳（全名是约翰·威廉·华纳），成了明星出身的议员夫人，她几乎不动声色地完成了这次转折。这在好莱坞历史上也是少有的，许多人的命运因此改变，新的历史即将开始。

　　泰勒和伯顿之间多年的感情和牵绊使得他们的最终分离带来了巨大的伤害，就像一对连体人终于接受了分割手术。泰勒在参议员华纳的伴随下渡过了这道关口，理查德却几乎在这次灭顶之灾中一蹶不振。他离不开泰勒，当泰勒带着自己的未婚夫、他带着情人一起吃饭时，他依然无法克制地在桌子底下紧紧拉着她的手。

此后，泰勒和理查德·伯顿还有过一次值得记述的相聚，也算是他们最后一次握手了。那是时隔几年，泰勒的《小狐狸》在戏剧界引起轰动、再次大获成功的时候。泰勒 50 岁的生日准备在伦敦度过，当时她的舞台总监为她准备了耗资 5 万美元的生日宴会。就在那天上午，伯顿从意大利打来了电话，并告诉泰勒，他正好也去伦敦参加一个朗诵会，问泰勒他是否可以提前一天来参加她的生日宴会。

这时他们已经离婚 5 年多，很久没有通电话了。泰勒沉浸在惊讶和幸福交织的情感中，片刻后毫不犹豫地答应了伯顿。想到马上就要与老情人相见，虽然多年前爱情的缠绵和你对我错的争斗都还是历历在目，但她觉得这已经不再重要。

正所谓世事如棋、乾坤莫测，当她生命中这个让她又爱又恨的男人再次站在她面前的时候，她简直没法相信自己的眼睛。那个无拘无束，高大威武的"安东尼"变成了一个很衰的老男人：他不但脸色苍白，而且脸上布满了皱纹，所有的沧桑都不加隐藏地写在那上面。他身着一件皮夹克，显得非常凄惨，看上去他的年龄远远不止 56 岁了。几年时间，有人长大，有人成熟，有人一蹶不振。

但理查德·伯顿还是那么霸道，他非常受不了泰勒身边的朋友和工作人员（也许是出于嫉妒，嫉妒他们一直在泰勒的身边）。他跟泰勒一见面就用命令的口吻让那些人"滚出去"。泰勒太想伯顿了，也没在意那么多。这个时候，她看不到伯顿的缺点。她马上让这些朋友们都离开，然后心酸地

> 泰勒和伯顿之间多年的感情和牵绊使得他们的最终分离带来了巨大的伤害，就像一对连体人终于接受了分割手术。

衰老的理查德·伯顿（《谁怕维吉尼亚·伍尔夫》）

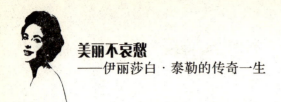

看着伯顿，说道："伙计，你瘦了。为什么不吻我呢？"于是他们亲吻了。泰勒兴奋地眨着眼睛说："真无法相信，隔了这么久，我们还会发生这样的事情。像是做梦一样。"伯顿后来回忆的时候说："伊丽莎白是一个可爱的、甜蜜的、美妙的传奇女性，而且仍然是一个风骚的小女人。"此时的他们仍然相爱着。

泰勒永远是无条件支持爱人的，为了让伯顿重振雄风，她马上安排参加了他在约克公爵剧院的朗诵会。虽然只是个朗诵会，让人意想不到的是，当泰勒出现在剧院的时候，人群里爆发出热烈的欢呼，人们完全忘记了朗诵会的主角是理查德·伯顿。这场面让伯顿始料未及，他终于意识到他已经失去了自己的位置，而泰勒才是当红的明星。

戏剧出身的伯顿，一辈子也没在舞台上得到电影明星泰勒的《小狐狸》那样的成功，更没卖过1万美元一张的票。

不管观众如何看待伯顿，在泰勒心中（也只有在泰勒心中），理查德·伯顿还是那个可以把她扛在肩头，送她"伯顿—泰勒钻石"，同她一起疯狂挥霍享受生活的火一样的恋人，仍然会用排山倒海的气势给她带来爱与激情。所以，泰勒表示愿意跟伯顿破镜重圆，第三次走上婚礼的殿堂。

她没有想到是，此时的伯顿已经老了，他在跟泰勒分开后百病缠身，早就没有了当年的气魄，再也燃烧不起当初的激情了。他为泰勒结束跟约翰的婚姻而高兴，但是他表示不会再同泰勒结婚了。泰勒再婚的议员丈夫一直让伯顿耿耿于怀。他们离婚后，伯顿只找了一个小演员，而泰勒的这任老公无论年龄、身份还是地位都能绰绰有余地把他比下去。

得知伯顿没有同意再次与泰勒结婚时，新闻界认为：伯顿是

> 戏剧出身的伯顿，一辈子也没在舞台上得到电影明星泰勒的《小狐狸》那样的成功，更没卖过1万美元一张的票。

个喜欢炫耀的老演员，所以再狼狈的事情也会让他做得冠冕堂皇的；理查德·伯顿与伊丽莎白·泰勒的这次会面，完全是他知道自己的演艺事业不景气而特意安排的，为的只是利用泰勒的名气来宣传自己。

泰勒的许多朋友也是这样认为的，他们觉得泰勒被利用了，都为此非常气愤。

只有泰勒没有这样想。理查德是她一生深爱的男人，她愿意为他做一切，不管是不是再婚（他们又不是没结过婚）。而且她了解理查德，她斥责新闻媒体曲解了他。

理查德在这一次见泰勒后就再也没有什么大的作为了，他一直压抑着自己，没怎么笑过，两年后他终于笑了——含笑九泉了。

对理查德来说，不可否认泰勒是他一生的至爱。他不是不想再跟泰勒复婚，而是不敢。当爱情历尽桑田沧海的时候，泰勒仍然有勇气去爱，但是理查德畏惧也退缩了。他已经走到了夕阳无限好的境界，而泰勒还是如日中天。试问再次结婚，他带着泰勒归隐田园吗？远走天涯吗？重新手拉手勇闯娱乐圈吗？

理查德最初离开泰勒的时候，他说他自己没法活下去，于是他又回到了泰勒的身边。他最后一次离开的时候，大家取笑地问他怎么活。他也开玩笑说：宁愿死也不用再结婚了。

没想到他真的如愿以偿了。

理查德在跟泰勒这一次见面后一直不开心，即使回到家中，晚上也总是一个人喝酒。他早已与苏西·亨特离婚。而他的现任妻子萨利·海伊也发觉理查德仍然活在对泰勒的回忆中。特别是酒后总是对着她喊"伊丽莎白"。当时泰勒和迈克尔·杰克逊已经成为密友，有一段时间住在瑞士，距离理查德的家很近。泰勒也

在家中存放着与理查德一起的所有照片，虽然每次看到的时候还会痛苦，但她始终舍不得扔掉。

1984年8月的一个晚上，理查德独自一个人在离家不远的咖啡馆里喝酒到天亮。他对一个偶然碰上的熟人说："我从来没找到比做伊丽莎白的丈夫更快乐的事情。"当人问他是否还想念泰勒的时候，他流泪了："我无时无刻不在想念她。"当晚，他在醉意中回到家，睡觉前在一张便笺上写道："到时候了，我们的狂欢结束了。"他闭上了眼睛，就再也没有醒过来。他出现了大脑出血，第二天他就去世了。

理性的分析，他跟泰勒在一起的时光，泰勒不灭的热情，泰勒对生活的疯狂欲望，都是他们青春的象征。甚至泰勒跟他吵架时挥舞的小胳膊、发威时像猫一样凶狠的眼神，都带给他灵感和激情，是他不能忘怀的，也是别的女演员给不了他的。

泰勒的远离无疑宣告了他勇者无畏的艺术辉煌阶段的结束，他输给了时间和自己。而作为一个演员，这段时光的完结也就意味着他的人生已经彻底结束了。

他的一生如此努力，可是当将近终点时，这个曾经充满力量、热情，拥有无限可能的男人已经耗尽了所有的力量。令人想起那句"自古英雄如美人，不许人间见白头"。

无时无刻不在想念她，可是狂欢结束了（《驯悍记》）

泰勒知道消息后彻底地绝望了，她意识到她的浪漫从此真的结束了，而且从来也没有人占据过同理查德·伯顿一样的地位。泰勒希望可以参加理查德的葬礼，她要送一送这个让她爱恨交加，最后娶了别的女人的男人。可是萨利不同意泰勒来，担心会出现骚乱或者发生愚蠢的事情。况且她跟理查德只有不到两年时间在一起，她憎恨那个曾经与理查德共度多年时光，同享良辰美景的泰勒，憎恨他们之间不变的爱。直到葬礼的前一天，她仍然不同意泰勒到场。

但是，在最后一刻，萨利突然后悔了，她给泰勒打电话，告诉泰勒欢迎她到来，也许是突然体会到了丈夫的心情吧。但是，泰勒已经来不及去了。8天后，泰勒才跪在了理查德坟墓的前面。大约有100人来到这里欢迎泰勒，这个晚上，理查德的邻居们为泰勒唱起了小夜曲。泰勒含泪说："我很幸福，我有回到家里的感觉。"泰勒对着理查德的墓说："我们肯定有一天会再复婚的。"

泰勒在与理查德的这两次婚姻中，可以说付出了真正的感情。可以看出，她不是那种通过一次又一次的嫁人来改变自己平凡命运的女人（张爱玲笔下有许多那样的女人）。正好相反，她天生懂得赚钱，又不怕麻烦，喜欢理财，这让她一生不缺钱花。所以她嫁人，是为了寻找幸福，她相信爱情，不拒绝平凡人的幸福。对于她来讲，每次再婚就像是在补考，她希望通过再婚来改正缺点，弥补上一次的不圆满。人过中年的泰勒，在经历过许多婚姻的变故后说："我根本不合适结婚，如果我再谈婚姻你们就扇我的耳光。"事实上，"扇她耳光"这种事情根本影响不了她再结婚的。

第七次婚姻
参议员约翰·W.华纳——与政治牵一次手

在与理查德·伯顿复婚一年后，泰勒无法忍受伯顿的拈花惹草。

理查德·伯顿身边有了一个 27 岁的温柔情人苏西·亨特。苏西的性格跟泰勒不同，而且某种程度上正相反，理查德甚至想为了苏西戒酒。泰勒觉得这种想法本身就是对她的侮辱，证明这段婚姻已经名存实亡。婚姻是两个人的，既然有了第三者的存在，也就没有了和解的意义，就算是理查德的"个人兴趣"也不行。

她再次提出离婚。她的作风和以往一样：维护自己的利益，谈钱不伤感情，必要时让法院帮忙。

1976 年，泰勒的离婚申请得到了法官的批准，这段始于《埃及艳后》的情感画上了休止符，并最终成了终止符。

每次泰勒婚姻失败，她都会重回影坛，重新塑造自信。或者，回到爱她的朋友那里去疗伤。但这回有些出人意料，她的习惯被打破了（虽然养成这个习惯不容易，但是习惯就是用来被打破的）。

泰勒突然接到了美国国务卿基辛格的盛情邀请。在 1975 年，泰勒和理查德曾访问过以色列，他们认识了基辛格夫妇。国务卿基辛格对理查德和泰勒都非常赏识。于是这一次，他邀请刚刚离婚的泰勒到肯尼迪中心参加活动。

不得不承认泰勒是个很会把握时机的女人，借着这次活动，她与伊朗驻美大使传出了恋情。这可吓坏了保守的伊朗国王，亲自拍电报制止了这一关系。要知道，在泰勒的第三任丈夫迈克尔·托德去世后，她第一次出现在公众场合就与艾迪·费舍尔开始了恋情，

维护自己的利益，谈钱不伤感情，必要时让法院帮忙。

并且在反对声浪中结婚了。在产生了爱情的前提下，她什么都敢做，也真做得到。

不过，这些都只是花絮和铺垫，真正的大手笔还在后头。

1976 年的夏天，泰勒回到加利福尼亚。这段时间里，她不知不觉地做了许多与政治相关的事情。她开始热心于支持民主党人竞选总统和议员。其中包括在 7 月 8 日，她又前往华盛顿，去英国大使馆参加美利坚合众国独立 200 周年的庆祝活动。

一般像这样的宴会，每位受邀请的宾客身边都会有一个重要的陪伴人。但是当时泰勒没有丈夫，连情人也没有。她打算带着自己的理发师做男伴，如果在国宴上有人问起这位男伴的身份，就如实介绍说是理发师。这方面她一向挺实在的，没有就是没有。

于是这时候，有位英国驻美大使拉姆斯·伯顿向泰勒推荐了一个人，他认为这个人非常适合跟泰勒一起出席这样一个庄重的宴会。这个人就是约翰·W. 华纳。

拉姆斯·伯顿就这么无意中成了伊丽莎白·泰勒和约翰·W. 华纳的大媒人。

约翰·W. 华纳，共和党人，当时正准备竞选参议员。他曾担任过美国海军总长，帮助尼克松和福特两位总统竞选成功。同时，他也是此次庆祝美利坚合众国独立 200 周年活动的筹备委员会的发起者。

高大健硕的约翰，有着充满贵

泰勒与约翰·W. 华纳在一起

美丽不哀愁
——伊丽莎白·泰勒的传奇一生

族气质的脸庞和从军多年练出来的迷人身材。在他们见面的这场周六的国宴上，他整个晚上都没有离开过泰勒身边，他与她共同分享了庆典的一切繁华。之后，他们就一起去跳舞，并且喝酒一直到第二天天亮。

然后分开几个小时以后，约翰又找到泰勒，这回他直接就把她带回了他在阿托卡的农场，堕入情网以及发展的迅速程度在泰勒的丈夫中也是数一数二的。（这回两个急性子算是碰到一块儿了。）

这座农场位于弗吉尼亚州的米德尔堡，占地 2700 英亩。这儿还有一所带温泉游泳池的私人别墅。约翰·W. 华纳结过婚，前妻是富翁保罗·梅隆的女儿凯瑟琳·梅隆。但是早在 1973 年，他们就离婚了。3 年来他一直在寻找适合自己的伴侣。遇到了泰勒，他简直如获至宝。

约翰非常喜欢泰勒，也很喜欢在朋友面前炫耀泰勒这个大明星女朋友。他想就在这个农场赢得泰勒的芳心。他婉转地勾引泰勒说，他是个不安分的单身汉（此人擅长用婉转的方式直奔主题）。

几天以后，就在这个农场里，约翰向泰勒求婚了。他希望泰勒成为这座豪华别墅以及农场的尊贵的女主人。

泰勒观察约翰，他不仅长得很像哈里森·福特，而且有健康的生活习惯，非常懂得养生之道。他爱骑马，爱打网球，一言一行都反映出传统的价值观，他是西部片里那种地道的美国人。

约翰先是对着泰勒讲述自己的政治抱负，他告诉泰勒自己想尽力得到共和党 1978 年 6 月的会议的提名。泰勒对他的话十分感兴趣，每次都睁着大大的眼睛认真地听着，并且热切地向约翰学习如何能最快速度地进入政治生活。她很愿意支持约翰参加竞选。也许当男人专注于某件事情的时候，女人的灵魂就会在瞬间

1 英亩 =4046.8564224 平方米

· 154 ·

为他震撼。(当然，不会永远震撼，特别是对泰勒来讲。)

约翰决定以一名朴素的农场主的身份参加参议员竞选。

泰勒觉得这件事情太有挑战意义了，她特别愿意成为约翰这个农场主的妻子。

泰勒感到，自己发现了一个新的舞台。这次是真实的生活，她演的不再是别人，不是《郎心如铁》中的安吉，也不是《热铁皮屋顶上的猫》中的麦琪，而是她自己——伊丽莎白·泰勒。这是她遇到的所有角色中，最有吸引力的一个。

这个时候的泰勒历尽磨难，已经是个坚强的女人（《热铁皮屋顶上的猫》）

为了演好自己，她努力调整生活方式，以适应政界的名利场。

约翰许多保守的朋友非常不看好泰勒，一些政界的巨头更是严厉地警告他，要是跟泰勒结婚，有可能会导致政治生命就此完蛋。约翰恰恰不这样认为，他不是一个胆小的人（不然泰勒也不会看上他）。他毅然决然地说："如果必须让我在爱情和政治间做选择的话，我宁愿选择泰勒而放弃政治生涯。"

约翰对爱情的宣言不但感动了泰勒，还立刻在选民中树立了他新式勇敢者领导人的形象，实际上对他是十分有利的。

泰勒配合约翰的政治活动，接受了约翰的许多建议，在服装和生活方式上都做了妥协，不再穿一些袒胸露背的衣服。她甚至答应约翰的要求，减少了购买钻石和珠宝的开支，并且在烟酒方面克制自己。

做政治家的妻子，对女明星来讲是非常有难度的，即使是行为保守的女明星。

美丽不哀愁
——伊丽莎白·泰勒的传奇一生

泰勒知道自己要什么，没有什么可以阻止她（《热铁皮屋顶上的猫》）

但泰勒是喜欢面对变化的，她最喜欢尝试新鲜的事情，对她来说，只是改变而已，没有什么是不可能的事情。

约翰没有犹豫，这一年10月10日，他跟泰勒正式宣布订婚。在这次婚姻里，泰勒和约翰都是单身，合理合法，再也不用接受道德法庭的谴责——当然他们也不怕谴责。

约翰跟泰勒还用"美国式的思维"与成年人的理智签下协定，保证他们的孩子可以继承他们各自的财产，他们则部分享有彼此的财产。

在此期间，发生了一个小插曲。

泰勒在维也纳的时候，突然出现了众多的摄影记者，他们疯狂地跟踪泰勒，无礼地问这问那。泰勒被记者的行为气坏了，她大发脾气。

后来，她才知道那些记者跟踪她的原因是，理查德与苏西·亨特（再不提，就要忘记她的名字了）刚刚秘密地举行了婚礼。第三者一直是泰勒当仁不让的角色，这回让苏西抢了，这事确实对泰勒是个打击。每个年龄段都有不同的特点，第三者这种角色还是年轻点的占优势。

不过，泰勒自己也没想到的是，得知这一消息的时候她并不生气，她可以做到马上给理查德打电话，对他们的结合表示祝贺，还衷心地希望他们可以永远幸福。泰勒自己也奇怪，自己为什么变得这么的宽容和大方了。

理查德·伯顿却十分地不快，他心理上非常不平衡。他不同意泰勒的选择，声言说："政客是一种卑贱的职业。根本没有人可以明白它到底是不是有用。"——约翰是否是政客并不重要，重要的是，多少年来，泰勒用她的强悍、激情和柔软支撑着理查德的心灵，他根本离不开她。

这个小插曲让泰勒发现，她已经战胜了与理查德离婚所带来的痛楚。她不可能立刻把自己珍爱了十多年的理查德一下子从记忆中完全抹去，而且对他仍然心存牵挂。但是，这一次所选择的约翰的确给了她很大的宽慰。或许这就是政治家与演员的不同。

此时的泰勒不但可以从与理查德的婚姻中感受爱、感受恨，还感受到了原谅。

泰勒的朋友是这样形容约翰的："他可以减轻理查德在婚姻上给泰勒造成的伤痛。尽管他看上去像洗碟子的水那么乏味，但他不喜欢寻花问柳，对孩子有责任心，同理查德比，他还不错。"

约翰坚定地相信泰勒会成为一个政治家最好的贤内助。后面的事实证明，他没有看错。

他们首次作为一对政治夫妇出现在竞选现场，是在莱克星顿的弗吉尼亚军事学院的一次演讲。当约翰把泰勒介绍给广大官兵的时候，整齐的队伍顿时沸腾了，士兵们纷纷把头顶上的军帽摘下来抛出去，空中飞舞的帽子像礼花一样表达着他们对泰勒的热爱。一时间，广场上响起口哨与欢呼声，演讲还没有开始，就因为泰勒的出现掀起了从未有过的高潮。

婚后的泰勒义无反顾地投入支持丈夫竞选参议员的各种活动中，她利用名望为丈夫拉票，为了筹集竞选经费而作出各种努力，甚至卖掉了那颗著名"伯顿—泰勒钻石"。看来她是真的把理查

此时的泰勒不但可以从与理查德的婚姻中感受爱、感受恨，还感受到了原谅。

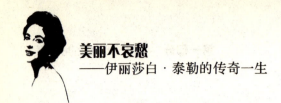

德·伯顿抛到九霄云外了。闻讯的伯顿一定深深体会到了他放弃了什么：不只是一个带走钻石的美女，还有一个女人对丈夫最有力的支持。这些都是温柔的第三者给不了他的。

在泰勒看来，金钱和钻石都很重要，但重要的原因不是因为它们可爱，而是它们可以为她所用，可以用来支持和关怀她生命中的重要的人。在她多少年来把那颗璀璨的钻石挂在脖颈上，对世人炫耀它的光彩之后的此刻；她完全能做到放弃它，然后用它的价值来支持身边的新爱人，并且营造更好的事业与生活。

泰勒跟着约翰不知疲倦地到处旅行、竞选、微笑、签名，大量的政治活动让她渐渐觉得受到太多的限制，多少觉得有些压抑。但是有丈夫约翰的理想和爱支撑着她，她是可以忍受这一切的。

在泰勒的全力支持下，约翰·W.华纳以1%的微弱优势竞选成功，成了美国的参议员。

人们常说，不是不明白，是这世界变化快。这位参议员先生在接下来的日子里变得越来越忙。而且，他似乎早把泰勒为自己所做的牺牲和付出抛在了脑后。他忘记了泰勒如何放下自己大明星的架子，如何穿着朴素的农场衣服去陪着他奔波。泰勒在成名以后，就几乎没有再给人们签名留念过。但是，为了给约翰拉票，她不得不耐心地面对狂热的影迷，不停地签名，回答记者稀奇古怪的问题，对着摄影机微笑。

他对泰勒的冷淡，让人怀疑他当时费尽心机追求泰勒的动机和目的究竟为何。很多人都觉得泰勒又一次被利用了。

泰勒还是跟别人想的不一样。她不是一个傻瓜牌的女人，更不会跟着别人的看法走。

> 金钱和钻石都很重要，但重要的原因不是因为它们可爱，而是它们可以为她所用，可以用来支持和关怀她生命中的重要的人。

爱约翰·W.华纳是她的选择，为这份爱情付出是她当时的需要。同理查德第二次分手的时候，约翰给了她关怀，同时也给了她释放能量的机会。也可以说她跟政治有了一段缘分——大家都能看出来，她有能力在政治舞台上立足。

但是泰勒不喜欢忍耐，不喜欢浪费自己的时间，她要活得有价值，付出的同时也是需要回馈的。

约翰给了她关怀，同时也给了她释放能量的机会。

这种回馈主要是男人的关爱和陪伴。金钱和礼物都处于次要的地位，因为此时的泰勒一点也不缺钱，甚至比大多数男人都富有。

她要荣华富贵，但也要温柔的爱抚和殷勤的呵护。她需要身边有人给予体贴和照顾，以及无微不至的关怀。她最不能忍受的是对她冷漠和忽视。

可以这么说，她会爱上一个足够爱她关怀她的男人，但无论一个男人多么有钱、有权力、有地位（比如说，美国的参议员），如果无法满足她心中那份对爱与关怀的渴望，那么她依然会选择分手。当回馈达不到她心中期许时，即使是参议员，她也会选择离开。

当然，泰勒不是一个很容易放弃婚姻的女人，而且约翰实质上也没有做什么大逆不道的事情。他只是总是工作、工作，对妻子泰勒不理不睬。这对一般女人来说，真的只是一件小得不能再小的事情。大多数女人会选择等待，在等待中告诉自己有得可等就是女人的幸福，正如千百年来男人们不断告诉她们的道理：每个成功的男人背后都有个女人。就这么等下去，总比当不成功的男人背后的女人幸福。

但是泰勒也明白自己做不了一般女人，她也尽力试过，但最后还是不行。

说到这里，约翰对泰勒冷落也是有他的原因的，那就是泰勒鲜明的反战立场和独立的女性思想。

伊丽莎白·泰勒自幼就因为第二次世界大战跟随父亲举家迁徙来到美国。战争留在幼小泰勒心中的不安全感和颠沛流离的童年记忆无法磨灭。她的初恋男友格林也是因为被征去参加朝鲜战争而错过了他们的姻缘——对一个正值幻梦年纪的花季少女来说，她最美好的爱情之梦也因为战争变成了梦魇。

可以想象，战争在泰勒心中简直糟糕透顶了。在华纳提出恢复征兵议案并仅限于男子时，泰勒公然站出来反对并表示不满。这件事成了他们之间传出不和的标志性事件。

时间可以追溯到 1980 年 2 月，华纳议员带着明星妻子泰勒来到马里兰，参加共和党举行的年度会议。就是在这个会上，泰勒对丈夫提出的议案不满地说："仅限于男子？我认为，如果妇女们能够的话，她们明天就会进入战场。"

没错，在人类历史上，尤其在欧洲文艺复兴时期，女性进入战场的情形并不少见，泰勒认为政府提出的议案是对女性的一种歧视也不无道理。但深谙政场的华纳可容不得妻子半点负面的反

他和泰勒在许多时候都患有选择性健忘症。

电影《夏日痴魂》中泰勒饰演一个受刺激忘记了过去的女主角

对，对于一个职业政客（说好听点是政治家）来说，政治生命有时比生命本身还重要。男人的实用与健忘在这时候冒出头来，他已经忘记自己好像郑重宣布过，比起政治生涯，他只想得到泰勒（他和泰勒

在许多时候都患有选择性健忘症）。

听到泰勒的观点以后，他公然说："我很遗憾，你对这个问题没有表决权。"

在后面的活动中，华纳选择不带泰勒一起参加。这点也是可以理解的，当个议员不容易，既然观点不同，当然不能再让泰勒有机会当众发出反对声了。华纳并非不爱泰勒，但是以泰勒率真的个性，既然各自的政治诉求已经不同，她就不适合陪伴他在政坛上露面了。

泰勒在孤独的时候会有些焦虑，就像在影片《一代情侣》中的表演

他不得不渐渐疏远她，这就是所谓的"不合适"吧。

当华纳为自己的政治生涯处心积虑运筹帷幄之际，被他冷落了的泰勒困惑了。

她不明白为什么自己可以为华纳改变那么多，而华纳还要误解她。其实不然。华纳什么都明白。也许泰勒为了做好一个政治家的妻子，甚至愿意为华纳做一些类似跑腿、打印文件的小事，但谁敢让她这样一个怀揣巨额身家的贵妇加美女做这种事？！不光大材小用，还会引起围观和声讨的。

她还不想放弃这段风云变幻的婚姻，但又无法摆脱空虚、寂寞的纠缠。她有她的需要，可是她的丈夫无视这一切。

那段日子，为了不让自己过分抑郁，她整日暴饮暴食，食物成了她发泄的对象，她心里只要想到把它吃掉把它吃掉，就会快乐许多。

她几乎足不出户。每次约翰·W.华纳回家的时候，都会看到一个胖胖的泰勒，嘟噜着脸躺在床上吃东西，床上到处都是

食物碎屑。约翰每次也只能叹口气离开家，再回到他的办公室继续工作。

在忍受了漫长而煎熬的 4 个年头后，1981 年的春天，他们终于"友好分居"了。就在当年圣诞节即将来临之际，他们对外宣布了正式分居（分居决定的正式发布时间是 1981 年 12 月 22 日）。

当消息被各大媒体刊登出来的时候，泰勒又一次住进了医院。这次，明眼人都可以看出她只是想过一个安静的圣诞节，因为医生找不出她的身体有任何的毛病。

也正是这一年，泰勒决定出演百老汇改编的戏剧《小狐狸》，其中有 4 个角色需要她一人饰演。当时的泰勒胖成四方形，除了那双眼睛依旧迷人（那其中蕴涵了太多的内容，像深海一样让人有探索的欲望），人们几乎看不出来她是泰勒了。为了重新找回失去的信心，她来到佛罗里达求医减肥。她找了个很好的健身减肥教练，从心理和生理双方面接受减肥中心的专业治疗。这个时候又可以看到一个拼搏中的泰勒了。

对泰勒来讲，做这个决定并不容易，嫁给华纳之后，她首先是一个政治家的妻子，其次才是一个演员，也就是说她必须在配合好政治方面的事情之后，才考虑去拍电影。娱乐圈本来就是一个新旧交替很快的地方，何况是在吞吐量巨大的好莱坞。她离开太久，早已不是超级大明星了。（光芒仍在，亮度欠佳。）

在婚姻期间，经过华纳的同意，泰勒倒也曾出演过一部《破镜谋杀案》。影片的酬金是 25 万美金。她在影片中是本色出演，没有花太多的心思，只是把自己现实生活中的体会带到角色中，反而得到了许多评论家的赞赏。

　　但是电影与戏剧区别很大，它们有不同的表达方式，甚至化妆的手法和展现自己的角度都是完全不一样的。

　　泰勒从没有上过表演课，没有学过一天戏剧。而且这时的她正处于低谷，胖得没人样。和中国人胖起来会变成球状不同，她这样的白种人发胖后是方形的，可能是因为骨骼结构不同。许多人都非常不看好泰勒，觉得她这个戏剧"门外汉"、前度明星不会给百老汇带来任何好处。

　　这里最值得一提的是创作《小狐狸》的剧作家丽莲·霍尔曼，她绝对是个奇人。丽莲的《小狐狸》从 1939 年在百老汇演出并且获得巨大成功以来，一直是由著名女星贝蒂·戴维斯担纲出演。几十年不曾换过演员，因为丽莲不同意。

　　但这次，丽莲·霍尔曼竟然无视半老的泰勒那肥硕的外表，直接相中了她的本性。丽莲认为，外表是可以重塑的，泰勒独有的风韵是出演戏剧《小狐狸》最合适的人选，而且她相信泰勒有勇气接受这次挑战。（真算得上独具慧眼。）

　　评论家又有事情做了，他们争先恐后地批评：丽莲·霍尔曼的决定是多么的荒谬，她是不是在哗众取宠？

　　泰勒又一次不负别人对她的期望。她落落大方，先是表示自己有决心在高手云集的戏剧舞台上得到人们的认可，然后认真地回赠那些不看好她的苛刻的评论家："我一生都在追求创新，这次更是不怕冒险。"

　　当然，也不是所有的人都反对泰勒的这一举动，她的丈夫华纳还是支持她的。他认为泰勒已经得过奥斯卡奖，既然电影世界的最高荣誉都已收入囊中，尝试一下戏剧也不是件坏事。从这点可以看出，华纳跟泰勒还是有共同之处的，他们都喜欢面对挑战，

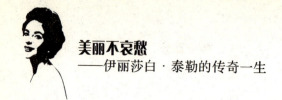

而华纳也的确具有男人的心胸。(不是一家人不进一家门，虽然在这门里的时间不是太长。)

经过一段时间的艰苦训练，泰勒终于减肥成功，重新变回苗条美丽。她在表演中凭借自己的直觉努力揣摩角色的心理，边学习边排练。等到6个星期后，《小狐狸》公演的消息发布的时候，剧院的海报前排起了长队，1万美元一张的戏票在几天内竟然全部销售完了。

对票房嗅觉敏锐的评论家们这时也不得不惊讶泰勒的影响力，开始表现出他们善意的一面。有些人还在报道中为泰勒欢呼："她的表演令人着魔，她像一块磁铁一样，吸引着每一个观众的眼睛！"

首场演出结束，观众们不是一般地认可泰勒的表演。他们集体起立，为她为复出做出的努力（减肥），为她的大胆尝试和全新演绎而鼓掌。

这件事在评论界引起了轩然大波，他们不得不承认丽莲·霍尔曼的好眼力，因为泰勒虽然口音不正，但是的确把《小狐狸》中那些粗俗而工于心计的人物演活了。

她的演出打破了百老汇所有的票房纪录。观众们喜欢听她讲那些台词，因为可以从中看到泰勒经历的过去，看到她多次在感情的绝望中挣扎，多次克服疾病的折磨，看到她从未认输，仍然把最健康最阳光的一面展现给观众，给大家带来力量和希望，这就是魔力所在。

观众们愿意花钱，因为他们愿意见证泰勒从青春到成年，再渐渐步入中年的变化；愿意同她一起去面对困难，从而体会人生的无常和时代的变迁。这也正是泰勒永远拥有着她的观众的原因：

她几十年如一日地活跃着、充满热情地生活着；聚光灯亮起时，她永远在毫无保留地给予。多年来注视着她的人们爱她，爱她不断带来的奇迹与惊喜，更爱她的勇敢和生命力。

但是，这段时间，由于演出的需要，泰勒在纽约和华盛顿特区来回奔波，进一步疏远了她和华纳的关系，感情的温度下降到了冰点，这段婚姻眼看就要走到尽头。

又过了不到一年，时间推进到 1982 年 11 月，泰勒与参议员华纳的这段婚姻终于画上了句号——他们的离婚判决书正式公布于世了。

这一次离婚的原因完全是因为性格不合，也就是大家经常讨论的"价值观不同"。两个人都没做错什么，只是他们看待事情的角度和立场实在太不同了。

泰勒一心想成为华纳的知己，她专心去听懂他在演讲中的每一句话，但是华纳汲取了她的力量之后，却将她放在一边。当泰勒努力建立自信的时候，得不到他的一点支持，华纳甚至忙到没有时间在她的首映式上露一面。那一刻，泰勒已经意识到这个男人在自己的生活中起不到任何正面的作用。

这次分手泰勒处理得自然顺畅，没有太多的吵闹，因为她明白自己要什么。她一点也没有怪华纳的意思，只是不想在未来的日子里再为这件事、这个人付出了。

虽然议员夫人的头衔很好听，她也喜欢，但是泰勒知道那样的婚姻不是自己要的。她本能地为自己算账，虽然她为此付出很多，也获得了那个头衔，但是，既然已经不再快乐，她不能把自己困在这笔交易里不能自拔。一切的付出都是可以过去的，结束交易就是最好的解脱，不管谁亏谁赚。

既然已经不再快乐，她不能把自己困在这笔交易里不能自拔。

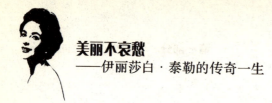

是的，无论有没有去尝试和付出，时间都会过去的；发现不合适还不放手，时间更会过去的；所以当一切都已经明了时，及时地放手，重新抓住未来，才是正确的选择。是的，是的。

这就是泰勒的第七次婚姻了。至此，她嫁过亿万富豪、导演、歌手、演员……现在她的前夫名单里增加了一位参议员。

于是她又一次趟过了男人河，华纳留在河底目送她的背影。

在好莱坞，想嫁到政界的女明星很多，她们在比弗利山庄衣香鬓影的名利场中，憧憬着有机会进入华盛顿的交际圈，为了达到目的不惜花样百出，但绝大多数都失败了，比如玛丽莲·梦露，她曾经非常、非常努力地施展自己的全部魅力。

1962年，玛丽莲·梦露是约翰·肯尼迪总统的情人，她希望自己能迷住总统，成为美国的第一夫人。这一年5月，她花了十几个小时站立着一动不动，让时装设计师在自己身上用一片片的薄如蝉翼的透明纱料贴着每一寸肌肤，缝制出一件几乎完全透明的晚装（仅仅在几个部位稍加遮挡）。然后，她就抱病去参加总统的生日晚宴，准备献歌。

当终于轮到她时，她轻轻晃动身体，让自己的披肩滑落到地上，在辉煌的灯光下，她引以为傲的身体纤毫毕现。然后她开始唱那支著名的歌曲《生日快乐，总统先生》。但是这次倾尽全力的表演并没有使这位"美国的恋人"如愿以偿。总统先生甚至不愿意承认跟梦露的恋情。

当一切都过去，泰勒露出平和的微笑（《夏日痴魂》）

梦露像小鸟一样啾啾啁啁的声音可能挺好

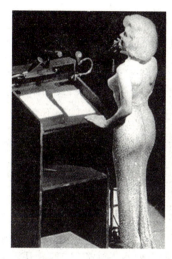

梦露在唱那首《生日快乐，总统先生》

梦露薄如蝉翼的晚礼服

听，肯定能把杰圭琳和希拉里的比下去，问题是这声音不利于总统先生建设国家，还有因为丑闻被弹劾的危险。

一个多月之后，梦露带着遗恨离开了这个世界，她到死都不明白政客为什么不被她的美貌所动，什么样的付出才可以做他们的妻子。

伊丽莎白·泰勒一生却从没做过这种事，虽然她也爱好打扮，但是就像与前几任丈夫结婚一样，她非常正常、健康地披上婚纱，嫁给了一位参议员。

不知当他们的婚礼举行时，梦露的在天之灵是否解开了心中的疑窦并且感到释然——她失败得并不冤枉，泰勒与她是太不相同的两种人。就好像当年梦露认为《埃及艳后》里的克里奥佩特拉是为她量身定做的角色，20世纪福克斯电影公司选择的女王却是泰勒一样。

泰勒有梦想，同时也很现实。

泰勒有梦想，同时也很现实，这正是她的血液中最优秀的地方。她总是选择立足现实，创造奇迹；而历经磨难之后，奇迹也总是选中她。

包括梦露在内的所有女明星都爱美，或者说是爱瘦爱到极致。所有人都称赞玛丽莲·梦露的胸部，于是她为了保持胸部不变形，晚上穿着钢铁内衣睡觉（姑且不论效果，真难以想象这是什么滋味）。

泰勒正好相反。她不开心的时候就胡吃海塞，让自己的身体自由发展，哪怕吃成水桶。因为吃了美食她会心情好，她不能在心情不好的时候还饿着肚子为难自己，那样不但想不出更好的办法，还会失去信心，变得抑郁。这可不是泰勒要的生活。

有人这样评价她的身材："脱下衣服根本没法看。"泰勒从不掩饰身体的不完美，只给自己的眼睛上了100万美元的保险。她有本事让男人为她美丽时的乳房倾倒（他们说只要能享受她，就算是世界末日来临也值得），她也有本事让她的丈夫说：泰勒的乳房再耷拉我也爱她。这就是泰勒的本色：美丽，但绝不依赖美丽。

在影片《破镜谋杀案》中，泰勒出演跟她身世相似的电影明星，人们又可以在银幕上看到她的风采

人们往往只看到女明星们的丰乳圆臀、匀称的大腿，走起路来的动人风姿。但是没有人知道当你过去沉醉于这种美丽，现在却又为她们失去这种美丽而叹息的时候，对她们心理上的伤害有多么的可怕。

更没有人知道，泰勒能够走下银幕，不受外表形象的困扰，确立现实生活中自己的地位，找到美丽之外的位置是多么的不容易。她的美貌曾经那么突出，人们天天说她是世界第一美女，但她知道这些赞扬有多危险，她不会为此而活的。

在泰勒和参议员结婚后，之所以有一段时间胖成了个 170 斤的方块，主要是因为华纳当选后工作十分忙碌，没有一点陪她的时间。泰勒不用演戏，没事的时候总是喜欢到厨房中用美食填满咕咕乱叫的肚子，以此减轻苦闷无聊的心情。许多好朋友提醒她注意体重，泰勒一直不以为然。

她从小既不瘦也不减肥，最多把腰勒勒细，就算脸和胳膊胖嘟嘟的，也是大家眼中长相精致的绝世美女，从来没有为自己的体重发过愁，她也不清楚自己有多重。而且她以为华纳也不会在意她的体重。

直到需要出演《小狐狸》的时候，有一天她走到镜子前找感觉，没想到却被自己的样子吓了一跳。为了演出，不减肥也不行了。

泰勒的确是个擅长变化的人，她可以从食物中找寻快乐的感觉，但是为了演戏，为了对得起观众，她也可以抛弃那些给她带来体重负担的食品。

需要的时候可以找回自己需要的东西——美丽，这也是泰勒的一大特点，让人不得不佩服她。

必须说明的是，泰勒并不要盲目地减肥，她的减肥法很特别，叫做"疗养减肥法"。泰勒来到佛罗里达州棕榈泉疗养地，寻求丽莎院长的帮助。她查阅了大量跟减肥有关的书，建立了一套综合的减肥计划：

第一，要在减肥的同时放松心情，绝不饿肚子，也不过分地为难自己。每天一定要吃好三顿饭，肚子饿的时候也要及时地补充一些新鲜蔬菜。

第二，与热狗、土豆片这些油炸甜品挥泪告别，然后给自己制定出一份有营养、低热量的减肥食单。

减肥食单是以星期为单位的：

周一：早餐：烤面包一片，葡萄柚（或其他水果）一个；

适当的茶或咖啡，一定注意不要加糖。

午餐：鸡肉、瘦牛肉、火鸡肉等瘦肉少许（做熟后放凉），熟番茄一个；

适当的茶或咖啡，一定注意不要加糖。

晚餐：蔬菜沙拉一盘，清蒸的贝类一盘，葡萄柚（或其他水果）一个；

适当的茶或咖啡，一定注意不要加糖。

周二：早餐：烤面包一片，葡萄柚（或其他水果）一个；

适当的茶或咖啡，一定注意不要加糖。

午餐：水果沙拉一盘（任意水果）；

适当的茶或咖啡，一定注意不要加糖。

晚餐：白煮瘦肉少许（可以是火腿肉或者瘦牛肉），芹菜、南瓜、番茄、橄榄菜等蔬菜一盘；

适当的茶或咖啡，一定注意不要加糖。

周三：早餐：烤面包一片，葡萄柚（或其他水果）一个；

适当的茶或咖啡，一定注意不要加糖。

午餐：鱼沙拉一盘（不加油，用柠檬汁或醋拌成），水果一个；

　　　　　　　　适当的茶或咖啡，一定注意不要加糖。

　　晚餐：红烧羊肉少许（剔去皮和其中的脂肪和肥肉），
　　　　　蔬菜沙拉一盘（最好由南瓜、番茄、芹菜、卷心
　　　　　菜组成）；
　　　　　适当的茶或咖啡，一定注意不要加糖。

周四：早餐：烤面包一片，葡萄柚（或其他水果）一个；
　　　　　适当的茶或咖啡，一定注意不要加糖。

　　午餐：鸡蛋两个（不能用油煎），炖土豆或番茄一盘，
　　　　　烤面包一片；
　　　　　适当的茶或咖啡，一定注意不要加糖。

　　晚餐：烘烤、清炖或红烧后的鸡肉（不加油，去掉脂
　　　　　肪和皮），蔬菜一盘（最好有青椒）；
　　　　　适当的茶或咖啡，一定注意不要加糖。

周五：早餐：烤面包一片，葡萄柚（或其他水果）一个；
　　　　　适当的茶或咖啡，一定注意不要加糖。

　　午餐：乳酪片少许，蔬菜一盘，烤面包一片；
　　　　　适当的茶或咖啡，一定注意不要加糖。

　　晚餐：鱼类和蔬菜的综合沙拉，烤面包一片；
　　　　　适当的茶或咖啡，一定注意不要加糖。

周六：早餐：烤面包一片，葡萄柚（或其他水果）一个；
　　　　　适当的茶或咖啡，一定注意不要加糖。

　　午餐：水果沙拉一盘；

适当的茶或咖啡，一定注意不要加糖。

晚餐：火鸡或鸡肉少许，应季的水果（加入卷心菜和番茄）一盘；

适当的茶或咖啡，一定注意不要加糖。

周日：早餐：烤面包一片，葡萄柚（或其他水果）一个；

适当的茶或咖啡，一定注意不要加糖。

午餐：火鸡或鸡肉少许（冷热都可以），应季的水果（加入卷心菜、番茄和胡萝卜）一盘；

适当的茶或咖啡，一定注意不要加糖。

晚餐：清蒸牛排少许（剔掉所有的脂肪），蔬菜的沙拉一盘，水果一盘；

适当的茶或咖啡，一定注意不要加糖。

（她究竟有多喜欢吃糖？）

第三，在进餐的时候，一定要尊重食物，特别是要把它们摆得整齐美观，这样边欣赏边吃才会吃得比较慢比较开心。

第四，可以在食品中加上不同的调味酱，经常地变换口味。特别要注意多喝水，这样不但有美容的作用，还可以促进新陈代谢。

第五，减肥不要太极端，每周可以开禁一次，解解馋，稍微吃一点自己喜欢的东西。

第六，当自己的坚持产生效果的时候，一定要奖励自己一下。比如买一些刚刚好可以穿进去的漂亮衣服，或者名贵的化妆品，让自己容光焕发。

第七，适当地进行运动，比如骑自行车，切忌不要运动过分

减肥后的泰勒又恢复了以前的身材（《夏日痴魂》）

剧烈，以免加重心脏的负担。因为如果减肥过程中因为抵抗力下降而生病就会前功尽弃，破坏所有的计划。

从这一切来看，泰勒的减肥生活还是蛮滋润的，不但对生理有好处，对心理也有好处。减肥可不是自我摧残，是对自己的呵护。

她的这些小技法表面看上去好像显得决心不够坚定，还有些小女人的软弱，实际上这些都可以激励她在身心健康的前提下恢复完美的身材，这种软弱背后隐藏着非凡的智慧。

容光焕发的泰勒用减肥 55 斤的事实，向人们证明了她不屈不挠的毅力。

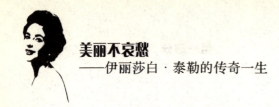
疾病与慈善

说到毅力，我们可以插入式地谈一谈泰勒和疾病之间的"游戏"。

泰勒一生与伤病和医院结下了不解之缘。她吃的药比许多人吃的米饭还多，住院的时间比普通人住旅馆的时间都长。大多数人还健康得不知手术和住院是什么滋味时，她已经多次与死神相逢一笑。她认为在生活中总能收到带给她幸福的礼物，除了钻石、珠宝外，疾病也可以算是一种特殊的礼物。

这里我们可以把她一生的病史小小总结一下：

小泰勒在 12 岁拍《玉女神驹》的时候从马上掉下来摔伤了背部，从此她就成为医院的"贵宾会员"——次数多、病情重。

1957 年，在巴哈马返回美国的船上，泰勒不小心从舷梯上"飞"下来，落在硬邦邦的地上，屁股着地摔成粉碎性骨折，造成右腿暂时性瘫痪。她为此在手术中失去了 3 节坏死的脊椎骨，换上了替代物。当时，泰勒只有 24 岁，还怀着第三个、也是最后一个孩子。这个孩子就是在她调养这次重伤的同时艰难地生下来的，而后她不得不按医生建议的做了输卵管结扎手术，再也没有生育过。

1960 年，在拍摄《埃及艳后》前期，泰勒因亚洲流感导致双肺肺炎，进行了气管切开手术后才勉强保住性命，即使如此，她还是昏迷了好几天，在黄泉路上徘徊，

这是经历了大手术，生子丧夫后的泰勒在影片《热铁皮屋顶上的猫》中的激情演出，谁能看出这是 3 个孩子的母亲，而且刚从轮椅上站起来不到一年？

沿途欣赏过彼岸花才回来。

　　时间转到 20 世纪 90 年代，泰勒虽然已经是著名的演员，不用太辛苦地工作，但是她的健康状况还是令人担忧。

　　1990 年，她的状况不好，得了病毒性肺炎，在鬼门关与死神握手言欢后又奇迹般地回到了人间，这次她在医院住了 9 个星期才恢复正常。

　　1994 年 6 月 19 日，泰勒做了髋关节复位手术，手术后她发现自己一条腿长，一条腿短，走起路来像个跛子，于是她开始像婴儿一样学习走路。

手术后的泰勒在影片中依然容光焕发（《埃及艳后》）

　　1995 年，她又因为心脏病住进医院。

　　1997 年，泰勒 65 岁生日来临的时候，医生为她开刀切除了脑部的肿瘤。

　　1998 年，她的背部受伤，旧病复发再度住进了医院休养多日。

　　1999 年夏天，她没有出门，只在家里就摔伤了脊椎骨，不得不进医院修复。

　　2000 年 8 月，她再次肺炎发作，住院治疗。

　　2002 年 6 月，她因为被怀疑是皮肤癌，在医院进行了放疗。

　　除此之外，泰勒做过的小手术不计其数：切除过阑尾，两次切除过扁桃体（她也不明白为什么别人做一次手术就可以解决的问题，她得做两次），经过 3 次剖腹产手术后切除了子宫，因髋关节错位动手术后接受了两年牵引治疗，肺炎发作无数次，眼睛、膝盖、脊椎、脚都因为发病动过手术，更不用说在康复中心的戒毒和戒酒的治疗了。

最莫名的一次是，只是伸手去拿东西，她的脊椎骨就碎了。她哭笑不得，她不明白，为什么上天在她年纪一把的时候，还安排她重新学习走路。

当我们看到屏幕上光彩照人，生活中活力四射的泰勒的时候，怎么也不会相信她的身体状况会如此糟糕透顶。她也曾为自己的病痛发疯过，但是她慢慢体会到，这些病痛让她看清周围的世界，帮她在品尝世间百味的时候体会生命中重要美好的感情。这是生活给予她的最珍贵的礼物。泰勒一直坚强地活着，并且让自己快乐，因为多年患病，她了解疾病给人带来的痛苦，从来没有忘记支持其他在病痛中挣扎的人们。

1985 年，泰勒身边的许多朋友都染上了艾滋病。许多艾滋病患者因为害怕有失身份，或者担心他们的同性恋身份被公开而不敢直面患有艾滋病的事实，更不用说进行正常的治疗了。美国政府对艾滋病人视而不见，许多病人都暗无天日地活着——没有希望，没有未来，人见人跑，自厌自弃。

当时，每个人都知道世界上有 3 个众所瞩目的大人物：罗马教皇、伊丽莎白女王，还有就是伊丽莎白·泰勒，可见泰勒的声望有多高了。当她不再演戏时，就想到用自己的名望为这个陷入痛苦的群体去真正做点什么。

有人语重心长地警告泰勒："你这想法太烂了。这是在帮助一些垃圾。"这些言论没有动摇泰勒的决心。她义无反顾地投身于艾滋病的防治事业中，领导实施了"洛杉矶艾滋病计划"，将慈善机构和同性恋、艾滋病联系在一起，可以说是前无古人的创举。

泰勒的理论一般人很难听明白——没有一种疾病是干净的，所以人们说艾滋病肮脏是一件很滑稽的事情，而且疾病是医学范

> 因为多年患病，她了解疾病给人带来的痛苦，从来没有忘记支持其他在病痛中挣扎的人们。

畴的问题，不归道德管。她还认为没有同性恋就没有好莱坞，就没有娱乐业！人们欣赏这些性取向与众不同的演员们的才华，却无视他们的痛苦，在艾滋病上面附加了太多额外的歧视，把这些本来就在深渊中挣扎的病人看成不可救药的堕落者。

伊丽莎白·泰勒认为艾滋病和癌症等其他疾病一样，都是人类必须要面对和即将攻克的难题，这就是它的本质，此外别无其他。因此目前首先要做的事情是先要为艾滋病正名。

要想成功，最大的障碍就是要让患者克服为此羞耻的心理。泰勒知道有许多像洛克·赫德森、沃尔特·利贝拉切、托尼·帕金斯等有权有势的名人都患有艾滋病。他们为了保守秘密而得不到很好的治疗，正在痛苦地走向死亡。如果他们中的一位敢于走到公众面前直面现实，那么这个群体有可能至少不再为艾滋病感到羞耻。同时这也有助于公众正视艾滋病的存在，以便更多地筹集经费用于艾滋病防治方面的研究，以期在不久的将来可以真正攻克这个医学难题。

1985 年 1 月，同样混过好莱坞的罗纳德·里根宣誓就任总统，泰勒在参加里根总统的就职典礼的时候，曾经努力拉拢总统夫人南希在抗击艾滋病这项事业中助她一臂之力，但是这位身为"国母"的第一夫人只对养花弄草的家政感兴趣，对泰勒的建议完全置若罔闻。里根的儿子罗恩跟洛克·赫德森是好朋友。那时洛克的艾滋病症状已经很明显，而且反映在他的脖子上（很明显的红色斑点），但是所有人都否认他得了这种病，而且每次泰勒提及这个话题时，他们都惊慌失措地回避。但是他们也知道，泰勒可不是一个可以敷衍了之的人，她最恨不直面问题、任由情况恶化的做法。

　　1985 年 7 月 25 日，对艾滋病的防治来说，这是一个重要的日子。泰勒的朋友洛克·赫德森公开对外宣布自己患上了艾滋病。这个消息传遍了世界，也震动了整个世界。洛克的大胆行为终结了政府对艾滋病视而不见的态度，成千上万的人有可能因此得到救助而延长寿命。

　　泰勒马上公开发电报赞扬洛克的勇气，麦当娜、格里高利·派克、詹姆斯·加纳、阿里等重量级明星纷纷对洛克的举动表示赞赏。在洛克最后的日子里，泰勒忍不住去看望他。医生告诉泰勒，只要没有性接触，拥抱和亲吻都不会有被传染的危险。当泰勒看到洛克的时候，他憔悴而衰老，昏昏沉沉地分不清自己在什么地方。泰勒坐在他的床上，亲吻了洛克的脸颊，拥抱了他。两个人开心地笑着，洛克兴奋地谈论起他们初识的时候一起调制巧克力马爹利酒的事情，还有那部一起演出的史诗电影《巨人》，在里面他们从少年夫妻演到老来伴。

　　回来的路上，泰勒哭了。她决定建立一个全国性的艾滋病基金会，用以资助相关的研究。这一年，泰勒在朋友的建议下，成为美国艾滋病研究基金会——(amfAR) 的第一任主席。那个时代，人们认为同性恋和艾滋病都是下流的词语，所以几乎没有人愿意成为这个组织的成员，直到 1985 年 9 月，这个组织才算正式成立。

　　当然，也有例外，迈克尔·杰克逊率先支持泰勒，同意成为这个机构的名誉会员。

　　与此同时，由于洛克勇敢地公布自己的病情，amfAR 的规模和影响力也变得越来越大，洛克得知此事后也非常高兴。

　　1985 年 10 月 2 日，60 岁的洛克去世了，他是第一个公开病情的名人，也是大家知道的第一个死于艾滋病的名人。里根总统

《巨人》中的洛克高大英俊 　　中年的洛克在影片《破镜谋杀案》中饰演泰勒的丈夫，生活中他死于艾滋病

发来电报致哀，这标志着国家元首首次承认艾滋病对公众的威胁性。洛克临终还为泰勒的基金会捐了 25 万美元。

这之后，泰勒致力于艾滋病的防治与救助，她到处奔走相告，千方百计地把自己的主张灌输给公众，希望每个人都提高对艾滋病的防范意识。1993 年，她又创立了伊丽莎白·泰勒艾滋病基金会。她随时都处在病魔的威胁之下，却用她的生命之光影响和打动着她身边的每一个人。

我们不能用伟大来形容泰勒，因为她许多时候都做着极其普通的事情，比如恋爱、结婚、挣钱、生子、生病、吵架、离婚，如同一幕幕悲喜剧；但是她在晚年所做的这件事情确实令人惊叹，值得称颂，仿佛凝聚了她一生的爱、信念与勇气的精髓，人们从她身上看到在面对这种世俗的严峻和伤逝情形时那份坚定的信心，她给予世界的乐观与奋斗的力量是难以衡量的。

第八次婚姻　拉里·福坦斯基

　　1988 年，泰勒的体重减到 122 磅，脸部的皮肤光滑粉嫩，有人说她变得有点像小时候出演《玉女神驹》时候的样子，年纪未老却有点还童的意思。1988 年 3 月，她身穿诺兰·米勒为她设计的华服出席了奥斯卡颁奖典礼。尽管如今的泰勒已经不再奔着小金人而来，但是她无与伦比的神奇魅力依然为所到之处增添光彩。

　　当时，泰勒身边出现了一大堆求婚者，泰勒也不知道自己为什么年纪一把了还这么受异性重视。她猜想一定是因为他们只是想吹嘘一下曾经有一段跟著名的伊丽莎白·泰勒在一起的时光而已，所以她开始拒绝跟追求者约会。当时，人们有个习惯：当那些努力在岗位上坚持工作多年，仍然毫无建树的人离开的时候，就送给他一块表。于是，泰勒送给一位追求者一块金表作为"退休"礼物，强行结束他们之间的关系。

《玉女神驹》里的小泰勒和上了年纪的泰勒，她仿佛返老还童

　　到了 1988 年的夏天，为了募集艾滋病事业的资金，泰勒踏上了日本之旅。但是到日本后她发现一切并不像她想象的那样。让她吃惊和失望的是，说好来接她的马尔科姆没有来，取而代之是风笛手和电视秀《有钱人和名人的生活方式》节目组的罗温·利奇。后来她明白这是马尔科姆为了追求公众效应设下的一个圈套，自己成了宣传的噱头。泰勒气得不同意任何摄像师接近她。马尔科姆发现泰勒可不是那么好骗的，他只好同意送给她名画，泰勒才松口。

　　但是这次从日本归来，泰勒受过伤的后背又开始剧痛，使得她不得不开始服用止痛药。1988 年 10 月 25 日，泰勒因为服用止痛药上瘾进入康复中心进行治疗。当时，她的身体和精神状态都很不好，一直坐在轮椅上，看上去筋疲力尽，身体像个充了气的皮球，又虚又弱。她向康复中心承认自己沉浸在酒精、药物和食物中，却不愿意承认自己就是大名鼎鼎的伊丽莎白·泰勒。

　　康复中心每周都有几次集体活动，在活动中有一个环节，许多病人围成圈子坐在一起，在心理咨询师的引导下分别讲出自己的故事和做错的事情。在患者表述的时候，心理咨询师要用言语打击他们，彻底击垮他们，再鼓励他们从一地碎片中站起来重塑自己。泰勒开始参加活动的时候不说一句话，只是听别人说。几次之后，她终于开口了，她说："我的问题是酗酒和吃药……"咨询师打断她："你能先说说你是谁吗？"泰勒不好意思地说："我，我是伊丽莎白·泰勒。"这个时候周围响起了掌声，所有的患者和医生都为泰勒找回自己而高兴。

　　就在这个康复中心，在这种治疗活动中，泰勒与一位 36 岁的卡车司机拉里·福坦斯基相遇了。拉里也说出了自己的问题：他

找不到生活的方向，多次因酒后驾车而被捕。在活动时他这样表白："我喝酒，但不吸毒，而且有时候也爱喝可乐。"也就是说，他相信自己一定会越来越好，回归正常。

在心理咨询的时候，许多病人因为受不了心理咨询师在揭穿他们秘密时的攻击性的语言，恨不得杀了心理师。拉里却一直在不自觉地保护泰勒不受问题的伤害。泰勒也注意到了这个刚刚恢复理智的拉里的与众不同。

康复中心是不准许谈恋爱的，这是从治病的角度出发制定的规矩。医生希望病人们在生理和心理都完全康复的时候再涉及感情问题，因为初见疗效的病人很容易因为依赖对方而产生恋情，而这种具有挑战性的复杂关系跟医生对他们智慧的启发性治疗是不同的：恋爱会暂时让他们找到心理上的平衡，以为自己真的恢复了，但是经验表明，这样只是表象，并不是真实的康复，反而会成为逃避治疗的借口，最后往往会导致灾难性的后果。

泰勒也知道医生说的都是对的，她提醒周围的男人："千万不要爱上我。"拉里听到以后，呆呆地望着泰勒说："已经来不及了，因为我已经爱上你了。"

拉里是个身体健壮的建筑工人，他擅长操纵各种大型机车。在康复中心，他对泰勒是一见钟情。当泰勒背痛的老毛病发作的时候，为了让她克服对药物的依赖，拉里总是推着她在康复中心走来走去，希望减轻她的痛苦。于是他们约会了，而后在拉里与泰勒第一次约会60天后，他终于破坏了康复中心一年内不能恋爱的规定，跟泰勒"住在了一起"。这对"患难之交"就这样确定了关系。

到了1988年的圣诞节，泰勒和拉里基本恢复，双双离开康复中心。泰勒对拉里发出了第一次邀请，想与他共同进餐。从那以后，他们住在一起，开始变得如胶似漆。泰勒很富有，但是拉里仍然继续他原来的工作，因为他觉得工作可以让他保持旺盛的能量和平稳的状态。拉里为了让这位世界第一美女开心，可以说想尽了办法。他带她去旅行，去郊外野餐，让生活充满活力。泰勒即使是跟拉里一起去麦当劳也会十分开心，因为快餐店本来就是她从来没去过的地方，拉里的平民化生活方式令她充满兴趣，带来返璞归真的能量。每当拉里需要上班工作的时候，泰勒就会4点钟起床，同他共进早餐，送走拉里后再回去接着进入梦乡。

高兴的时候，泰勒还会穿上皮夹克和牛仔裤去工地找拉里。工地的建筑工人从来没见过这种婀娜多姿的"景色"，他们就像看到了奇迹，发出一阵阵的感叹声。泰勒每次看到拉里工作时的一身汗水，都觉得美妙极了。她说："拉里看起来很酷，他的手是脏的，他在劳动。我为他的工作而自豪。"

他们的这种关系，在双方都清醒、没有酒精和药物的时候，真可以说是十分幸福的。泰勒比拉里大21岁，但她身材苗条，性感迷人，拉里从来没有觉出来泰勒是个老女人。他深深迷恋泰勒的美胸和她激情四射的热吻。

当然，恋情只是生活的一小部分。这之后，泰勒还是义无反顾地从事她的艾滋病慈善活动。对于泰勒也让他投身其中的要求，拉里非常为难地同意了，他没有说不的底气。但这件事还是引发了两个人之间的一些矛盾。泰勒的许多朋友都是同性恋，而建筑工人出身的拉里确实很难适应生活中都是同性恋和艾滋病人。

他尽量适应，并且听从泰勒的安排为一个艾滋病

《巨人》中的"老年"泰勒

团体"天使食物计划"做义工，但工作回来他会不停地清洗自己的用具。泰勒虽然很爱拉里，但是拉里并不属于她的生活阶层（思想阶层就更不用说了），许多重要的事情她都不愿意带上拉里同去。这种"怪异"的行为让拉里很不舒服，他怀疑泰勒是不是不想让他看到自己与别人调情的场面，变得十分嫉妒。

泰勒的许多朋友开始提醒她：拉里自从感情进一步发展、住进了她家后就不再去工地工作了，现在这个拉里唯一的资本就是"他是世界上最有时间陪泰勒的人"，他在依靠时间和感情生活。

泰勒听了朋友们的意见，但是她来不及去处理这一切。因为这个时候，她由于多年的积劳成疾，身体彻底垮掉了。1990年3月，泰勒再也抵抗不了病菌的侵害，住进了圣莫尼卡的医院。

这次她大病一场，可以说是死里逃生。泰勒的肺部感染了病毒，而且还是一种叫念珠菌的真菌病毒。这种病很危险，许多艾滋病人因为身体没有抵抗力才生这种病，而这种病被称作鹅口疮。医生为了救她的命，为她做了开胸手术。她的鼻子和嘴里，以及胸部的开口都插满了管子，就像《黑客帝国》中被电脑控制的人类。幸运的是，泰勒是顽强的，她用了9个星期的时间战胜了病毒性肺炎，最终走出了医院。

在这段住院的时间中，拉里帮泰勒照看着房子。好友迈克尔·杰克逊自己身体也很不好，他经常带病去看望泰勒，他和泰勒一起谈论海明威、马克·吐温和惠特曼。泰勒与杰克逊的这种有爱无性的感情，很多时候明显超过了她与拉里之间的有性无爱的情感。

康复后的泰勒快要忙死了，她的名气越来越大，每次只要在晚会上露一下脸，就可以筹100万美元。当然拉里对泰勒的陪伴和照顾还是很尽力的。泰勒经过思考，发现自己不喜欢跟男人在没有婚姻的情况下保持性关系，这么多年来她都只和结婚对象上床。虽然已经经历了 7 次失败的婚姻，但她还是相信婚姻的。于是泰勒干脆利落地做了决定——跟拉里结婚。

拉里惊得目瞪口呆，他是真没想到泰勒肯"娶"他。1991 年 7 月，他们订婚了。

很多人听到泰勒的决定，认为简直是她疯了的信号。一个是纵横好莱坞数十年的巨星，身家过亿、举世闻名，另一个是比她小很多的建筑工人。这跟爱会有关系吗？他们之间会有什么共同语言吗？但是，人们却没有发现，这段感情让泰勒看上去年轻了 20 岁，拉里的陪伴带给她青春的光彩；特别是他们常常一起出行，泰勒在阳光下被晒成古铜色的皮肤，让已经步入老年的她依然走在时尚的前沿。

1991 年 10 月初的一天，泰勒和拉里的婚礼在迈克尔·杰克逊的梦幻庄园举行，她又一次穿上了白纱。杰克逊承担了婚礼的全部 150 万美元的开销。有 160 位嘉宾参加了泰勒的第八次婚礼，其中包括美国的两位前总统——里根和福特。他们都表示了对泰勒这次选择的支持和祝福。拉里送给泰勒一枚镶有钻石的很普通的戒指。泰勒也回赠给他一个同样普通的金戒指。

这对忘年恋在朋友们的支持下终于步入了婚姻的殿堂。10 月份他们度完蜜月后，为了表示对杰克逊的感谢，泰勒送给他一只价值 2 万美元，来自亚马孙河流域的十分罕见的白化变种大鸟，还送给他一头重达 5000 磅的吉卜赛大象，那天她穿上吉卜赛服装，神采奕奕地牵着大象向杰克逊走去。

1992 年 2 月，泰勒和拉里在迪斯尼乐园庆祝泰勒 60 岁的生日，邀请了数以百计的宾客。之后，他们在尼姆路 700 号安顿下来，

同他们一起生活的还有4只小狗，依然过得鸡飞狗跳、生趣盎然。许多朋友认为拉里虽然在事业上没有建树，但还是可以带给泰勒安慰和支持的。泰勒也觉得拉里已经适应了跟她一起的生活。当然，后来事实证明这完全是泰勒的错觉。

真实情况是，拉里一直不能真正融入泰勒的生活，泰勒总会把拉里的许多盲目和自大当成是他的智慧和勇敢。这不能怪泰勒，她从童年时期就跻身上层，在她的一生中遇到的优秀男人太多了，这让她不能看清一个普通建筑工人的内心世界。

为了让拉里能够优雅地、有风度地融入她的生活，泰勒为他重塑形象，给他理了新发型并让他上演讲课程。她以为这样再带拉里一起出去的时候就不会让他感到尴尬。她觉得拉里无须表现得多么优秀，只要能态度自然并享受这样的气氛就好。但她的帮助没有任何效果。当拉里出现在宴会上的时候，他总是躲在一旁，基本上插不上话，就像是泰勒的保镖，实在是入得厨房，上不得厅堂。

泰勒还是没有把这种不和谐放在心上，她带着拉里到世界各地去旅游，想通过旅游帮助他开阔眼界。只要行万里路，自然能让一个男人立起来。他们每到一处，都会享受王室家族一样的待遇，成排的车队为他们开道。但是让泰勒意外的是，拉里觉得这样的生活让他紧张得透不过气来，因为每天见到的都是他原本一辈子也说不上一句话的大人物。他渐渐感到厌烦，开始想念麦当劳的快餐和平常的生活。他不但没有振作起来，反而颓废下去。回到洛杉矶后，拉里开始放松自己，无视泰勒的存在。他只想过让自己舒服的日子，无精打采地每天睡到下午，整天都穿着睡衣，而且拒绝陪泰勒一起出去。泰勒终于意识到他们的婚姻出现了危机。

当泰勒再次生病住院时，拉里不但没有鼓励她，反而取笑她是个只会生病的人。于是，他们开始吵架，有时候还会被朋友们看到。他们之间也渐渐没有了正常的性生活，起初的和谐与关怀都不复存在。

等到泰勒再过生日的时候，她控制不住自己又开始暴饮暴食，很快就恢复了减肥前的体重。为了解决他们之间的问题，泰勒还找了婚姻顾问，寻求婚姻方面的帮助，但是都没有什么效果。拉里总是不喜欢泰勒对他有要求，他觉得自己太弱小了，什么也承担不了，而泰勒又是一个喜欢锲而不舍的人。他们的婚姻就这样渐渐走向了低谷。

泰勒尽量与拉里保持着平和友好的关系。拉里在圣胡安的卡皮斯特兰诺顿买了一幢价值80万美元的房子，花光了手中所有的钱。当他没有能力支付车款的时候，泰勒还是帮他付了5.3万美元，买下了那辆他想要的用于娱乐的车。

泰勒和拉里的婚姻，经过6年的时间，终于走到了尽头。法庭判决生效后，拉里变得放荡不羁，警察还逮捕过他。拉里经常给泰勒打电话，希望可以跟泰勒复合，但这回泰勒抵抗住了诱惑，没有同意他的请求。不过，在这次婚姻中，她没有再次堕入酒精和药品的深渊。到了她的年龄，有过了她这样的经历，没有什么比自我控制更能支撑起她的情感与生活。

许多朋友理性地分析泰勒：尽管随着年龄的增长，许多老友离世而去，备受疾病的困扰，让泰勒会变得有些孤独，但她绝不会因为孤独而随便地跟一个男人没有感情地在一起，不管这个男人是参议员还是建筑工人。

挚友迈克尔·杰克逊

泰勒与杰克逊，一个是好莱坞电影史上最美艳动人的玉婆，一个是流行乐坛上孤独求败的天王巨星。听起来他们走的是两条平行线。但是谁也想不到这位叱咤乐坛名震寰宇的乐坛奇才跟比他年长 26 岁的泰勒保持了几十年不寻常的关系（当然，不是八卦小报上说的"不寻常"）。

泰勒和杰克逊成为忘年交的时候，泰勒 52 岁，杰克逊只有26 岁。那时的杰克逊正处在巅峰状态，身家 3 亿美元，泰勒的身家是 7000 万美元。杰克逊和泰勒的情形正如当年的泰勒和伯顿，虽然身家不同，但都是名声显赫。

他们从彼此的交往中得到关怀，找到心灵的慰藉。这些是他们在凡俗的世界中找不到的。泰勒这样形容他们的这种奇特的关系："我们会为彼此做任何事情，迈克尔是我心灵的一部分。"他们是知己，是挚友，也是永恒的恋人。顺着他们之间人情来往的轨迹，可以找到好莱坞娱乐圈一个时代的许多斑斓往事。

他们相识在 20 世纪 80 年代的某一天，迈克尔·杰克逊出乎意料地将自己在道奇体育场举办的音乐会的入场券赠送给泰勒，泰勒收到后迫不及待地从家里出发，去欣赏如日中天的杰克逊的演唱。在这之前，他们都听说过对方的大名（资深玉女和年轻歌星），但从没有过真正的接触。

演唱会上，当杰克逊唱到最激动的时候，全场完全陷入了沸腾，那场面可以让人的心脏从嗓子里蹦出来。用"热烈"来形容都太苍白无力，但是泰勒却在这个时候站起身，不明原因地退场了。

杰克逊是个很敏感的人，他不但注意到了泰勒的这一举动，而且受到了打击，为之伤心不已。演出结束后他就忍不住给泰勒主动打电话，哭着问泰勒是不是不喜欢他的演唱，为什么不等结束就离去。听到他带着急促的呼吸声、有些受伤的孩子气的声音，泰勒竟然也伤心起来，她说："我不是不喜欢看，是不忍看下去，不忍听下去。"她也许真的可以透过歌声感受杰克逊在用生命为音乐付出，体会了他激情背后的疼痛。

杰克逊是一个不太喜欢与人打交道的人，很少和人说话，因为每当他向人表达真实感情的时候，收获的总是对方的观察和莫名其妙的评判，这一切都令他受伤。他特立独行，与他人之间总是有一道看不见的屏障。但是那天，杰克逊跟泰勒整整通了两个小时的电话。他发现与泰勒说话的时候，这堵屏障不存在，他们似乎天生就能理解彼此。

杰克逊 5 岁就开始登台演出，泰勒也是从 9 岁开始拍电影。他们看似光鲜亮丽万人瞩目的人生中，实际浸透了各种无法言表的孤寂。首先他们如出一辙，都有着奇怪的童年，可以说根本就没有过真正的童年。童年的时光本应该尽情地玩乐和享受关爱，但是他们在那时就承担起普通人一生也没有过的工作压力，玩乐时光都被工作占据，父母拿走了他们所有的工作收入，并且不断督促他们挣更多的钱来换取本应当无条件给予的爱。那种紧张的状态在他们的心理上留下了许多阴影。成年后，表现出来的则是让人难以理解的离经叛道。白首如新，倾盖如故，他们相识之后，就像在人海中看到了另一个自己，同样才华洋溢，也同样失去了童年。

泰勒就是这样一个人，她热爱音乐，不同于一般的"粉丝"，

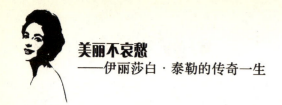

她在用心体会音乐的灵魂和作者的心声。当然，她的这种方式很自然地迷住了迈克尔·杰克逊（也迷住了无数优秀的男人）。

这之后，南非的纳尔逊·曼德拉总统邀请泰勒陪同迈克尔·杰克逊一起去南非演出，并且为了表达对她的喜爱，他请泰勒最好直呼他的名字"纳尔逊"。泰勒和曼德拉聊得很开心，像多年不见的老朋友。只是由于身体的缘故，她最终没能陪迈克尔去南非，并为此感到非常遗憾。

但在这两三个月的时间里，他们一直保持着通话，直到有一天，演出归来的迈克尔·杰克逊牵着他的宠物大猩猩"泡泡"的手，腼腆地来到泰勒的门前，两个人终于见面了。泰勒发现杰克逊身上有一种天真烂漫的气质，那不是孩子气，而是一种儿童般的天真，是一种永远不会伤害你的温婉，就仿佛蒙哥马利又站在了眼前。

其实，杰克逊在很多年前就一直收藏泰勒的肖像画，作为自己的珍藏品了。他见到泰勒后，觉得她就像一块可以拥抱的毯子，给人母亲一般的关怀和包容。他本能地知道可以绝对信任眼前的泰勒，寂寞的时候可以躲进她温暖的怀里。他觉得泰勒就像是温蒂。温蒂是《彼得·潘》中的一个角色。电影中勇敢的小男孩彼得迷路后发现了温蒂。温蒂教会彼得飞翔，最后帮他率领一群朋友回到他们梦幻中的地方。杰克逊觉得这部影片讲述的就是泰勒帮他、给他勇气的故事。

从这次他们见过了第一面以后，就成了最知心的朋友，常常凑在一起。

杰克逊愿意向泰勒讲述他的任何事情。当时在娱乐圈杰克逊很孤独，每次出行都带着保镖，他不敢相信任何人，根本不知道谁会是朋友。对于杰克逊来说，离开保镖的生活是不可想象的。

　　泰勒告诉杰克逊可以尝试相信一些人，而她自己就常常不带保镖出去玩。她用自己的行为鼓励杰克逊，帮助他从玻璃墙后面一步步走出来。

　　对于泰勒来说，与杰克逊交往还有一种神奇的治疗作用。杰克逊带她重游了儿童时代，让她找到了小时候父母从来没有给过她的快乐。这也是她的历任丈夫都不曾带给她的。

　　当泰勒乘坐盘旋的直升机第一次飞过杰克逊创造的梦幻庄园上空时，她被眼前的景象惊呆了——那简直是一片人间仙境。梦幻庄园占地700英亩（相当大的面积），从天空向下望去，会看到四处奔跑的马匹和骆驼、散步的长颈鹿、戏水的天鹅、玩耍的大猩猩，还有爬行动物园、火车（像《哈利·波特》系列电影中通往魔法学院的小火车），茂密的树木旁搭建着印第安风格的高高的帐篷、木瓦盖屋顶的大房子，这一切都像孩子梦里的景象。房前高高矗立着长着大翅膀、戴着头盔的莫丘里雕像，这位商业之神看起来有30米高。庄园里还有整齐的高尔夫球场，球场周围的空地上伫立着各式各样的小孩的雕像，这些铜像面带快乐的微笑，有的手牵手，有的手拿鱼竿，有的弹着五弦琴。而最迷人的是这一切都仿佛不是人为的，它们自然寂静地存在着，仿佛是这片土地上生长出来的，是这里真正的主宰。偶尔能看到的人只是一些安全人员，他们开着高尔夫车在草坪上工作。泰勒一生走过了世界上无数的地方，不能算是一个没有见识的人，但这一切景象让她兴奋得不敢相信自己的眼睛。

　　等泰勒的飞机在这"世外桃源"降落后，一辆豪华轿车把她带到了杰克逊的大房子。在那里，泰勒看到了巨蟒、眼镜蛇和响尾蛇。在主客厅里有一个大屏幕，上面24小时不间断地在播放

伊丽莎白·泰勒出演的优秀影片。客厅的墙纸是杰克逊亲自设计的，上面铺满了泰勒各个时期的画像。泰勒在这里可以随意点她想吃的东西。她同迈克尔·杰克逊一起吃核桃仁巧克力，蘸着番茄酱吃奶酪煎蛋。当一个侍者拿着最普通的薯条从泰勒身边走过的时候，泰勒马上叫住他问："你这东西是从什么地方搞到的？"几分钟后，她已经又干掉了一大盆薯条。杰克逊看着泰勒狼吞虎咽的吃相，笑得无忧无虑。

在梦幻庄园里，泰勒还可以尽情地和大猩猩玩耍，杰克逊甚至在客厅里给泰勒的宠物准备了布袋床，把泰勒当成了一个需要照顾的小女孩。泰勒在梦幻庄园里找到了回家的感觉，要知道她真的是许多年都没有回过家了。泰勒和杰克逊聊起他们童年时代赚到的钱，同样几乎全部都奉献给了家人；而成年后他们就离开家，不停地工作，不停地支付家人的费用，却很少得到来自家庭的照顾。伤心难过的时候，除了向朋友寻求安慰，就只能去住院了。

说起这些，杰克逊在泰勒伤心的时候为她写了一首歌，歌的名字就叫《童年》，他这样唱道："有谁能帮我们找回失去的童年？"

在梦幻庄园生活的时候，泰勒发现杰克逊是一个很好的人。

杰克逊有一大堆洋娃娃，他很爱孩子，常常邀请一些身患重病的孩子定期来家里玩，可能因为他自己再也变不回一个孩子，所以他对孩子有一种过分的疼爱，当一个10岁的孩子用纸巾为他擦去眉毛上的汗珠的时候，杰克逊立即感动地拥抱那个孩子。这也是后来引发杰克逊"娈童"丑闻的原因。泰勒认为这一切都是因为对外人来说杰克逊是个很神秘的人，他在自己的艺术之路上走得太远，而人们认为任何具有神秘魅力的人都会有某种古怪的行为。

这时我们已经可以体会他们之间心灵的呼唤了。两个人都功成名就，同样富有，年龄上又相差很远，如果没有心灵上对彼此的强烈需求，根本不会走到一起。另外，心灵的呼唤这种现象，一旦发生就不可抵挡，想不走到一起都不行。

杰克逊曾经想拍一部录像片，泰勒一直支持他，给他介绍一些相关的朋友和导演。他们越来越感到对方是上天赐予的宝贵财富。有天晚上，杰克逊把自己装扮成泰勒的电影《玉女神驹》中的男孩的样子，向泰勒求婚。泰勒笑着拒绝了。她觉得杰克逊就像一个大孩子。

1989 年，杰克逊获得"灵魂列车遗产奖"，为他颁奖的正是伊丽莎白·泰勒。泰勒当时的激情演讲给世人留下深刻的印象："什么是当下的传奇？什么样才叫天才？谁是超级巨星？答案是迈克尔·杰克逊。当你觉得已经足够了解他的时候，让你想不到的是他又会带给你更多的惊喜。而且我认为杰克逊是地球上最善良的人，他是真正的流行乐、摇滚乐之王，他是灵歌乐之王！"

"King of Pop（流行音乐之王）"这个说法完全是泰勒即兴发挥的，原定的颁奖词里面是没有这句话的。这个泰勒开创的新说法，从此成为杰克逊的代名词。全世界的歌迷们都知道、接受并且热情地这样呼唤着杰克逊，他们的歌王，不坠的明星。

1997 年，泰勒被诊断出脑部有肿瘤，美国广播公司为她举办了 65 岁生日宴会。为了庆祝她的生日，杰克逊亲自写了一首名为《伊丽莎白，我爱你》的歌曲，并作为生日礼物送给她。这首动人的歌成了传世的经典。歌词是这样写的：

Elizabeth, I love you

美丽不哀愁
——伊丽莎白·泰勒的传奇一生

(Written and composed by Michael Jackson)

Welcome to Hollywood

That's what they told you

A child star in Hollywood

That's what they sold you

Grace with beauty, charm and talent

You would do what you were told

But they robbed you of childhood

Took your youth and sold it for gold

Elizabeth, I love you

You're every star that shines in the world to me

Elizabeth can't you see that it's true

Elizabeth, I love you

You're more than just a star to me

Lovely Elizabeth

You have surpassed them all

My friend Elizabeth

Learned to outlast them all

Many started back when you did

Lost their way and now they're gone

But look at you, a true survivor

Full of life and carrying on

· 194 ·

This is your life

You seem to have it all

You reached your peak

They wanted you to fall

It's very sad, this world can be so bad

But though all the heartaches

When they put you down

You know you were the victor

And you earned the crown

It's like walking through the fire

Determined to win

You were beating life's battles

Again and again

Elizabeth, I love you

You're every star that shines in the world to me

Elizabeth can't you see that it's true

Remember the time I was alone

You stood by my side and said:

"Let's be strong"

You did all these things

That only a true friend can do

Elizabeth, I love you

美丽不哀愁
——伊丽莎白·泰勒的传奇一生

The world knows your work now
I pray one day I'll be just like... you.

《伊丽莎白,我爱你》
(作词、作曲:迈克尔·杰克逊)

欢迎来到好莱坞
他们是那样说的
一个好莱坞的童星
他们这样将你出售
你的美丽带着优雅,如此迷人而才华过人
你听从他们去工作
他们却绑架了你的童年
掠夺了你的青春用来交换财富

我爱你,伊丽莎白
你像星星那样照耀着我们
你可曾看见,伊丽莎白
我爱你,伊丽莎白
你对我不只是一颗天际的明星

伊丽莎白,亲爱的
你已经凌驾所有人
我的爱友伊丽莎白
学着比他们活得更长久

· 196 ·

当你还在前进，多少人已经退缩
迷失方向，甚至就此消失
但是看看你吧，你是真正的幸存者
坚持了一生

在你的生命中
你拥有了全部
你还到达了顶峰
也许有人要让你坠落
世界上总会有些让人伤心的事情
但当你穿越那些心痛的往事
即使你被冷落
你要知道你依然是胜利者
王冠属于你
你从烈火中穿过
执著不放弃，最终胜利属于你
你为生命而战
永不放弃

我爱你，伊丽莎白
你是永远的星星，照耀我的世界
伊丽莎白，你可曾看到
回想当我孤独之时
你站在我的身边伴随，说
"让我们坚强起来"

你做了真正朋友能够

做的一切

我爱你，伊丽莎白

此时此刻，整个世界认可你的成绩

我祈祷有一天我可以像你一样

　　迈克尔·杰克逊看似是在唱好友泰勒在聚光灯下度过的"不幸"童年，其实也是在唱他自己。这首歌由他娓娓唱来，几能令人心碎魂伤。

　　泰勒在杰克逊的梦幻庄园接受采访的时候是这样形容杰克逊的，她说："迈克尔和我有许多共同之处。我认为他再正常不过了，而且是个非常有头脑又精明的人。他为人很有同情心，善解人意，而且直觉力强，就是有些时候过分地慷慨大方了。"

　　杰克逊听到这里，不好意思地在她的身边微笑着。她又接着说："如果说有什么古怪的话，那就是迈克尔超越了一般人的真实人生，有的人就会不能接受，不能面对，不能理解他。他是个表演的天才，摇滚之王。他用灵魂歌唱。所以没有人可以跳出这

泰勒谈起杰克逊，他们是知己，是灵魂的伴侣

杰克逊不好意思了

种舞，写出这种歌，或者引起像他那样的轰动。"有多少人能说得这么透彻？高山流水，不过如此。

在提及他们之间的感情别人也不能理解时，泰勒说得非常坦荡大方："我们的童年很相似，这是我们最好的共通点。我9岁当童星，父亲暴虐，这样的经历让我们很谈得来。我想让世界上所有的人都知道他有爱心，性格慷慨而且关怀他人。我想让大家明白他人有多么的好！"

虽然泰勒拒绝了杰克逊大孩子般的求婚，但是杰克逊也会像那些同泰勒有过婚史的男人一样送给她贵重的珠宝（那些珠宝大多象征着永恒不变的爱情，可惜最终都是"爱情不知何处去，珠宝依旧笑春风"）。

杰克逊知道泰勒的珠宝堆积如山，就送给她一个装珠宝的箱子，那里边收藏了许多著名的奢侈品，各种名表、钻石、项链等。他觉得这些美丽贵重的东西适合泰勒，希望她可以拥有并且快乐。

同其他送珠宝的男人不同，这位流行音乐之王与泰勒的关系比她与任何一位丈夫的关系都要长久。他们之间虽然没有婚姻的契约，但两个人相处之时仿佛没有矛盾，没有发生过任何的争吵，更不用说打斗了。他们彼此了解，彼此信任，互相深深地关怀着对方，可以说是"姐弟恋"的典范（也可以说是"忘年恋"，因为泰勒比杰克逊大26岁）。每当一方在挫折和危机中陷入痛苦，另一方就会成为对方的安慰与支柱。当然，主要是泰勒支持杰克逊。

他们之间的关系似乎也可以被视为超出了精神恋爱，因为杰克逊曾经多次向泰勒求婚，并且热切地希望能拥有一个有两个人血脉的孩子。他非常想和泰勒生一个孩子，希望可以将她美丽而优秀的基因延续下去。连办法他都深思熟虑好了，那就是用他自

己的精子和泰勒女儿的卵子结合，再另找一个女人代孕。

泰勒权衡利弊，她很认真，还就当时的科技水平进行了可行性分析，最后还是放弃了这个念头，因为他们都有许多自己的孩子，而且泰勒连孙子都有了。但是，杰克逊对泰勒的爱还是有目共睹的，他迷恋并且依赖着她。

杰克逊在和戴比·罗的婚姻中有两个孩子，其中第二个孩子有白色的皮肤，金棕色的头发，在他的脸上找不到一点杰克逊的特征，所以许多人怀疑他没有杰克逊的血脉，而是杰克逊的妻子用人工授精的方式生下来的，使用的是捐献来的精子。

当时，正好戴比与杰克逊两地分居，杰克逊和孩子们住在一起，在他的梦幻庄园里生活，而戴比则住在范努伊斯的公寓房中。这时候，迈克尔为戴比在比弗利山郊区买了一幢房子，房子价值130万美元，在美丽的弗兰克林峡谷中，依山傍水。戴比曾在比弗利山为著名医生阿诺德·克莱恩当护士。所以，人们认为她有条件也正好有时机做这样的事情。

1999年戴比对杰克逊提出了离婚诉讼，她要求杰克逊支付的金额增加到3600万美元。在提出了苛刻要求的同时，戴比自己却沉浸在与一个摩托车手的恋爱中。她拿着杰克逊的钱，天天跟着那个文了身、骑着哈雷摩托车的男人，完全把才华横溢的流行天王抛在了脑后。这种复杂的情况更使得谣言满天，众说纷纭。

几乎要被淹没在口水中的杰克逊被这段婚姻伤害，并且纠结其中无法自拔，但是这些从来也没有动摇过他对泰勒的爱，更没有影响过他对泰勒的关怀。

他和伊丽莎白之间保持着一种特殊的密切关系。泰勒还做了那个金棕色头发的孩子的养母。泰勒说："让那些纷纷扰扰的事情都见鬼去吧！即使所有人都不能理解他，所有人都攻击他，我也依然爱他。"杰克逊也说："伊丽莎白是一个真正爱我的人。"

　　不管在什么时候，他们都不会减少对生命的渴望。1999 年末，杰克逊 41 岁，他艰难地走到了这个年纪（敏感的他曾经宣称要在 40 岁生日时自杀，因此，在那一天到来的前后，他受到了严密的"监视"和保护），他想振作起来，并且再次准备复出。这段时间，杰克逊出现在《电视指南》的封面上，并且参加了《埃德加·爱伦·坡的梦魇》的拍摄工作，那是一部名人传记片。

　　这时，67 岁的泰勒乘直升机飞往他的梦幻庄园，她热爱这里，并且几年前就在此地和拉里举行了婚礼。她在飞机上高呼着："这地方太好玩了！太美了！"

　　杰克逊被她的激情再一次打动。当她这次来到梦幻庄园的时候，他热烈拥抱着她，感受她的爱。迈克尔像一个长不大的守护者，他愿意给泰勒她想要的一切，从珠宝到喷气式飞机，到剧院。他们互相爱抚，一起玩闹，相互取笑，寻找着童年时光没有得到的快乐。

　　有一天，迈克尔跟泰勒开玩笑说送给她一个水晶球，用 20 英镑买来的水晶球，就当它是"世界上最大的钻石！"泰勒听了，笑得像孩子一样，她想那水晶球一定被施了魔法，当它像钻石一样闪闪发光的时候，就可以从里面看到迈克尔和她在一起的快乐时光，帮他们找到对生活的爱。他们拼命地从对方身上索取，同时给予，用这样的方式保护心灵深处的激情。

　　泰勒的住所和杰克逊的住所离得很近，都在

泰勒在杰克逊的梦幻庄园举行了婚礼

美丽不哀愁
——伊丽莎白·泰勒的传奇一生

贝莱尔和比弗利山之间。他们平日的来往十分频繁。

1991年10月6日，泰勒决定与比自己小二十多岁的普通工人拉里·福坦斯基结婚，这是她的第八次婚礼。婚礼举行地点正是迈克尔·杰克逊童话般神秘的梦幻庄园。杰克逊成为她们婚礼的第一见证人，并且真诚地为这对新人送出祝福。

的确，他们之间有一种奇怪的魔力，他们之间的爱超出了两性关系的感情，简直无法形容。（是啊，两个神仙碰到了一起，我辈凡人能说什么。）

2003年，杰克逊被告上了法庭，饱受娈童丑闻的困扰。杰克逊爱孩子，他一直都觉得，世界上最需要呵护的就是孩子，他们都是天使。而且失去了自己童年的杰克逊深深知道，孩提时受到的创伤永不愈合，会成为一生的阴影。所以，他的梦幻庄园里总是传出孩子们无忧无虑的笑声。然而这一次，法院的传票打破了他的梦，他几乎在谣言中精神崩溃。

泰勒带给杰克逊支持和爱，他们携手出现

泰勒来到杰克逊的身边，在梦幻庄园里陪他聊天，开导他，并鼓励他直面这件事情。当年的11月，71岁高龄的泰勒打破沉默的状态，站出来为杰克逊主持公道："我的老朋友杰克逊绝对是无辜的，他的莫须有的罪名最终一定会得到平反。"对这件事，泰勒觉得传媒表现得有点"不正常"，他们不了解实情，而且在法庭没有定案前就作出有罪的判断是不公正的。

2005 年，在杰克逊的案件审理过程中，泰勒带病出庭为他辩护，她愿意用生命证明、担保杰克逊的清白。

她对朋友的支持让世人感动。2005 年 5 月 9 日，迈克尔的两名员工终于推翻原告证人的指控，他们明确表示：没有看到过迈克尔对儿童有任何不良的举动。之后，在梦幻庄园工作的员工出庭，他们反驳了原告律师的有关迈克尔侵犯男童的说法，表示一切都是子虚乌有的诽谤。

他们还指责男童品行不端，行为也不检点。证人同时还驳斥了作假证的前女仆。她是个喜欢说谎的人，而且在梦幻庄园工作期间有过偷窃的记录，所以她以前对迈克尔性侵犯的证词也是不可信的。

接下来，麦考利·克金、杰雷·诺等明星出庭作证，证明迈克尔无罪。

在泰勒和其他正直的朋友的力挺下，杰克逊熬过了那段艰难的岁月，最终被还以清白，法庭宣判杰克逊是被诬告的。只有泰勒知道这个天王是如何在痛苦中挣扎的。当时杰克逊情绪十分低落，而且不喜欢让别人感觉到他需要帮助。泰勒就像一条温暖的毯子，让他可以情不自禁地靠着她，得到安慰。杰克逊回忆的时候说："为了让我进食，泰勒多次亲手喂我。我可以完全依赖她，向她吐露心声。她就像小妈妈一样地爱护着我。"

事后，当泰勒回忆起那段杰克逊的丑闻危机的时候，她只是轻松地说："我陪着他，我们很正常，也没抱头痛哭，只是看了好多迪斯尼电影，开心得像孩子一样。"

泰勒的性格里有一种母性。早在几十年前，当许多同龄女孩子向朋友、恋人、父母寻求依靠时，她已经是他人的依靠。她在

> 杰克逊是哀愁的，但是泰勒不哀愁，她会给哀愁的男人带去希望。

《简·爱》里饰演的童年小海伦已经拥有一双母亲般关怀的眼睛。杰克逊是哀愁的，但是泰勒不哀愁，她会给哀愁的男人带去希望。

杰克逊对公益事情的大方众所周知，他一生捐款 3 亿美元，支撑着 39 个慈善机构。

伊丽莎白·泰勒的艾滋病基金会也是其中的一个。每次泰勒举办艾滋病慈善会的时候，杰克逊都会陪着她，挽着她的手走过象征慈善事业的红地毯。

1988 年 4 月到 12 月期间，杰克逊进行世界巡演，泰勒和索菲亚·罗兰在他结束瑞士的演出后向他表示祝贺，当时有将近 6 万的观众在现场欣赏了演出。那时候，杰克逊在泰勒的影响下正热心地从事慈善活动，他把自己的温布利演唱会的收入全部捐赠给了茸奥蒙德街儿童医院。与男童有关的指责像阴影一样笼罩着杰克逊，他还不能完全从中走出来。为了洗刷那些莫须有的罪名，挽回自己的声誉，杰克逊不顾一切地向冷眼旁观的世人展现他正常的一面。泰勒将所有一切都看在眼里，她很伤心。

2009 年 3 月 9 日，正在为全球巡回演唱会做准备的杰克逊突然心脏病发作，离开了人间。泰勒极度悲伤，她拒绝在杰克逊的公开追悼会上发言，她不希望杰克逊的在天之灵看到她在亿万人面前讲述她的悲伤，她相信她的感受只是她和杰克逊两个人之间的事情，不愿意跟任何人分享。她写道：我也不会出席葬礼。我不能像其他人一样将此当成一次狂欢，因为我是如此地爱他。

两个多月后，泰勒坐在轮椅上参加了只有少数亲友出席的私人葬礼。她正式地跟故友告别，目送他告别尘世。从葬礼归来，泰勒的心完全破碎了，她无法想象生活中没有杰克逊。回想一起

她写道：我也不会出席葬礼。我不能像其他人一样将此当成一次狂欢，因为我是如此地爱他。

度过的那些有趣而美好的时光，她说，我会爱迈克尔·杰克逊，直到永远。

2011年3月，伊丽莎白·泰勒也终于走完了她传奇的一生。

2011年3月24日，伊丽莎白·泰勒的葬礼在美国加利福尼亚州的格兰戴尔的"森林草地"陵园举行。她的4个儿女和10个孙子参加了葬礼。

同这位玉婆79年的传奇一生相比，她的葬礼相对很低调。但值得一提的是，除了有诸多知名影星被安葬在"森林草地"陵园，迈克尔·杰克逊也长眠于此，这对忘年交在这里成了邻居。

以小飞侠彼得·潘自居的迈克尔·杰克逊把泰勒比作童话里那个他最重要的女同伴温蒂【杰克逊的梦幻庄园就取名为"永不岛（Never Land）"，这是永不长大的彼得·潘的小岛的名字】。这次他们真的可以再相聚了，就像在童话里那样，在永不岛无忧无虑地生活。在那里没有名誉带来的烦恼，没有疾病带来的痛苦，他们再也不会寂寞了。当伊丽莎白·泰勒离开人世时，杰克逊一定等在彼岸，重新唱起那首《伊丽莎白，我爱你》，争取做第一个拥抱她的人。等她并且想拥抱她的人一定很多，那些人或许会簇拥在一起唱歌，然后说，伊丽莎白，我们都爱你。

当伊丽莎白·泰勒离开人世时，杰克逊一定等在彼岸，重新唱起那首《伊丽莎白，我爱你》，争取做第一个拥抱她的人。

天堂的相聚

墓地鲜花和只有家人参加的葬礼

孩子们

伊丽莎白·泰勒的故事人人都知道，在她的一生中有过8次婚姻，拍过几十部影片。在人们的眼中，她总是忙忙碌碌，光鲜亮丽地出现在银幕上，像那些不食人间烟火的公主一样，没有时间过普通人的生活，更不可能有时间生孩子。事实上，她不但有孩子，而且说得上是儿孙满堂。

不过，她生孩子确实比较早。24岁的时候就已经是两个孩子的母亲。当然，这在中国的农村也不算是一件新鲜的事情，但是在美丽的女明星中可以说是比较罕见的。

泰勒与第一任丈夫小康拉德离婚后，很快嫁给了人到中年的迈克尔·怀尔汀。她一边工作支撑着家里的开销，一边跟怀尔汀生了两个儿子。

泰勒虽然跟丈夫分分合合，但没有忘记照顾孩子。特别值得一提的是她的第三任丈夫托德，托德特别喜欢孩子，即便是对怀尔汀和泰勒所生的孩子也是十分宠爱，从不排斥。托德经常和孩子们一起玩耍。当然，托德的最爱还是泰勒给他生的女儿丽莎。丽莎是个早产儿，她还在育儿箱中没出来的时候，托德和泰勒就迫不及待地宣告这个婴儿的诞生了。为了庆祝女儿的诞生，丽莎出生的第二天，托德就专门给她买了一个赤金发刷作为礼物。托德遭遇不幸离开泰勒之后，泰勒马上嫁给了托德的朋友艾迪，这其中也有孩子的原因。她不想让这些孩子在没有父爱的环境下长大，而且艾迪也是个爱孩子的男人，托德对艾迪有恩，出于各种原因，艾迪也会尽心照顾托德的遗孤。

与艾迪结合之后，泰勒渐渐从失去托德的痛苦中走出来，恢复了往日的活力。但是因为身体原因，大夫建议她不要再生孩子了。但泰勒太爱孩子了，她和艾迪又收养了一个小女孩。这个小女孩天生臀部畸形，需要大笔的整形手术费，而她的亲生父母不愿负担这笔费用。于是，泰勒毫不犹豫地收养了这个有缺陷的孩子，并为她支付了整形的费用。这个小女孩玛丽亚就成为与泰勒有直系亲属关系的第四个孩子。

在拍摄《埃及艳后》期间，泰勒与理查德相恋，同时结束了与艾迪的婚姻。

与理查德结婚后，夫妻两人常常一起拍片，可以说过着军旅

在影片《巨人》中，泰勒亲切地跟孩子们在一起，给他们念信

般的生活。泰勒不想因此忽视对孩子的教育。当时，她和托德的女儿小丽莎 7 岁了，她和艾迪收养的小女孩也有 4 岁了。为了照顾孩子，让他们随时得到父母的关怀，泰勒到世界各地去拍戏都会把孩子带在身边。为了不耽误孩子的学习，她为孩子们请了家庭教师。家庭老师认为要想让孩子们成才，就应该把孩子们固定在一个地方学习，这样跟着泰勒辗转不太好。而泰勒认为，孩子成才不是最重要的，重要的是他们应该有一个快乐的童年，这样长大后才不会有遗憾。她认为孩子在童年不能缺失爱和关怀，而且传统意义上的成才不一定能带给孩子健康的人生观。所以，她没有接受家庭教师的建议。泰勒会提前一年就给孩子们定好课本，拍戏的闲暇时间也教教他们看书识字。

　　泰勒和理查德有过一段最甜蜜的时光，他俩开始变得富足起来。那个时候，泰勒希望跟理查德一起再收养一个孩子。当时，泰勒和怀尔汀的儿子小迈克尔正当 15 岁，进入了青春期的叛逆阶段。理查德考虑到对小迈克尔这个时期的教育的重要性，最终没有同意泰勒的建议。理查德这样等于为了照顾泰勒和别人的孩子，放弃了自己和泰勒拥有一个孩子的机会。从这点可以看出理查德虽然不是一个一等一温柔的丈夫，但是他确实是一个对孩子负责任的父亲。

　　尽管如此，小迈克尔还是没好好念书，被学校开除了。小迈克尔在夏威夷认识了一个名叫贝恩的女孩。当时贝恩 19 岁，小迈克尔也只有 17 岁。理查德觉得他们俩的年纪都太小了，而且高中都没有毕业，所以不同意他们的婚事。但是，贝恩怀孕的消息让泰勒和理查德震惊了，不得不让这对娃娃夫妻赶快结婚。

　　娃娃夫妻的婚礼在伦敦的卡柯斯顿教堂举行，泰勒和理查德叹着气送上了一份贵重的成家礼。当这对娃娃夫妻的小孩儿出生的时候，正在蒙特卡洛度假的泰勒和理查德又光速飞回伦敦。成为祖母的泰勒放下自己的工作和休闲活动，一心一意照顾孙女。她亲自给孙女洗澡，给她买各种各样的生活用品。为了让刚做父亲的小迈克尔学会承担并且找到自信，泰勒把小迈克尔介绍到电影公司做摄影师的助理。这工作虽然辛苦，但可以接触很多优秀的人，学到许多东西。

但是，小迈克尔一直十分叛逆。他从小生活在无忧无虑的环境中，不懂得泰勒给他的富足生活来之不易。他讨厌奢侈的生活，竟然离开泰勒为他和孙女准备的在伦敦的豪宅，搬到威尔士西部的一个贫困的山村里安了家。小迈克尔喜欢在那里过苦日子。泰勒虽然有些不明白，但向来包容的她只是希望小迈克尔有困难的时候再来找她。但是，最气不过的是理查德，他觉得小迈克尔的行为简直就是神经病。理查德就是从最贫困的地方出来的，他想不清楚为什么有人还要逼自己去忍受那样的生活。不过，忍受不了贫穷生活的不止理查德一个人。没过几个星期，小迈克尔的妻子贝恩就带着他们的孩子离开了小迈克尔在农村的家，回到婆婆泰勒的身边。泰勒为贝恩找了工作，又一次承担起了照顾儿媳和孙女生活的责任。

当泰勒和理查德的婚姻发生问题的时候，泰勒尽力不影响孩子，并且要求家庭教师，一旦她的行为对孩子的成长可能产生不良影响，希望教师能够马上提出来，她会马上收敛自己的行为。

时光飞逝，步入老年的泰勒依旧用自己独特的方式关心和爱护着孩子们。离婚、从政、生病、再婚，无论什么时候，不管发生什么样的事情，泰勒对孩子的爱始终都没有变过。2003年，为

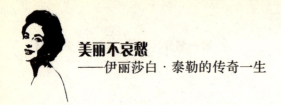

了养女玛丽亚不受欺负，泰勒甚至与玛丽亚的丈夫对簿公堂。

事情是这样的：玛丽亚自从跟性格暴躁的汤姆结婚后，过着痛不欲生的日子。泰勒深知婚姻的不幸会带给女人怎样的伤害，在她的支持下，玛丽亚跟汤姆最终分道扬镳了。玛丽亚离婚后马上抱着孩子投奔到泰勒的怀抱里。泰勒用毯子般的温柔呵护着自己的女儿。

但是汤姆不愿意就此放过玛丽亚和孩子，甚至无视法院的限制令。为了发泄私愤，他四处闹事，宣称要以绑架罪起诉泰勒。曾在婚姻的"围城"中八进八出的泰勒，什么样的男人没见过。也毫不客气地回击了汤姆的恶意指控，在法庭上挺身而出保护了自己的女儿。她的做法不但表现出了蕴涵在她心中的强大母爱，还捍卫了女性的尊严。

珠宝迷情和香水故事

很多人都知道，泰勒酷爱珠宝，也有条件收藏最名贵的珠宝，她拥有的珠宝粗算价值就有 1.5 亿美元。泰勒的珠宝，件件都堪称世间的美艳极品，而且价值连城，是璀璨与财富、地位等一切你可以想象到的价值结合的极致，但对泰勒来说，这些固然重要，却不是她深爱它们的全部原因。

泰勒爱它们，最要紧的原因是，这些珠宝每一件都含义深远，它们饱含情感。特别是当她戴上珠宝的时候，可以与人共同分享伴随着珠宝诞生和制作的那些浪漫美好的故事，希望看到的人也能获得这些美丽的造物带来的喜悦与激动。当然，那些珠宝也可将一种魔力传递给泰勒，让她散发出特有的风采，吸引和打动身边的每一个人。

豁达的泰勒和珠宝有一个共同之处，就是她们都是"美丽"的暂时看管人。清醒的泰勒不愿意被"美丽"束缚，也不会做"美丽"的奴隶，但她深知自己也做不了"美丽"的主人。珠宝也是如此，它们是"美丽"的承载者。所以，泰勒愿意让它们陪伴着自己共同经历鲜活真实的人生。如果有一天，人面不知何处去，珠宝依旧笑春风，还能帮她把曾经拥有的最美好的情感传递给后人。

珠宝可以说是泰勒最要好的朋友，是上帝送给她最好的礼物。

泰勒深爱珠宝，但她不是为珠宝结婚的二流拜金女，这是一个众所周知的事实。她是个富有的聪明女人，完全有能力为自己喜欢的任何东西埋单。但是，爱她的男人也知道她的这种热爱，

所以会送给她珠宝作为爱情的见证，这也成了男人与泰勒交流美好感情的一种方式。当男人送给泰勒珠宝的时候，把珠宝从精美的盒子里拿出来，戴到泰勒的玉颈上，顿时会呈现奇妙的世间风景。男人会惊奇地发现：那些珠宝回家了，它们不再孤独。而这样的事情是他做到的，这样的风景是他创造的，也是他第一个看到的，这种幸福只有足够有实力的男人才能享受。

泰勒作为珠宝收藏家，不喜欢独享这些世间极品的美丽。为了让它们绽放更加璀璨夺目的光彩，泰勒曾经和珠宝公司一起推出了名为"伊丽莎白·泰勒"的异国风情系列珠宝。在这里，先让我们一起走近那些泰勒珍爱的宝贝们，从它们那里，感受这位世界第一美人的珠宝世界带来的喜悦与激动吧。

钻石与红宝石相间的卡地亚项链

钻石与红宝石相间的卡地亚项链

泰勒第三任丈夫迈克尔·托德是当时好莱坞著名的电影制片人，也是多项电影新技术的发明者。他对泰勒一见倾心，不顾一切地娶到她。婚后托德对泰勒倍加宠爱，他体贴入微地照顾着泰勒，从他们结婚到托德因飞机事故遇难的 414 天的时间里，他们没有一天晚上分开过。正当芳华的泰勒跟托德一起度过了人生中最美好的时光。

这串镶着超大钻石与红宝石的项链是托德送给泰勒的礼物中相当别致的一个。泰勒常常抚摸着这串精美的项链，体味和托德在一起的时光，虽然短暂，但那段甜蜜的岁月教会她真爱的意义。这种真爱可以永远带给她无限的自信和勇气。

镶嵌着钻石的王冠

这只"王冠"玲珑精致，是世间少见的艺术极品。这也是泰勒的第三任丈夫迈克尔·托德送给她的。在托德的心中，泰勒就是他的女王，女王必须有王冠相配。她希望泰勒有朝一日真正拿到奥斯卡小金人，成为影后的时候可以戴上它。

镶嵌着钻石的王冠

在托德去世后，泰勒没有辜负他的期望，她戴着"王冠"获得了奥斯卡金像奖最佳女主角奖，两次成为真正的影后。那一刻，她的心中百感交集，"王冠"代替托德陪伴她享受最荣耀的时刻。

绿宝石胸针·蓝宝石项链·"伯顿—泰勒钻石"

理查德·伯顿是泰勒的第五任丈夫，也是第六任丈夫。伯顿不像托德那样聪慧儒雅，他的性格狂放不羁，但同样不可救药地爱上了泰勒。他的性格与泰勒有许多相似之处，他们的情爱生活吵吵闹闹，分分合合。但是某种意义上，他更了解什么样的珠宝最适合彰显泰勒的风采。

理查德和泰勒是在拍摄《埃及艳后》的时候相识相恋的。当时是在罗马，那是一个古老的城市，理查德一直希望在这里买下一件礼物送给泰勒作为相识的纪念。两人一起逛街的时候走进了

美丽不哀愁
——伊丽莎白·泰勒的传奇一生

宝格丽珠宝店。当有眼色的珠宝商神秘地从保险柜中取出这两套绿宝石首饰让泰勒试戴时，两个人的眼中都闪出了奇异的光彩。泰勒很识货，知道这套珠宝价值不菲，她没有马上闹着要理查德全部买给她，而是委婉地说："宝贝，我喜欢这个小一点的项链坠子。"而她看上的那个小一点的项链坠子还可以当胸针佩戴在华服上，一件珠宝就自然地变成了两件！旁边买珠宝的人对着理查德夸奖泰勒，意思是你现在到哪去找这么懂事的美女。这样聪明又美丽的泰勒配得上整套的珠宝。

绿宝石的胸针作为礼物，成为伊丽莎白·泰勒和理查德·伯顿轰轰烈烈的热恋阶段最为精彩的见证。

1964年，泰勒和伯顿的情爱开花结果，有情人终成眷属。

不过，同样是送珠宝，但表达爱的方式完全不同。

托德会说："你是我的女王，我爱你。"而理查德不想让人们发现他对泰勒的崇拜和爱慕，他一边花费重金挑选并买下昂贵的珠宝送给泰勒，一边取笑泰勒见识浅薄，他告诉所有的人："如果不是我介绍，泰勒什么都不知道。我告诉她珠宝的名字是'宝格丽'，她就算是知道了第一个意大利语的单词。"

绿宝石胸针

理查德·伯顿甚至说过，可能"宝格丽"是泰勒这辈子认识的唯一一个意大利语单词了。每到这种时候泰勒从来不跟理查德争辩，让他尽情地吹嘘，因为她太了解理查德不示弱的个性了。而且珠宝都戴在自己的脖子上了，还有什么可争的。确实如此，理查德·伯顿是真正的性情中人，他并不是一定要在重要的日子才送珠宝给泰勒。他可以在最平常的日子里送给她珠宝，只要他看上了，只要适合泰勒，他就会买下来给她，让她尽享这意料之外的惊喜。

有一天，理查德又心血来潮，想通过送礼博得美人一笑。他再次来到了宝格丽旗舰店。本来预备花 10 万美元挑选这次的心情礼物。但是，当他看到一套蓝宝石镶嵌的项链时，几乎停止了呼吸。比起上次的绿宝石，这次的蓝宝石才更合适搭配泰勒的眼睛。他几乎不问价钱，就毫不犹豫地买下了它们。

接下来就是最著名的"伯顿—泰勒"钻石了。

在伊丽莎白·泰勒收藏的珠宝中，最有名也最浪漫的，莫过于这颗钻石。它于 1966 年出产于南非，原石重量是 240.8 克拉，切磨成心形后重量也有 69.42 克拉。理查德·伯顿以 106.9 万美元的价格把它买下来送给泰勒。这个价格打破了当时历史上百万美元售出钻石的纪

蓝宝石项链

美丽不哀愁
——伊丽莎白·泰勒的传奇一生

"伯顿—泰勒钻石"

录。这颗钻石无论是成色还是纯净度都是最高等级的，说得上是世界上数一数二的高质量的钻石。因为伯顿对泰勒的浓浓爱意，这颗钻石被命名为"伯顿—泰勒"钻石。1970年，泰勒在奥斯卡颁奖典礼上佩戴着它出现在众人面前。理查德看着自己的爱人独领风骚，露出了会心的微笑。

1978年，当爱情历尽沧海桑田后，伊丽莎白·泰勒将这颗钻石拍卖出去，并将全部的收入作为建设基金在南非建造了一家医院，让它的价值在另一个舞台上再次绽放光彩。

漫游者珍珠项链

泰勒有条心爱的项链，下面的项坠是一颗美丽的滴水珍珠。

这颗珍珠有一个传奇的故事：16世纪的一天，一个奴隶无意中发现了一颗50克拉的珍珠，它形状迷人，就像女人眼中流出的泪滴。这颗泪滴形珍珠为西班牙王子菲利普二世所有。之后，作为定情物，

漫游者珍珠项链

他又把它送给了都铎王朝的皇后玛丽。经过了多年的传承，在1969年，当理查德·伯顿把这颗泪滴捧在手心时，就再也放不下了。他马上决定从波旁遗族手中买下这颗珍贵的滴水珍珠。理查德当时花了37000美元，就在泰勒37岁生日的时候，他把这颗在王族中流传多年的泪滴制作成项坠，镶嵌在一条项链上，并把它送给了泰勒，让这颗浸透着爱意的泪滴融化在她的胸前。

还有件最有意思的事情发生在这颗滴水珍珠上。这颗50克拉的珍珠最初并不完美，珠子上面有一道小小的疤痕，也许是多年岁月磨砺的痕迹。但最奇妙的是，有一天，泰勒突然发现这颗泪滴找不到了！难道真的融化了？焦急中，泰勒发现她的一只小狗嘴里含着东西，而她并没有给它喂吃的。当她从小狗的嘴里拿出这颗滴水珍珠时，惊奇地发现它变得更加玲珑剔透，上面的疤痕竟然奇迹般地消失了。于是，这颗王室传承的珍珠竟然在小狗嘴里再塑了完美。在这之后，泰勒按照玛丽女王照片上的样式重新制作了项链，镶嵌了这颗完美无瑕的滴水珍珠。因为这滴泪流过英国王室的历史，还漫游过小狗的嘴里，人们亲切地把它叫做"漫游者珍珠"。

雏菊项链

还有一条著名的钻石雏菊项链跟泰勒也有一段特别的缘分。1993年，泰勒获得了奥斯卡颁发的琼·赫肖尔特人道主义奖，领奖的时候，为了搭配她的华伦天奴黄色长裙，她特意借了这款钻石雏菊项链。典礼上，梵克雅宝的这款黄白相衬的项链与泰勒的气质相得益彰。典礼结束后，泰

雏菊项链

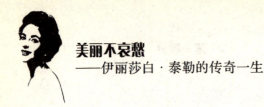

勒就买下了它，希望它可以带来幸运。

　　说过了泰勒收藏珠宝的美丽故事，再回来看看她是如何创造美丽的。

　　1986年，切斯布拉夫庞德公司用泰勒的名字注册了香水，香水生意也是越做越大。泰勒认为这也许是多年从事慈善事业得到的回报。这之后，她一直希望找到能够散发出紫罗兰气味，而且一旦用上就余香很久的香水。她坚持参与选择香水味道的整个过程，创造出了一种植物性的上等香水。泰勒把这款香水用紫色的盒子包装，而且命名为"泰勒的激情"。她认为这种香气可以让使用的人充满激情。

　　无论是香水还是珠宝，都可以帮助泰勒传达她的热情，表达她对生活、食物、孩子的不灭激情。而当她生病老去的时候，人们也许会忘记那些功成名就的辉煌岁月，但那一张张老照片上永远留下了她的美貌和与之交相辉映的美丽珠宝。每一件珠宝的背后，都有一段浪漫动人的爱情故事。当人们困惑失落的时候，还可以从泰勒的激情香水中感受那一份对爱情和梦想燃烧不灭的情怀。

第二部分　银幕上的光与影

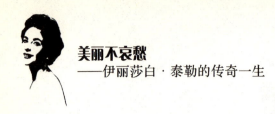

《灵犬莱西》

原片名：*Lassie Come Home*

其他中文片名：《莱西回家了》

主演：罗迪·麦克道尔

　　　唐纳德·克里斯普

　　　伊丽莎白·泰勒

上映时间：1943 年 10 月

片长：89 分钟

受到全家人宠爱的莱西

影片描写了一只可爱的狗——莱西。饲养莱西的家庭出现了财务问题，困境中主人不得不卖掉心爱的狗狗莱西。但是主人放得下莱西，莱西心里却只有主人。它在离家 1600 英里后，终于逃了出来，

泰勒扮演的小女孩非常喜欢莱西

独自跋山涉水，历尽千辛万苦也要回到主人家里。故事就这样开始了。

1943 年，11 岁的小泰勒被米高梅电影公司看中，请她出演了这部影片《灵犬莱西》。泰勒在这部影片中饰演尼格尔·布鲁斯的孙女，她与童星罗迪·麦克道尔搭档演出，把牧羊犬莱西与人类之间的感情演得活灵活现。这也使她的聪慧小美女形象第一次留在观众心中。

《玉女神驹》

原片名：*National Velvet*
主演：伊丽莎白·泰勒
　　　米基·鲁尼
上映时间：1944 年 12 月
片长：123 分钟

　　这部影片讲述的是酷爱骑马的乡村女孩维拉韦·布朗（泰勒饰）女扮男装参加赛马的故事。维拉韦是布朗家的三小姐，布朗一家本来过着平静祥和的生活，但有一天，一个叫麦（米基·鲁尼饰）的少年的出现让这个家热闹起来。

　　麦是维拉韦的母亲布朗太太已逝恩师的儿子，他失去了父亲，整天无所事事，是个典型的机会主义者。布朗太太是个善良勇敢的女人，她曾经靠游泳横渡英吉利海峡。她常对女儿讲："人的一生中，至少要尝试做一次惊天动地的事情，哪怕这件事情是一件蠢事。"

泰勒和她的驯马师

　　布朗太太很快就发现了麦的问题，但仍然出于对恩师的感激收留了麦，希望可以潜移默化地改变他的机会主义心理。

　　维拉韦受母亲的影响很深。她活泼大方，对生活充满热情，而且爱马如命，她可以用自己的眼睛跟马交流。维拉韦一直梦想能在乡村的抽彩中赢得一匹叫"派"的马，因为她觉得矫健的派可以成为她的朋友。她常常梦想着有一天可以在世界顶级的赛马障碍赛中获胜。

　　后来，她终于得到了派，而寄宿在她家的流浪者麦就成了她的驯马师。在麦的指导下，维拉韦刻苦训练，经历了不少挫折和斗争，最后女扮男装亲自出赛，终于获得了赛马的第一名。

　　虽然众人在欢呼声中发现了她是个女孩，取消了她的比赛成绩，但是她得到了所有人的赞赏，证实了任何女孩都可以参加马术运动，实现了自己的梦想。麦也被她的行为感动，他克服了害怕失败的心病，背起行囊冲向了生命的前方……

　　这部影片是在1944年拍摄的，戴着牙箍的小泰勒经过各种努力后，志在必得地演出了维拉韦。那时的她虽然还小，但表演自然生动，整部影片对少女情感世界的探触十分细腻深入。

　　在英国宁静的乡村，小泰勒驾驭着矫健的骏马如风驰骋，这一切在银幕上呈现极其强烈的艺术美感和张力，被拉伸出来的也正是小泰勒追逐梦想的不懈努力与坚定执著。是的，这不是一部有关马的电影，而是一部女孩追逐梦想的电影。特别是泰勒无瑕的肌肤、天生丽质的紫色眼睛，以及亲切成熟的气质，打动着每个观众的心。

　　12岁的小泰勒非常喜欢勇敢的维拉韦，为了演好这个角色，

影片中赛马的场景，中间的骑士是小泰勒

她每天很早起床练习马术。她每次都至少要骑上一个小时的马，竭尽全力地体会马的一切。她在房间里挂满了与赛马有关的照片和物件。

这些揣摩都没有白费，泰勒对角色的深刻理解以及投入的表演给人留下很深的印象，整部片子给人带来温馨的感觉，尤其最后的赛马戏，简直太出色了！看得人心惊肉跳，更不由得赞叹小泰勒的勇气和果敢。

电影拍摄了7个月之久，泰勒第一次感受到演员饭没那么好吃：影片中所有骑马的镜头都是由她自己完成的。她为此受了不少的罪，还从马上跌下来，摔伤了背。

　　而《玉女神驹》引起的反响也没有辜负她的努力，这铿锵有力的一役让她迅速走红，很快就成了好莱坞童星"幼稚园"里的小公主。

　　与诸如朱迪·嘉兰、米基·鲁尼等被好莱坞童星"幼稚园"摧毁了天赋的童星不同，泰勒不仅没有被摧毁，没有被名声、青春期以及好莱坞女星常常误入的陷阱所羁绊，反而乘势而上，茁壮成长并最后抵达了很多人无法企及的高度。她的发展证明，外在环境固然在一个人的成长过程中十分重要，但内在的禀赋性格无疑更能决定一个人的未来前程，正所谓性格决定命运。

　　因为在拍摄时摔伤了背，小泰勒很早就开始被伤病缠绕了。当其他孩子还不知病痛的厉害时，她不得不缠绵病榻。这让她早早懂得保护自己：因为她发现，为了工作自己奉献了一切，但当她身体不好时，老板们最快想到的，就是和她解约。

　　意识到这一切，让泰勒变得现实，她依然充满梦想，但是她知道现实永远是另一回事，只有适应现实，才能活下去。早早明白这些对她的一生十分重要，让她学会了用法律的武器保护自己。她在未来的岁月里，虽波澜不断、跌宕起伏，但扎扎实实地度过了丰富多彩的一生。

　　《玉女神驹》获得了美国电影学院"十佳体育电影"称号。

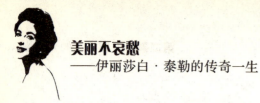

《小妇人》

原片名：*Little Women*

其他中文片名：《兰闺春怨》

主演：伊丽莎白·泰勒

　　　苏珊·萨兰登

上映时间：1949 年 3 月

片长：121 分钟

　　《小妇人》是美国作家路易莎·梅·奥尔柯特最著名也是最成功的一部作品，是根据她自己的生活经历写成的。它表达并提倡忠诚、慷慨、宽容、勇敢这些美好的品质，这一切令这部作品拥有了超越时光的生命力，成为不朽的经典。

　　影片展现了一个英格兰家庭马奇一家在战争期间的小日子，主要是母亲带着 4 位美丽而忙碌的女儿的日常生活，并以感情发展为线索，描写女孩

母女一起看信

们在成长过程中的天伦之乐，她们打打闹闹又重归于好，渐渐长大成熟，寻找自己的生活。

泰勒演出的艾米总是穿得比其他姑娘漂亮

在4个姐妹中，大姐梅格美丽端庄而且做事干练，但是她却很不喜欢劳动，她梦想着有朝一日成为贵妇人。

乔是二姐（苏珊·萨兰登饰），她是个活泼且大大咧咧的女孩，理想是通过奋斗成为一个作家，并且很蔑视假装斯文的习俗。

泰勒饰演的艾米金发碧眼（戴了假发），是家里最漂亮的女孩，自信大方的艾米喜欢吃东西，珍爱自己的美丽，同时热爱身边一切美的事物。她悄悄立志成为一个高贵富有的女人，最后她做到了。

还有体弱多病、性格内向的贝思，喜欢独自在音乐的海洋里遨游。

电影演绎了她们在成长过程中遇到的麻烦：初恋的惊喜，对财富的渴望，理想与现实的冲突，感情与理性的冲突。这些是各个时代的女孩在成长过程中都会面对的选择和苦恼。她们有不同的性格，命运也不尽相同，但是她们都是独立坚强的女孩。她们都热爱生活，热爱亲人，渴望爱情，眷恋家庭。

她们的父亲马奇先生是个牧师，在战争期间随军出征，大部分时间不在家中。大姐梅格为了补贴家用，每天给邻居家当保姆，

照顾孩子。二姐乔也常常用给脾气粗暴的姑姑朗读的方式，换取一点微薄的收入。

大姐梅格在爱情上遭遇了风波。她因为寒酸的衣服被戏弄，当她跟母亲说出心事后，才渐渐认识到不切实际的攀比是多么的无聊，朴素勤劳才是她真正的魅力所在。最终梅格与邻居劳里的家庭老师结婚了。虽然婚礼很简单，但是梅格靠着丈夫的肩膀幸福地说："我才不在乎别人怎么说，这就是我要的婚礼。"

乔长大后也爱上了一位教授，教授虽然穷，却温柔而博学。

艾米爱上了富有的邻居劳里。劳里本来很爱二姐乔，但是他最终发现，真正可以带给他快乐的女人只有艾米。就这样，劳里和艾米走到了一起。

电影《小妇人》情节简单，但真实感人。

几个米高梅小明星苏珊·萨兰登、琼·艾尔森、珍妮特·利、玛格丽特·奥布赖恩、玛丽·阿斯托和小泰勒一起出演了这部彩色影片。小泰勒扮演的艾米美丽可爱，虽然略显傲慢，但生活也教会她勇敢善良。

> 小童星大多数都随着长大失去了光彩，苹果脸的小泰勒却成了一个异数，几年后，她成为了"世界上最美丽的女人"。

因为电影公司的造星体制，这些小童星大多数都随着长大失去了光彩，苹果脸的小泰勒却成了一个异数，几年后，她成为了"世界上最美丽的女人"。

这部影片获得了 1949 年奥斯卡最佳改编剧本奖和威尼斯电影节最佳女主角奖。

右边是直爽的二姐，她在给聪明的艾米讲戏

《岳父大人》

原片名 : *Father of the Bride*

其他中文片名 :《新娘的父亲》

主演 : 斯宾塞·屈塞

　　　伊丽莎白·泰勒

　　　琼·贝内特

上映时间 : 1950 年 6 月

片长 : 92 分钟

　　1950 年的这部《岳父大人》是简单的轻喜剧，它用轻松大方的手法表现了父亲无奈地嫁出心爱的女儿时的复杂心理变化。

　　出演此片的时候，泰勒正好是花骨朵一样的 17 岁，艳光四射。在影片中，她饰演了斯宾塞·屈塞那个马上就要出嫁的女儿——凯。屈塞扮演的父亲认为女儿年龄尚小，根本不用着急嫁人，他觉得女儿是世界上最可爱的姑娘，没有哪个男孩能配得上她。

　　凯很爱自己未来的丈夫，但始终得不到父亲的祝福。为此，父女之间发生了一系列小冲突。女儿伤心地控诉父亲透过有色眼镜看待她的爱人，父亲在女儿的眼泪面前溃退三千里，只好赔礼认错，无奈地开始了解未来女婿，并尽力宽大地对其进行新的评估。

　　他一边帮女儿筹办婚礼，生怕婚礼让凯有一丁点委屈，一边盼着女儿跟女婿闹矛盾，

17 岁的泰勒扮演的女儿是父亲的掌上明珠

美丽不哀愁
——伊丽莎白·泰勒的传奇一生

结婚是两个家
庭的事情

最好是分手，这样他就不用把女儿嫁出去了。但同时他也希望女儿能得到幸福。影片剧情就在这种纠结的推动中发展变化着。当凯和未婚夫闹起别扭说不嫁了时，她的老爸心中暗自欢喜得几乎跳舞，当一对小情人迅速和好时，父亲又怅然若失地重新回到筹备婚礼的日程里去。直到婚礼结束，女儿离家后，他才平和地（也是筋疲力尽地）和妻子跳起舞来。

泰勒在影片中有些小脾气的表演自然大方。而且这部影片也因为轻松愉快的表演形式，上映后得到广大观众的充分认可。1951年，这部影片竟然在观众的强烈要求下，原班人马延续第一集的故事，拍摄了续集《玉女弄璋》，父亲以为嫁出女儿就万事大吉，岂料他很快就要当外祖父，随着孩子的出生，他的整个生活都被破坏了……

最有戏剧性的是在电影之外，年轻的泰勒在生活中假戏真做，真的很着急地把自己嫁了出去，她的丈夫是当时酒店业大亨小康拉德·尼科尔森·希尔顿。但是生活毕竟是生活，不像《岳父大人》的剧情那么完美，虽然有一个超级盛大的婚礼，但泰勒在最美丽的岁月里缔结的这第一段姻缘仅仅维持了9个月就结束了，她从此走向了更广阔的人生。

父亲引着泰勒走进结婚礼堂

《郎心如铁》

原名：*A Place in the Sun*
其他中文片名：《阳光普照的地方》、《阳光照耀之地》
主演：蒙哥马利·克里夫特
　　　伊丽莎白·泰勒
　　　谢利·温特斯
上映时间：1951 年 1 月
片长：122 分钟

　　这部影片改编自德莱塞的长篇小说《美国的悲剧》，是一部经典爱情片，故事情节非常简单：

　　出身贫寒的美国青年乔治（蒙哥马利·克里夫特饰），从乡下来到城市投靠他的叔叔，在等待叔叔的时候，他第一次看到了梦幻般漂亮的富家千金安吉·维克斯（泰勒饰）。但是他的身份和处境与安吉天差地别，虽然他深深受到安吉的吸引，但这次短暂的碰面也只是碰面而已，安吉甚至没有注意到他。

　　刚进城对一切都很陌生、有些茫然又有些惆怅的乔治在

刚进城对一切都很陌生，有些茫然又有些惆怅的乔治

叔叔的帮助下，到印刷厂里做了一名小职员，他很努力。在这段时间，他与厂里女工艾丽丝（谢利·温特斯饰）产生了感情。几个良宵之后，艾丽丝怀上了乔治的孩子。

就在这时候，乔治的叔叔邀请他出席家庭宴会。在舞会上，乔治又遇到了美丽的安吉。这一次邂逅，安吉爱上了年轻英俊的乔治，并且热烈大方地追寻自己的爱，她一心想跟乔治白头偕老。美丽纯洁的安吉令乔治目眩神驰，他们坠入了爱河。安吉的家族也高兴地准备接纳乔治，她的父母觉得这个年轻人很有培养前途，只要女儿得到幸福就好。

热恋中的乔治和安吉

乔治对安吉的感情一日千里，安吉带给了他青春、关怀以及对未来的无限憧憬。在她身边时，乔治就像一个安全而自由的孩子。他很想结束和艾丽丝的关系，但是怀着身孕的艾丽丝无论如何不同意，她用各种方式要求乔治回到自己身边，甚至以死相逼。为了不让自己和安吉的这段梦幻般的感情在阳光下破碎，乔治陷入了迷茫。他本能地觉得，如果艾丽丝不存在就好了。于是他慌乱地设下圈套，约艾丽丝一起去划船，准备把她带到没人的地方，再推到水里淹死。

然而，当一切都准备好的时候，乔治根本没法下手，与其说他良心发现放弃了计划，还不如说他始终都在爱情和责任之间挣扎，他被这种纠结折磨得满头大汗，完全像个快要被逼疯的孩子。

恰巧在这个时候，艾丽丝突然站起身向乔治走来，乔治本能地躲避她的靠近，于是动荡中真的翻船了，艾丽丝失足落水。

乔治知道艾丽丝不会游泳，但他已经完全陷入混乱。他爱得太累了，现实令他处理不了，只想着快快回到安吉身边，靠在她天使般的肩膀上好好休息一下。于是他慌张地趁机游走了，没有尝试救艾丽丝，而是直接回到岸边。他什么也没有想，直奔安吉那里寻求安慰，艾丽丝和她腹中的孩子就这样溺死在水中。

在船中乔治被纠结的心理折磨得满头大汗

然后很快地，乔治被捕了。这件事，他只是有犯罪的动机；但是当他面临指控说出实情的时候，没有人相信他，每个人都认为他是为了自己的发展千方百计地追求安吉，又为了抓住向上爬的机会而掩盖丑闻，残忍地害死女工。

指控官把乔治说成没有人性的暴徒，乔治也

疲惫的乔治只知道逃回安吉身边，安静地睡着了，他太累了

美丽不哀愁

——伊丽莎白·泰勒的传奇一生

乔治被指控官
逼得语无伦次

只会睁着茫然的眼睛，没法应对法庭的讯问，甚至不懂得大声说出自己不是凶手。就这样，可怜的乔治最终被判处死刑。

这显然是个误判，但乔治还是被送上了电椅，结束了年轻的生命。他甚至没来得及成熟，没能弄懂什么是真正的爱情，一切就都已经结束了。不知情的安吉也遭到了公众的声讨，她大病一场，悲痛欲绝地来到监狱，与即将被处刑的乔治见了最后一面。

阳光依然照耀，然而乔治、艾丽丝、安吉的爱情就这样以悲剧告终。他们都曾经对生活抱有美好的憧憬，但是一切都破碎了。

影片在塔霍湖拍摄。蒙哥马利·克里夫特、伊丽莎白·泰勒、谢利·温特斯3位主角选角得当，演出精彩，给这个传统的忘恩负义的（带有陈世美色彩的）爱情故事赋予了新的思考。蒙哥马利演的乔治对爱情和责任的取舍还引发了争议：他究竟有没有资格追求新的人

狱中的乔治

生？他是个穷人的孩子，有没有资格改变命运？

　　影片中，艾丽丝在知道自己怀孕后想过打掉孩子，两个人也曾一起找到医生。但是，那个时代的医生认为打胎是不道德的，没有给她任何帮助，只是严厉地责怪她是个不负责任、大逆不道的母亲。这让艾丽丝和乔治失去了解决问题的机会，也逼着艾丽丝追寻已经没有爱的婚姻。

　　乔治的懦弱也把他推向了悲惨的结局。他可以有很多种办法解决问题：可以直接告诉安吉，只要安吉真心爱他，他们可以共同面对丑闻；他也可以跟艾丽丝一起缓和下来再慢慢解决问题。但是他无法承受安吉和艾丽丝的爱与压力，也没有人可以商量，就这样选择了看似最容易得到解脱，却再也没有回头机会的道路。

　　出演乔治的蒙哥马利的俊美可说是公认的，除了无可挑剔的脸部线条之外，他的皮肤还具有风霜刻画过的恰到好处的粗糙，那种男人的风采反而会令人对他油然而生保护欲。所以，他饰演的乔治在最后走向刑场的时候，大家反而会觉得他终于可以从痛苦中解脱了，因为他的一生太纠结、太辛苦。

马上要被处决的乔治与安吉最后见了一面

　　情窦初开的泰勒更是具有非凡的美貌。她犹如一朵刚刚盛开的玫瑰，导演乔治·斯蒂文斯在选择由她出演安吉的时候说："泰勒的美是现实中没有的，她是独一无二的，她将会是所有美国少

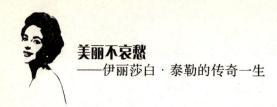

年的梦中情人。"她所饰演的安吉令所有人觉得，乔治的选择是自然而然发生的，乔治的爱也是不掺一丝水分的。

泰勒和蒙哥马利在银幕上展现的几乎是极致的美，从宣传照片上可以看出这一点。一时间，他们被认为是好莱坞最般配的一对银幕搭档。

在拍摄过程中，导演的严格使得 17 岁的泰勒吃了不少苦头。虽然在奥斯卡奖的角逐中空手而归，但是在其他方面她还是受益匪浅的。因为这部影片，她结识了 28 岁的蒙哥马利·克里夫特，这个男人成为她一生的挚友。

出演这部影片让泰勒明白了一个道理，作为一个出色的演员，光有美丽的外表还不够，对电影的专注才是最重要的。如果说《玉女神驹》是泰勒的成名作，那么这部《郎心如铁》可以说是她电影表演的"启蒙之作"，她踏入了那道门槛，爱上了表演。

同时，《郎心如铁》可以说是泰勒在事业上的一个转折点，她美丽的形象从此深入人心，从此开始了大明星的生涯。在这之后，泰勒尽自己的全力在电影世界中进行拼搏与探索，她不断攀登，最终迈向电影艺术的顶峰。这条崎岖不平的道路上浸透了她的心血。

影片获得 5 项奥斯卡大奖。在纪念电影诞生 100 周年的时候，美国电影学会评选出 100 部最佳影片，这部黑白影片也在其中占有重要的地位。

《魂断巴黎》

原片名：*The Last Time I Saw Paris*
其他中文片名：《魂归巴黎》、《情断巴黎》、《我最后一次看见巴黎》
主演：伊丽莎白·泰勒
　　　范·强生
上映时间：1954 年 11 月

　　《魂断巴黎》是根据 F. 司格特·菲茨菲拉德的著名短篇小说《重访巴比伦》改编而成的电影。影片讲述了第二次世界大战后，美国军士查理·威尔（范·强生饰）因为作家梦决定留在浪漫的巴黎。当他在文艺界寻找机会的时候，认识了富有的艾斯渥家族，并与大小姐玛莉成为朋友。

　　而一次偶然的机会，查理见到了艾斯渥家族二小姐海伦（泰勒饰），海伦热情大方、性感迷人，他们迅速相爱并结婚了，过着美满的生活，还生了一个美丽的女儿。因为艾斯渥家族的资助，查理过着富裕的生活，但是正因如此，他总是念念不忘他的作家梦，觉得当不了功成名就的作家，自己就没有价值。他拼命写稿，却遭遇一连串的退稿，写得越快，退得越多。

　　查理受到刺激开始酗酒，觉得都是妻子家太有钱，给他压力太大，于是冷落了美丽的妻子海伦。海伦为了排解烦闷，每天晚上在各种娱乐场所游玩，乱交男友。

初次见面，海伦就射中了查理的心

在一个大雪纷飞的夜晚，海伦回家很晚被关在门外，她只穿了一件红色丝绸晚礼服，肩膀裸露在外面。她用力撞门，叫喊丈夫的名字，想和他好好谈谈。但是查理喝得烂醉，没有给她开门。海伦就这样被冻晕在雪地中，不久就因肺炎去世了。他们的孩子判给了海伦的姐姐玛莉抚养。

查理失去了妻子和女儿，伤心返回美国。他悔过自新，不但戒酒还发奋成为了小说家。或许因为海伦的死，他才有了题材和感悟，写出了东西。但是他心里忘不了女儿，那是妻子唯一留给他的，是他们爱的结晶。查理重返巴黎恳求玛莉的原谅，希望玛莉能把女儿的监护权还给他，却屡遭拒绝。查理不知道玛莉早在海伦之前就爱上了他，一直记恨查理对海伦的一见钟情。玛莉不允许查理看女儿是对他的报复。

影片中每个人在感情上都犯过错，也没有得到完美的幸福，但是最终都得到了宽恕，走向新生活。结尾处，玛莉把查理的女儿还给了他，让他们父女团聚了。而玛莉自己也有了心爱的家人，放下过去，投入新生活。

泰勒饰演的海伦，从一名初恋的少女到失去感情的妻子。这个过程中的心理变化被泰勒演得丝丝入扣。在影片里，她活力四射、热力逼人，可惜没有嫁对丈夫，和泰勒的其他影片比，总算红颜薄命了一回。

这部影片重视对人性的探讨，在当时没有得到好评，1954年，即使在好莱坞，也还是会有许多保守和偏见。几十年后，它重新得到重视，产生了极大的影响力。

无法心灵相通，咫尺之间是世界上最远的距离

《狂想曲》

原片名：*Rhapsody*
主演：伊丽莎白·泰勒
　　　维托里奥·加斯曼
　　　约翰·埃里克森
上映时间：1954 年 3 月
片长：115 分钟

这部查尔斯·维多导演的电影说的是一个爱情故事，反映了一个年轻美丽的女子对爱情的思索。究竟什么是男人的成功？什么样的男人才值得女人去爱？

影片的剧情很简单：富家女露露（泰勒饰）爱上了一个有天赋的小提琴家保罗（维托里奥·加斯曼饰）。女孩的父亲非常不喜欢保罗，他认为保罗的傲慢远远大于他的才华。露露却不同意父亲的看法，一直追随着保罗，还为他

露露深深地被维托里奥扮演的小提琴家吸引并很快爱上了他

美丽不哀愁
——伊丽莎白·泰勒的传奇一生

去参加音乐辅导。但是，比起露露的爱，保罗更享受众星捧月的感觉，当他在剧院表演成功后就专心演出，决定一段时间里不再与露露来往，因为他打算专心音乐，不被露露的爱情和婚姻打扰。于是他毫不留恋地离开失望的露露，到各地去演出。

这个时候，镇上有个钢琴家詹姆斯（约翰·埃里克森饰）深深地爱上了露露。与保罗不同，他一心要娶露露，而且只有露露在身边的时候，他才能弹出最美的音乐。露露答应了钢琴家的求婚，他们决定返回小镇，在剧院举办演出。那正是保罗成名的剧院。

这时候，功成名就的小提琴家巡回演出归来，他仍然希望露露再回到他的身边。已经嫁为人妇的露露想起自己的爱情，她犹豫了。这时詹姆斯的演出也开始了。他演奏的时候，露露来晚了，她坐下来倾听，在詹姆斯的钢琴里面饱含了浓浓的爱，那种对爱的渴望和追求深深地打动了露露，而他充满热爱的音乐也虏获了所有听众的心。詹姆斯成功了。如同当年保罗一样地成功了。

面对保罗的追求，看着为音乐抛弃她现在又回来找她的保罗的眼睛，露露终于明白了自己要什么。保罗的小提

詹姆斯对露露表达自己的真实感情

琴拉得固然好，但缺少了爱的音乐只是技巧的展示，会随着时间而消逝，而詹姆斯的音乐才是永恒的爱。

她拒绝了保罗，飞奔回去找詹姆斯。詹姆斯成功后没有像当年保罗那样，享受被众人团团围住祝贺的满足感，而是躲开万人簇拥的环境，一个人坐在钢琴旁等着露露的回心转意。

影片在詹姆斯和露露的热吻中结束。

泰勒出演这部影片的时候风华正茂，白里透红的肌肤晶莹剔透，一出场就惊艳动人，特别是那件白色的披肩，成为影迷永远的记忆，露露曾经骄傲地披着它向保罗走去，像个快乐的小公主。泰勒后来结婚旅行时一直把它披在肩上，她知道影迷们热爱她的装扮。

《巨人》

原片名：*Giant*

其他中文片名：《巨人传》

主演：伊丽莎白·泰勒

　　　洛克·赫德森

　　　詹姆斯·迪恩

上映时间：1956 年 11 月

片长：201 分钟

《巨人》是导演乔治·斯蒂文斯根据埃德·纳费伯的著名史诗小说改编，用 4 年时光拍摄完成的一部巨作。这部影片由伊丽莎白·泰勒与詹姆斯·迪恩、洛克·赫德森共同出演，向观众呈现了三代人的生活变迁，以及贯穿变迁始末的一个女人奋斗的一生。

影片开始，外表温润的得州牧场主毕克（洛克·赫德森饰）机缘巧合遇上了肯塔基州的美丽姑娘莱丝丽（泰勒饰）。当莱丝丽身着黑色

莱丝丽身着黑色骑装，从毕克身边骑马飞驰而过，瞬间虏获了他的心

年轻时相识相恋，结为夫妻

相濡以沫，白头偕老

骑装，从毕克身边骑马飞驰而过，对他回眸一笑时，毕克被她充满生机的风采所吸引，立刻认定这就是他一生想要相伴的人。

莱丝丽过门后，离开风景秀美的家乡，跟随毕克回到了得克萨斯，当时的得州还是一片未开垦的炎热荒野，牛仔的家乡。出身大家的莱丝丽放下了原来的生活方式，努力习惯那里的新生活。

一个家里只容得下一位女主人，毕克的姐姐已经掌控家事很多年了，很排斥这个城里来的美丽女孩，并且希望早日赶走她。两个女人之间发生了激烈的矛盾冲突。毕克从小被姐姐带大，很尊重她，但是他更深爱着莱丝丽，不想让她离去，竭力帮助她适应这里的新生活。莱丝丽和丈夫之间的爱起到了缓解矛盾的作用，而且，他们很快就有了爱的结晶——一对性格迥异的儿女。

有了孩子以后，随着生活的变化，莱丝丽真正成熟起来。她看到了许多不同阶层的人们的生活，从中体会到了他们生活的艰辛。同时，她的个性也发生了一些变化，从一个城里的纯洁大小姐变成了一个勇敢担当、独立自信的成熟母亲。

她在教育孩子等许多问题上都与丈夫产生了分歧。毕克并不

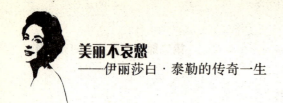

是那种完美的丈夫，他的性格中有一些缺陷，总是不愿意听取妻子的建议，即使自己的行为是愚蠢的，他也想进行到底。为了孩子的教育问题，莱丝丽在几经努力无效的情况下，带着儿子回了娘家。

当年，与这对夫妻一起来到得州的还有一个年轻人杰特（詹姆斯·迪恩饰），他是个长工。杰特性格桀骜不驯，热爱生活。他一直暗恋莱丝丽，当莱丝丽对生活感到失望压抑的时候，杰特会帮她排遣心中的痛苦，两个人成了要好的朋友。

莱丝丽回到城里之后，毕克深深地感到妻子的重要，他赶去她的娘家请求和好，莱丝丽原谅了他，两个人一起回到家里，恢复了正常的家庭生活。

莱丝丽所不知道的是，杰特早已深深地爱上她，不能自拔，他多年来一直守候在隔壁，默默看着她。当莱丝丽和丈夫发生不和的时候，杰特萌生了希望，他盼望着他们分开。但是许多年过去了，他一直没有等到这一天。

杰特以为，自己无法得到莱丝丽的原因是自己是个没有财产的穷人，于是他努力开拓，拼了命也要发家致富。上天好像知道他的决心和痛苦，他竟然在别人赠送给他的一小片荒地里开采出了石油。杰特一夜暴富，就这样一步步成为了富甲一方的石油大亨，但他真正的愿望却始终不能实现，莱丝丽就住在隔壁，然而咫尺即是天涯。

此时，他们的下一代已经长大成人，莱丝丽的女儿很崇拜这个桀骜不驯的杰特叔叔，可是这没有用，莱丝丽毕竟是别人的妻子。随着时间的推移，杰特跟毕克家族之间产生了难解难分的恩怨。谁也不知道这恩怨的起因是爱情。杰特成为巨富了，可是金钱弥补不了他内心的空虚，也替代不了相爱的人相守的幸福。

杰特因为得不到莱丝丽而一直耿耿于怀，他沉浸在说不出的痛苦中，无法解脱。于是他费尽心机要在财富、排场、气势上压倒毕克，却始终没有收到效果。

影片末尾，在他盛大的生日宴会上，当宾客散尽时，酩酊大醉的杰特独自面对着曲终人散一片狼藉的会场，发表了自己的演说。在这次的演说中，他吐露了自己一生的遗憾就是没有机会得到那个伟大的女人——毕克的妻子。这场演说只有莱丝丽的女儿听到了，她这时才恍然大悟，明白杰特爱的是自己的母亲。

最终的结局是，杰特沉溺在酒精中颓废度日，而莱丝丽一家人依然过着幸福的生活。仿佛要告诉世人，如果在最初的那一时、那一刻没有得到，那么一生都无法得到了。有些最珍贵的东西总是倏忽即逝，所以一定要及时伸出手，抓住时机。

刚刚开采出石油的迪恩

成为大亨后的老年迪恩成为了酒鬼，得不到莱丝丽的缺憾是钱无法弥补的

影片拍得清新可人，优美流畅，令人看到了一个生动自然、对印第安人丝毫不存在敌视心理的女主角，她总是通过言行举止去缓和、化解白人与墨西哥人之间存在的隔阂，可谓润物细无声。

在那个种族歧视盛行的年代，莱丝丽的思考与作风令人赞叹，这部片子也从而脱离了那种传统的种族对立的模式。即使在时代已经发生了改变的今天，观众仍然可以体会片中潜藏的对人性的释放，以及人与人之间真正的关怀与平等。

从爱情的选择、家庭的维护、孩子的教育等各个方面，这部影片都巧妙地渗透出对人性的尊重，许多人把它誉为"还原女儿本色"的传世巨片，当时《巨人》甚至推动了美国女性的独立觉醒运动。镜头中所展示的宽广宏大的视野，而今仍然会为观众带来震撼。

当年，17 岁的泰勒在演出《郎心如铁》时展示出了她的表演天赋，也令导演乔治·斯蒂文斯印象深刻，因此时隔 5 年，他为了莱丝丽这个角色找到了她。

迪恩与泰勒在炎热的得州荒野中相遇

一方水土养一方人，影片中的那个出身东部望族的莱丝丽来到了得克萨斯，她在粗犷的风沙中策马疾驰，渐渐变得更成熟，懂得尊重、爱与责任，建立起独立的女性自我意识。电影开始时，莱丝丽是俏丽的青春少女，结束时她已经到了做奶奶的年纪。

泰勒成功地接受了这次挑

战，将几十年中莱丝丽的性格发展变化表演得层次分明，她赋予这个年龄跨度如此之大的角色以立体的个性与神韵，使得观众无法克制地要"爱"上她。特别是她将莱丝丽的矛盾心理演绎得淋漓尽致，将那种面对杰特的恋情既向往又顾虑的矛盾心理鲜活地呈现在了观众面前，活脱脱一个有着敏锐思想和丰富情感的美国中产阶级少妇。

观众和评论界都被她细腻的表演打动，一致表示了认可，由此，《巨人》奠定了泰勒在美国影坛上举足轻重的实力派地位。

年轻的泰勒似乎总是幸运地赶上这种题材的电影，影片本身就像人生的课堂。她没有受过良好的教育，但是她总能在拍电影的过程中学会学校里没有的东西。在选择影片和角色时，她本能地朝挑战靠拢，导演们也认同她的实力，过程也许很困难，但是这一切令她成长并且收获丰富。

拍片过程中，洛克·赫德森，詹姆斯·迪恩和泰勒成为最好的朋友。詹姆斯·迪恩在本片中的表演灵活自如，将不得意的主人公的不羁与痛苦表演得惟妙惟肖。影片杀青后不久，这位年轻的天才演员就在车祸中丧生了，《巨人》是他最后一部电影，我们仍然可以在其中看到他曾经飞扬的生命。

洛克·赫德森多年后因患上艾滋病不幸去世。因为他的死，步入晚年的泰勒积极地投身于慈善事业，她不仅致力于艾滋病防治，还创立了艾滋病基金会。

《巨人》获得了包括最佳影片在内的10项奥斯卡提名。乔治·斯蒂文斯也因此获得了当年奥斯卡最佳导演奖，这部影片是他用一生的心血灌注出来的常青经典大片。

美丽不哀愁
——伊丽莎白·泰勒的传奇一生

《战国佳人》

原名：*Raintree County*

其他中文名：《雨树县》

主演：伊丽莎白·泰勒

　　　蒙哥马利·克里夫特

　　　爱娃·玛丽·森特

上映时间：1957 年 10 月

片长：168 分钟

　　《战国佳人》这部影片讲述了这样的故事：在美国南北战争前夕，一名美丽女子苏珊娜（泰勒饰）从南方城市新奥尔良来到了北方的雨树县。苏珊娜的到来，像春风一样，吹皱了那里的一池静水。

约翰尼被苏珊娜的美丽迷住

苏珊娜的微笑光彩照人

很快地，苏珊娜一往情深地爱上了英俊有理想，又热衷于黑奴解放事业的年轻教师约翰尼（蒙哥马利饰），并且费尽心机使他放弃了原来青梅竹马的女友奈尔（爱娃·玛丽·森特饰），最终成为了他的妻子。

夫妻一起回到了
苏珊娜的故乡

婚后，约翰尼为了进一步了解来自南方的妻子，和苏珊娜一起返回她的故乡。在这期间，苏珊娜深受丈夫的影响，也成了废奴主义者，并且给自己的奴隶自由。这种行为在那个矛盾尖锐的时期，受到南方人的深切质疑，并遭到了责难。

约翰尼在苏珊娜的家乡也发现了她的秘密——她的妈妈患有精神病，而且死因不明。在婚后的生活中，约翰尼也渐渐发觉妻子有许多古怪的举止，而且她的精神问题渐渐地凸显出来，这使得约翰尼陷入深深的痛苦中。

这之后，美国南北战争爆发了，约翰尼离开家，奔赴了战场。苏珊娜则因为精神病恶化被送入一所精神病院，留下了儿子无人照管。好在约翰尼并没有成为战争的牺牲品，在战争结束后他重返家园，从精神病院接回了妻子，苏珊娜的病情也因为丈夫的回归终有了缓解。

一家人又聚到了一起。表面上，雨树县恢复了往昔的宁静美

好，一切的痛苦都成为了回忆。但是，只有苏珊娜自己心里明白，她的病情是不会完全好转的，因为她的母亲就是一个先例。

苏珊娜一直没有忘记过和约翰尼相遇的时候，约翰尼给她讲的一个关于"雨树"的故事：相传从前有位"拓荒者"，他在土地上撒下的种子长成了一棵特殊的树，远远看去，它就像一团金色的火焰。它的树干是淡褐色的，这种树的花朵是青春，果实是爱情。唯有找到这棵树，才能找到一生的幸福，实现人生价值（这就是"雨树县"的由来）。当时，苏珊娜和约翰尼都相信"雨树"的存在，他们决定要一起去找到它。那时的约翰尼充满抱负和朝气，热情如火。

现在战争刚刚结束，正是丈夫在新生活里施展才能的时候。敏感的苏珊娜意识到，丈夫完全是因为自己的病情才放弃了从政的理想。而且，约翰尼的前女友一直独身在等候约翰尼，她对约翰尼仍然保留着最初的爱。

苏珊娜决定给约翰尼寻找"雨树"的机会。她知道，以自己的病情，是没有能力陪他去找的，她准备把丈夫还给奈尔——还给被她横刀夺爱的前女友。

下定决心后，苏珊娜平静地来到丈夫的书房，跟他谈起了寻找"雨树"的梦想。约翰尼深情地对妻子说："我最大的收获，就是找到了你。"苏珊娜静静地吻别了丈夫和儿子，独自走向了漆黑的沼泽地，她没有注意到儿子追随在她的身后……

次日，有人发现了投水自尽的苏珊娜，约翰尼因为痛失爱妻昏了过去。醒来后，他在奈尔的鼓励下重新站起来寻找儿子，他们终于在沼泽地的深处发现了正在熟睡的孩子。

此时，奇妙的景象出现了，孩子依偎的那棵大树就像一团火

这种树的花朵是青春，果实是爱情。唯有找到这棵树，才能找到一生的幸福，实现人生价值。

焰：拥有淡褐色的高贵树干和金色的枝叶，在旷野中闪烁，宛如传说中高贵美丽的"雨树"……苏珊娜不在了，但是她把"雨树"留给了约翰尼，这是生活与希望的延续。

《战国佳人》是米高梅公司的一次大制作电影，他们希望重现《乱世佳人》的辉煌。泰勒饰演的苏珊娜是一个有精神疾病的美丽女子，但是她充满生的渴望与憧憬，令人难以忘怀。这个角色本身结合了《乱世佳人》中的郝思嘉与《欲望号街车》中的布兰奇两个人物的性格特点。但泰勒就是泰勒，她演出了完全属于自己的风格。因为在这部电影中的杰出表演，泰勒首次获得奥斯卡奖最佳女主角的提名。

影片中讲述的金色的"雨树"，它象征着美好的爱情

在这部影片中，泰勒再次与挚友蒙哥马利·克里夫特合作，扮演一对夫妇。但正是在拍摄过程中，意外车祸发生，使得蒙哥马利因为毁容而事业滑坡，泰勒一直在之后的日子里不离不弃地支持着他。

这部电影对人们产生了很大的触动，许多人反复观看后依然迷恋它。人生是有责任的，世界是充满爱的；而传说中的"雨树"，我们向前走，有爱才会找到它。

这部《战国佳人》在 1958 年获得了多项奥斯卡大奖。

人生是有责任的，世界是充满爱的；而传说中的"雨树"，我们向前走，有爱才会找到它。

美丽不哀愁
——伊丽莎白·泰勒的传奇一生

《热铁皮屋顶上的猫》

原片名：*Cat on A Hot Tin Roof*

其他中文片名：《朱门巧妇》

主演：伊丽莎白·泰勒

　　　保罗·纽曼

　　　伯尔·艾弗斯

上映时间：1958年9月

片长：108分钟

　　这部影片是根据美国著名戏剧家田纳西·威廉姆斯的同名舞台剧改编的电影。原作曾经获得1955年的普利策奖戏剧奖。电影从心理学的角度，深度探讨了人们如何面对在家庭生活和感情生活中存在的重要问题。我们不得不承认美国人对心理学认识得比我们早许多年，而且十分重视。

　　布雷克（保罗·纽曼饰）是一个不再风光的美式足球运动员，故事开始于凌晨3点，在喝得大醉的情况下，他独自跨栏。跨栏

保罗醉酒摔折了腿，痛苦万分

本来是他擅长的运动，但这次他不但没有跑出好成绩，还摔断了右腿。

布雷克是一个富家公子，有着花不完的钱。但是他非常厌恶这些钱，生活也并不快乐。

他的老爸出身贫寒，却白手起家，打拼出了一个占地2.8万亩的棉花王国，还创造了1千万美元的财富。所有的人都视老爸为创业界的偶像，但是布雷克从来不因为自己的父亲而自豪，他认为老爸不爱他。布雷克的老妈是一个性格乏味，神经兮兮的女人，她一相情愿地嫁给老公，迷迷糊糊为他生孩子，却永远不想知道老公是不是爱她。

麦琪和婆婆性格迥异，说不到一起

布雷克还有个与他性格完全相反的哥哥古柏（伯尔·艾弗斯饰）。古柏是个律师，管理着家族的大笔财产，还娶了一个很丑的老婆。为了分得老爸的所有财产，他不但利用长子的身份，还和自己那个处心积虑的丑老婆一口气生了5个活宝（肚里还怀着一个，个个都很丑）。当老爸身患绝症的时候，古柏带着丑老婆和所有的活宝，日日又唱又跳地表演着，讨好老爸，但内心却盼着老爸早点咽气，并把所有家产留给他。

布雷克无意接管家族的产业，他觉得在这个家庭中完全得不到爱。他认为都是金钱让大家变得如此虚伪。他不明白的是，金钱没有错，关键要看怎么驾驭它。

在这种情况下，布雷克和挚友组建了足球队，每当他们在一

美丽不哀愁
——伊丽莎白·泰勒的传奇一生

起参加比赛获胜时，就会从中得到心理安慰。但是，自从挚友自杀而死后，他就再也找不到支点，终日以酒为伴，才会有影片开始时摔断腿的一幕。

麦琪（泰勒饰）是布雷克的妻子，她不但性感迷人，而且灵巧剔透。当然她对金钱有着强烈的欲望，但是与家里的其他人不同，她从不隐藏自己的欲望，总是真实地表达出想法，而且无论丈夫怎样，她都一直深深爱着他。但是自从挚友死后，布雷克心里就有了解不开的结，不但言语冷淡，每天喝得烂醉，而且不再跟她同床。

他的这种冷暴力的做法深深伤害了麦琪，她感觉到的只是丈夫的不信任与冷漠。麦琪有时候宁愿跟丈夫打一架。这时的麦琪空有玉貌，虽然与丈夫朝夕相伴，却咫尺天涯。

麦琪希望与丈夫交流

这家庭看似过得热火朝天，其乐融融，但其中的每一个成员都生活在自我欺骗的状态中，他们内心饱受欲望的煎熬却不能正面表达，这些欲望就像燃烧的火焰一样灼烧着他们。

就像影片中说的：麦琪就像热铁皮屋顶上的猫，每天被炙烤着，而且屋顶上的猫不止一只，家里的每个人都在上面，只是自己不知道。

麦琪受着煎熬。但是她不愿意放弃，她想尽各种办法，坚强地站在屋顶上。因为她还爱着自己的丈夫，她不认为放弃是最好的办法。

其实人有欲望是正常的，只要别建立在别人的痛苦上。

丈夫在指责妻子的贪钱，妻子在怒斥丈夫的懦弱

在老爸65岁生日的聚会上，布雷克看到已到癌症晚期的老爸还在自以为是地勾画未来的宏图伟业，没有考虑到家人，他终于忍不住把实情告诉了不服老的父亲。他们发生了激烈的矛盾冲突，多年的情感积怨终于通过激烈的对白和争论表现出来。屋外大雨滂沱，屋内风起云涌，剧中人的心结也随着真相渐渐解开。

大暴雨中，老爸告诉儿子，人必须长大，要有理想，但必须面对现实。现实的许多真相都是残酷的，但它可以让人成长。

布雷克终于在地下室跟老爸进行了沟通，这大概是父子第一次推心置腹的交流。他发现老爸不是不爱他，而且老爸一个人创业不容易，他用自己的一生留给儿孙们一个王国，这是身为儿子的自己该珍惜的。

老爸在死亡面前，也认识到爱比金钱更重要，孩子更需要的

是关心和陪伴。他打算用最后剩下的时间好好享受生活，安排好所有的后事。

布雷克跟妻子麦琪之间的心结更重，因为布雷克一直怀疑她跟死去的挚友有染，却害怕向麦琪证实。

他的害怕也是可以理解的。因为如果他开口问清楚，那么答案只有两个，一个是发生了妻子"失贞"的事情，他将成为被戴了绿帽子的可笑男人；另一个是什么也没发生，但他的挚友另有死因，他还是不能彻底解脱。而且他心里还在深深地爱着妻子，想到这里，他就会心如寒冰；所以他想了一个舒服的办法，就是逃避。他一边喝酒一边对妻子故作冷漠，装出一点不爱她的样子，心里明明在意，却表现出毫不在乎的样子。这样，至少可以让自尊心免受伤害。

事实上，麦琪只是生气丈夫总是和挚友在一起打比赛，完全忽略她。她曾经试图用勾引这位挚友的方式引起丈夫的注意，但在最后一刻，她意识到了这种做法可能对丈夫造成的伤害，及时收手，并没有做对不起丈夫的事情。

但是，由于布雷克对妻子已经极度冷漠，加之他的挚友在跟麦琪会面之后跳楼的事实，让这件事死无对证，所以麦琪一直无法说出事

大雨中身患重病的父亲拦住儿子，儿子终于痛苦地说出父亲得绝症的事实

实真相。直到这个暴雨如注的晚上，面对摔断了腿的丈夫和身患绝症的老爸，她终于有机会说出来：出事的晚上，她甩开那个因为输球而悲伤的男人离开了酒店。挚友并不在意麦琪的离去，却十分需要布雷克的支持，他不停地给布雷克打电话。而他不知道的是，他一直是布雷克的心理支柱，布雷克受不了自己的支柱变成懦弱的失败者，所以那天晚上布雷克始终没有接电话，崩溃的挚友于是跳楼自杀了。

布雷克真正不能面对的是这个事实：是他的不坚强造成了挚友的死，而且那个挚友也没有他想象的那么强大。当他面对真相后，发现自己的妻子和老爸才是真正坚强的人，才是他真正可以依赖的人，而且真相也没那么可怕。他在不知不觉中心理上发生了微妙的变化，重拾了对妻子的爱，同时找到了对生活的信心。

丈夫痛苦地责问妻子那天发生的事情

电影以庄园豪宅为背景，虽只展示了十几个小时的家庭生活，但通过父子、夫妻、兄弟之间家庭矛盾的化解，揭示了人性的弱点，从伦理道德和人性两个方面给人们以新的启示。影片的结尾给人意犹未尽的感觉。

虽然整部影片一直谈论着有关人的死亡和遗产等话题，但故事的发展始终是积极向上的，它鼓励人们在遇上问题的时候，不管怎样，只要不放弃，勇于面对，就没有解决不了的事情。面对

美丽不哀愁
——伊丽莎白·泰勒的传奇一生

事实的真相后，人们才会真正地长大。所有的错误最后一定会获得真正的谅解，幸福是要靠执著的努力才能争取到的。胜利只属于坚持到最后的人，就像那只"站在热铁皮屋顶上的猫"。（换言之，剩者为王。）

在影片中，男主角保罗·纽曼饰演的富家浪子形象给人留下深刻的印象，他表面吊儿郎当，内心感情浓厚的表演深深打动了观众。许多人认为这是他表演得最好的一部电影。

女主角伊丽莎白·泰勒的表演更是让人刮目相看。1958年，26岁的泰勒变得更加漂亮成熟了，尽管她在嫁给第三个丈夫迈克尔·托德之后，一直强调自己要为了婚姻和家庭而息影，但了解她的人都知道，她只是说说。

托德也足够了解她，他鼓励泰勒重新回到银幕上展现表演才

儿子第一次感觉到父亲的爱，两个人会心地彼此注视着

华和姣好的容貌，而少妇麦琪的美丽和直白也正好适合她。然而在拍摄影片的过程中，托德在空难中丧生。这让泰勒甚至不想活下去，为了完成丈夫的遗愿，3个星期后，她从极度悲伤的状态中挺过来，坚持完成了电影的拍摄工作。影片的题材不断勾起泰勒失去亲人的伤心事，加深了她对故事的理解，她惟妙惟肖的南方口音也给观众留下了深刻的印象。

　　泰勒和保罗的精湛表演，加上原作中那些暴风雨般的激烈对白，将纠结的人物心理演绎得淋漓尽致而细腻，影片上映后，几乎挽救了不断下滑的电影行业，成为了电影票房的救星，是1958年米高梅电影公司最赚钱的一部影片。泰勒也因为饰演麦琪赢得了当年美国影剧院协会的"年度明星"大奖，并再次获得了奥斯卡的提名，成为了最卖座的十大明星之一。只是在电影放映期间，泰勒再婚，这让她名声很坏，美国影剧院协会最后收回了给她的奖项。

　　这部电影引人深思，适合一个人在夜深人静的时候细细品味。

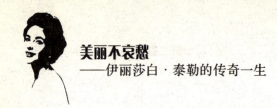

《夏日痴魂》

原片名：*Suddenly, Last Summer*
其他中文片名：《夏日惊魂》《夏日突至》
主演：伊丽莎白·泰勒
　　　凯瑟琳·赫本
　　　蒙哥马利·克里夫特
上映时间：1959 年 12 月
片长：114 分钟

　　这部电影根据田纳西·威廉姆斯的同名独幕剧改编，讲述一个色情、残忍的恐怖故事。影片自始至终充斥、影射着心理变态、同性恋、性虐待、谋杀等情节。

　　田纳西·威廉姆斯的作品以深刻著称，会对人产生独特的刺激，引发内心深处的思考。但是由于当时的社会整体氛围还是偏于保守，所以另一位作家高·维达尔也参与了改编，对许多情节作了朦胧的处理，不直接展现恐怖，只是通过演员的表演让观众产生恐怖的感觉，这恰恰成为影片成功的要素。影片中伊丽莎白·泰勒的突破性表演令人印象深刻。

　　泰勒扮演的女孩凯瑟琳性感动人。她的表哥赛巴斯蒂安是一个心理变恋的同性恋者。他从小处在富贵高雅的母亲的控制下，找不到自己存在的价值，需要通过他人的强烈关注来印证自己。

　　为此，他写了许多朦胧诗。而他的母亲维纳波夫人（凯瑟琳·赫本饰）为了不让儿子离开自己，利用自己的魅力和财富来吸引别人关注他，让儿子以为他的努力是有价值的。但是当维纳波夫人衰老的时候，赛巴斯蒂安突然发现他的诗没有一点吸引力，他无法接受这个现实，于是离开了母亲。

为了继续满足自己的变态的心理需求，赛巴斯蒂安看中年轻性感的表妹凯瑟琳，用她当新的诱饵来吸引更多男人的关注。他带着凯瑟琳来到西班牙，让她穿上一件入水即透的泳衣在海滩上吸引男人，并挥洒钞票。那些被吸引来的野蛮男人疯狂袭击了他，最后竟然在海滩上将他生吞活剥了。凯瑟琳亲眼目睹了这血淋淋的场面，几乎崩溃。她回到家中，一直无法完整讲清楚发生在赛巴斯蒂安身上的恐怖事情。

维纳波夫人深知是自己的控制造成了儿子的变态，但是她不想面对现实。为了永远不让侄女提起这件事，她把凯瑟琳送进了精神病院，并出钱说服医院和凯瑟琳的家人给她做脑部手术来消除所有的回忆。

精神病院的库克维奇医师（蒙哥马利饰）见到了凯瑟琳，陷

连凯瑟琳的家人也为了钱劝说她做手术

美丽不哀愁
——伊丽莎白·泰勒的传奇一生

凯瑟琳回忆
当时海滩惨剧发
生时的情景

入绝望中的凯瑟琳向他求助。库克维奇发
现了其中的问题，他找来了所有跟这件事
情有关的人，在众人面前鼓励凯瑟琳，帮
助她释放大脑中的记忆。最终，饱受折磨
的凯瑟琳直面了恐怖的过去，说出了她看
到的一切，摆脱了阴霾。维纳波夫人无话
可说，现实令她陷入了疯狂。

这部影片极其残酷、极其深刻。母亲对儿子的精神控制、人
对现实的逃避、心理问题导致的极度压抑与爆发，都描画得丝丝
入扣，它启示人们：想要走出心理的深渊，唯有直面自己、直面
现实。

出演母亲维纳波夫人的凯瑟琳·赫本是美国著名女明星，她
在这部影片里的表演优雅中带有诡异，和颜悦色中蕴藏强硬的杀
机，为影片增色不少。

蒙哥马利饰演的医生角色，是泰勒竭力为他争取来的。蒙哥
马利在车祸毁容后，天天过量饮酒不能自拔。为了让他振作，如
日中天的泰勒特地为好友争取了这个角色。在影片里，他扮演的
医生是唯一理解、支持凯瑟琳的人，他帮助她走出被迫害的困境，
驱散了恐怖往事带来的
心理阴霾，这就是泰勒
心中的蒙哥马利。

影片开拍不久，导
演约瑟夫就常常指责蒙
哥马利因为酗酒记不住
台词。这样的时候，泰

维纳波夫人冷酷无情

勒总会站出来不顾一切地捍卫蒙哥马利的尊严。为了朋友，泰勒可以没有原则，不顾对错。这让摄制组的所有人都拿她没有办法。虽然影片的拍摄一直在不间断的矛盾中进行着，但是结果却很好。蒙哥马利不但演好了自己的角色，在他的引导下，泰勒也超常地发挥，完成了最刺激最精彩的表演，第一次走进了方法派表演的大门。可以说，蒙哥马利的存在对她就是一种支持。

泰勒在影片结尾有着坚定的目光

　　泰勒自己也比较满意，她觉得尽管影片的题材很残酷，对演员的要求也比较复杂，但是许多表现手法却具有艺术性，拍得非常美。

　　各大媒体对电影的评价也不低，这部电影打消了观众对泰勒演技的怀疑。

　　1959年，泰勒凭此片获得金球奖剧情类最佳女主角奖、奥斯卡最佳女主角提名。

　　值得一提的是，米高梅影片公司在宣传这部影片的时候别出心裁，他们在成片前就先让泰勒穿着裸露比较多的泳衣在海滩上拍了许多照片，然后做成宣传海报，上面写着："去年的夏天，她忽然发现自己被利用了，有人利用她的美丽做坏事。"这样做一方面可以用泰勒的美丽引诱观众，另一方面还可以探知这种刺激和残忍的主题是否可以被观众接受。这种高超的手法也为引出《夏日痴魂》的深刻主题，以及影片的最终成功奠定了基础。

"去年的夏天，她忽然发现自己被人利用了，有人利用她的美丽做坏事。"

《青楼艳妓》

原片名 : *Butterfield 8*

其他中文片名 :《巴特菲尔德第八》

主演 : 伊丽莎白·泰勒

　　　劳伦斯·哈维

　　　艾迪·费舍尔

上映时间 : 1960 年 11 月

片长 : 109 分钟

影片讲述的是一个高级应召女郎格劳丽娅·旺德劳斯（泰勒饰）的故事。她明里是一个光彩夺目的模特，暗地里却是个抽烟、喝酒、纵欲的妓女。

玩世不恭的格劳丽娅爱上了自己的嫖客——一位被妻子严加管教的社会名士（劳伦斯·哈维饰）。她想脱离妓女的生活，为此倾尽全力，但还是一无所获。心灰意冷之际，她驱车飞驰，在车祸中丧生。临死前她终于领悟到人生不是游戏，不可以不负责地随心所欲。如果上天再给她一次机会，她会说她要健康的生活（如果给这句话加个期限的

以为爱情降临，格劳丽娅告诉心理医生自己再也不需要治疗了

话，她希望是 1 万年），但是一切为时已晚。

泰勒在影片中的表演确实别具风采

在这部电影中，泰勒与第四任丈夫艾迪·费舍尔有不少对手戏，艾迪扮演的音乐家是格劳丽娅的邻居。

泰勒演格劳丽娅完全是出于无奈，她无法认同格劳丽娅所做的任何事情。为了罢演，为了摆脱与米高梅的合同的束缚，她可说用尽百宝，但都没有收效。米高梅的制片部主任坚定地认为以泰勒的硬件条件（性感漂亮，丰满动人）和软件条件（刚刚抢了别人的丈夫），再没有比她更适合的了。

泰勒只好一边叛逆一边拍片，她迟到又早退，天天如此还觉得不够，竟然干脆装病不拍，制片人却毫不在乎地告诉她："这部电影会让你得奥斯卡奖的。"

也许因为受心理影响，拍摄期间，泰勒患上了肺炎，几乎在鬼门关走了一遭。那段时间，在好莱坞甚至传出了"泰勒已死"的谣言。

然而这部影片竟然为她带来了第一尊奥斯卡小金人，那是她多年梦寐以求的奖项。

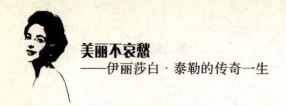

美丽不哀愁
——伊丽莎白·泰勒的传奇一生

《埃及艳后》

原 片 名：*Cleopatra*

演员：伊丽莎白·泰勒

      雷克斯·哈里森

      理查德·伯顿

上映时间：1963 年 6 月

片长：247 分钟

    拍摄于 1963 年的史诗片《埃及艳后》可说是永恒的经典。这部影片耗资巨大，未经剪辑之前片长达到 6 个多小时，剪辑上映后仍然有 4 个多小时。

    20 世纪福克斯电影公司为了这部电影砸下了血本——4400 万美元，这相当于现在的 4 亿多美金。对于影片的主演伊丽莎白·泰勒来说，是她一生所演的成本最高的影片之一。

    这个伟大的历史故事，它属于埃及，也属于罗马：埃及女王克里奥佩特拉（泰勒饰）是埃及托勒密王朝的最后一位法老。她为了保护自己的国家不被罗马帝国吞并，色诱恺撒大帝（雷克斯·哈里森饰）。

    当时，恺撒率领军队追击庞培来到埃及，克里奥佩特拉夜间潜入恺撒的军营，将自己用毛毯裹身，由忠仆抬到恺撒的面前。当毛毯展开，露出她绝世的艳姿时，恺撒被她的美貌和勇气深深打动了。

    他对这位倾国倾城的埃及公主一见钟情，即刻拜倒在她的石

克里奥佩特拉的绝世艳姿

卷在毯子里的克里奥佩特拉

榴裙下。为了得到克里奥佩特拉的爱，恺撒忘记了使命，辅佐这位埃及公主废掉了她的弟弟托勒密十三世，让她顺利登上埃及女王的宝座。

之后恺撒回国理政，克里奥佩特拉紧随其后回到罗马，这时她已为恺撒生有一子。这位姿容旷世的美女、埃及的最高统治者金光灿灿地坐在巨大的狮身人面像上，浩浩荡荡地通过城门，有8000名侍者为她引路。罗马人全民出迎，目睹了她的绝代风姿。

机关算尽的克里奥佩特拉眼看就要大功告成，成为罗马帝国的第一夫人。没料想恺撒为称帝之事树敌太多，在公元前44年3月被刺身亡。克里奥佩特拉的美梦瞬间化为了泡影。失去靠山的她没有理由在罗马留下去，只能黯然神伤地离开这个伤心地，回到埃及。

她不知道，就在她伤心欲绝地离开时，她悲伤的眼神，落入了罗马的另一位首领人物——恺撒的继承人、接下来的罗马三执政之一马克·安东尼（理查德·伯顿饰）眼中。安东尼心中从此留下了她的影子。

克里奥佩特拉回到埃及，马上把她和恺撒的儿子立为托勒密十五世，共同统治埃及。

大约公元前41年，安东尼按照与另一位执政者屋大维的协议巡视东方，出使埃及，例行召见克里奥佩特拉。对于女王统治下的埃及来说，这又是一次迎头而来的危机，须知当时弱小的埃及并没有能力抗衡罗马人的军队，她必须笼络住手握大权的安东尼。

有人说克里奥佩特拉是"尼罗河妖妇"，有人说她是"尼罗河美女蛇"，还有人说，克里奥佩特拉是最富有诗情画意的女人。不管她是什么，总之她略施小计，又一次抓住了这个绝好的机会。

银桨金色大帆船

　　克里奥佩特拉装点了一艘用银桨划动的金色大帆船，船上挂满了名贵的纱帐，整座船在航行过程中流光溢彩，散发出耀眼的光芒。她又把自己打扮成爱神阿佛洛狄忒的样子，端坐在纱帐内，若隐若现。

艳后梳妆

　　大帆船从埃及出发，抵达塔尔索斯。一路上观者如潮，人们奔走相传，都以为是爱神阿佛罗狄忒乘着金龙来向酒神求欢。这个酒神当然就是马克·安东尼。安东尼本来就倾心于克里奥佩特拉，他哪里见过这阵势。

　　当安东尼被克里奥佩特拉邀请到船上的时候，简直被她优雅的气质迷得神魂颠倒，把战争和政治上的问题抛到了九霄云外。他不仅答应了克里奥佩特拉提出的所有要求，还直接坐着这艘船，跟随她跑到埃及度过了一个冬天，成了爱情的俘虏。

　　不爱江山爱美人的安东尼最终正式修书遗弃妻子奥克塔维娅。奥克塔维娅是屋大维的姐姐，这就造成了安东尼与屋大维之间致命的矛盾。

　　当时，罗马人对克里奥佩特拉可以说是恨之入骨，认为她是一个“妖妇”，类似中国人常说的“狐狸精”。沉迷在温柔乡里的安东尼就这样丧失了国内元老院和公民大会的所有人的支持。屋大维马上利用这一点，对埃及宣战，他发誓要为自己的姐姐洗刷耻辱。

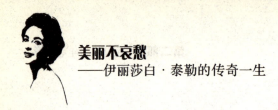

美丽不哀愁
——伊丽莎白·泰勒的传奇一生

　　公元前30年，安东尼战败，他带伤挣扎着回到克里奥佩特拉身边，自刎而死。胜利的屋大维扬言要把克里奥佩特拉押回罗马，游街示众。万念俱灰的女王深知大势已去，为了不受侮辱，她让侍女找来一条叫做"阿布斯"的毒蛇，把这条尼罗河的死亡使者放在自己美丽的乳房上，结束了浪漫传奇的一生。长达300年的埃及托勒密王朝就这样随着她的香消玉殒而告终。

　　虽然埃及最终被罗马吞并，克里奥佩特拉无力回天，但是她用她的智慧和勇敢为弱小的埃及赢得了长达22年的和平。她曾经用自己的一切来守护这个国家，也曾在权力与爱情的路上奋力跋涉，站在人所不及的巅峰，即使失败，也是传说中永远的埃及女王。罗马征服了埃及，但是克里奥佩特拉维系的埃及文化并没有因此消逝，相反地，埃及文明渗透到了罗马。

　　历史上赫赫有名的埃及艳后无疑是个焦点人物。泰勒扮演她的时候也是风华正茂，28岁的她可说正处于人生最美丽的时刻，被称为世界上最迷人的女明星。

　　但是影片的拍摄过程并不顺利，首先是20世纪福克斯的经济状况不是很好，为了拍摄《埃及艳后》，公司的技术人员经过长达两年的历史研究，搭起了新的亚历山大城堡，占地8英亩半。当时修建它就花费了将近60万美元。

　　开拍在即的时候，泰勒突然生起病来，高烧不退，根本无法演戏。公司每天为了等候她就要赔121428美元，偏偏按照合同规定，泰勒不用承担任何责任，20世纪福克斯的老板气得连蹦带跳。这时有人建议换掉泰勒，让玛丽莲·梦露或者金·诺瓦克饰演埃及艳后。但是她们完全没有女王的霸气。瓦尔特·瓦格纳郁闷而确定地说："克里奥佩特拉非泰勒莫属。"

结果两个月过去了，对 20 世纪福克斯的老板来说这是多么漫长的时光，泰勒总算养好身体可以恢复拍摄了，却又出现了其他的问题——影片的导演竟然等得神经崩溃，辞职罢拍了。

一脑门子官司的 20 世纪福克斯为了挽救这部影片，不得不再花上 300 万美元更换新导演——约瑟夫·L.曼凯维奇。可是祸不单行：新导演刚刚到位，泰勒又病倒了，而且这次不是简单的发烧，她的病情恶化到不能呼吸，好不容易才保住性命。

20 世纪福克斯这回真的吐血了，真的不能怪老板们暴走，面对这样黑漆漆的无底洞，他们就算血溅尼罗河也还是不够的。

好在泰勒死里逃生，而且还更富传奇性，因为她的神奇康复传递出一种百折不挠的精神，让观众肃然起敬。泰勒也认为埃及艳后的剧本是她碰上的写得最好的剧本，再加上有了约瑟夫这样的新导演，一定可以拍出让她再次获得奥斯卡奖的影片。

就这样，泰勒在身体恢复后认真投入了拍摄工作，细心领悟角色的心理，把自己真的当成了克里奥佩特拉，把扮演安东尼的理查德·伯顿也真的当成了安东尼。入戏之后，她很自然地假戏真做，跟伯顿谈起了恋爱，而且爱得死去活来，在银幕外演出了一场更加缠绵悱恻的爱情故事。

又因为伯顿是个有妇之夫，他们之间的爱情故事为他们本来就备受瞩目的生活带来了爆炸般的效应，真可以说不亚于埃及女王和安东尼让罗马人恨之入骨的旷世奇恋。他们在人们的反对声中旁若无人地继续恋情和拍摄，这次绯闻造成影响的时间相当长，这也不奇怪，要知道在攻击和指责的背后，乃是古板的美国公众内心熊熊燃烧的八卦之魂。

也就是说，我们在电影中看到的不只是表演，而是两位大明

他们在人们的反对声中旁若无人地继续恋情和拍摄，这次绯闻造成影响的时间相当长，这也不奇怪，要知道在攻击和指责的背后，乃是古板的美国公众内心熊熊燃烧的八卦之魂。

美丽不哀愁
——伊丽莎白·泰勒的传奇一生

星真实生活的情景再现。

耗费巨资的电影整整拍了 4 年之久，但上映后并不卖座，总收入加在一起只有 2600 万美元。再加上通货膨胀、发行制度改革等很多的原因，这部电影成为史上最赔本的电影，差点让原来财大气粗的 20 世纪福克斯破产。

即使如此，片中的战争场面和埃及女王进城时的恢弘场景依然令人叹为观止；而且时至今日，它依然经久不衰。也许人们热爱这部灾难缠身的经典，不仅是因为想探寻古埃及不为人知的秘密，以及克里奥佩特拉那传诵了几千年的神秘魅力；还有病歪歪谈恋爱的泰勒和吐血不止的福克斯公司那段不提都不行的日子。

《埃及艳后》获得了 1964 年奥斯卡奖的 8 项提名，但最终只得到最佳摄影、最佳艺术指导、最佳服装设计和最佳视觉特效 4 项金奖，泰勒和伯顿都没能获奖，不过爱情和婚姻就是他们最好的收获。

也许人们热爱这部灾难缠身的经典，不仅是因为想探寻古埃及不为人知的秘密，以及克里奥佩特拉那传诵了几千年的神秘魅力；还有病歪歪谈恋爱的泰勒和吐血不止的福克斯公司那段不提都不行的日子。

伯顿戏里戏外都做到了不爱江山爱美人

泰勒在这部影片中的表演受到恶意的指责。有的评论者说她的表演没有深度，只是个肥胖的美国家庭主妇。泰勒为此十分苦恼，曾经一连数日把自己关在屋子里不敢出门，因为这场旷日持久的拍摄确实带给她女王般的感受，她想不明白他人怎么会从那个高贵威严的克里奥佩特拉身上看到家庭主妇的影子。

这也不难理解，主要是因为

当时的人们接受不了泰勒的生活方式，特别是她的爱情道德观。但时间是最伟大的，它可以去除偏见，让人们看到留下来的、也就是真正有价值的东西。

今天，那些王权之争已成历史，古老的埃及文化已经在人们心中浓缩成一座座金字塔，克里奥佩特拉的美貌和爱情则化做了金字塔中尘封的壁画。人们终于认识到，真正留下来的是克里奥佩特拉的智慧，还有她在两段姻缘中积极把握爱情和权力、追求政治理想的勇气。

泰勒一生中演过几十部影片，还获得过两次奥斯卡金奖。但人们只记得她是"埃及艳后"，"埃及艳后"也成了她的代名词。后来，好莱坞也好几次重拍过《埃及艳后》，但是都是"羞答答的玫瑰静悄悄地开"，一点反响都没有。

那个富有魅力的末代女王克里奥佩特拉从未停止奋斗，也不逃避责任，她选择忠实于自己的野心和欲望，她要守住自己的国家、追求自己的爱情、掌握最大限度的权力；为此她愿意不择手段，倾尽一切，并且直面失败。泰勒以她绝世的美丽和坚强的性格来诠释的这个角色，在人们心中留下了最完美的印象，她饰演的克里奥佩特拉是无人可以取代的。

真正留下来的是克里奥佩特拉的智慧，还有她在两段姻缘中积极把握爱情和权力、追求政治理想的勇气。

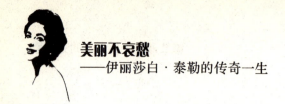

《谁怕维吉尼亚·伍尔夫》

原片名：*Who's Afraid of Virginia Woolf*

其他中文片名：《灵欲春宵》

主演：伊丽莎白·泰勒

　　　理查德·伯顿

　　　乔治·西格尔

　　　桑蒂·丹尼斯

上映时间：1966 年 6 月

片长：131 分钟

　　这部电影也是由戏剧改编，原作者爱德华·阿尔比是个奇才，他出生后两个星期就被富豪收养，养祖父家里最多的财产不是房子不是车，而是剧院。爱德华·阿尔比得天独厚，乃是泡在剧坛名流的海洋里长大的奇葩。在同龄人还认不全字的时候，他就开始写诗了；同龄人还没来得及"关心粮食和蔬菜，关心山川与河流"，他已经写出了自己的剧本。

　　爱德华和莫泊桑肯定不熟，他从来不懂得言简意赅，好像有一肚子说不完的话。小说改编的电影更是如此。影片中的人物都是知识分子加话唠，从一开始他们就满腹牢骚，对骂的语言如倾盆大雨，尖酸刻薄，粗而不脏，没点文化的人还真讲不了那么多，也不知哪来那么大怨气。刚看的时候，观众会觉得无趣，不明白作者想干什么。坚持看到中间，会有种别样的感觉，待到看完此片，才会恍然大悟，不得不佩服作者荒诞的表现手法，那是一种百爪挠心后悲喜交加的效果。

　　这部影片从头到尾少有笑声，总体给人一种"闷"的感觉，但是经过了两个多小时的"焖制"之后，观众会品尝到一锅心灵之汤，虽然有点苦，但内含丰富的营养，捏着鼻子喝下去绝不会后悔，还可能想再来一碗。

　　《谁怕维吉尼亚·伍尔夫》中描画的乔治（伯顿饰）和玛莎（泰勒饰）是一对有学问的中年阶级老夫老妻。他们结婚23年，住在大学里。他们早已厌倦了现有的生活，于是把一生所学的丰富语言都用来攻击对方，以此调节生活。

　　故事发生在一个普通的晚上，乔治的朋友尼克偕妻子夜晚来访，玛莎正因为丈夫喝醉心情不爽，竟当面与来访的尼克调情。这位尼克是一个年轻帅气的小白脸。玛莎和尼克就在浪漫的音乐背景下，一边跳舞一边真真假假地求欢，他们的合法另一半在旁边故作镇定地观赏，满场醋气熏天。这段舞厅调情可说是影片的一个小高潮。

　　乔治也不是省油的灯，虽然在事业与性爱上都无能为力，但他是个"有素质"的历史学教授。他没有歇斯底里地发怒，而是用了另外一种方式对付妻子的"放荡"：乔治和玛莎一直没有孩子，玛莎为了自我安慰虚构了一个儿子。乔治当场戳穿了妻子的谎言，"杀死"了他们的孩子。

　　玛莎被丈夫的行为弄得哇哇大叫，披头散发地号啕大哭，面子和里子都没了。

　　这对夫妻在外面道貌俨然，为人师表，

> 经过了两个多小时的"焖制"之后，观众会品尝到一锅心灵之汤，虽然有点苦，但内含丰富的营养，捏着鼻子喝下去绝不会后悔，还可能想再来一碗。

嘲笑丈夫的妻子

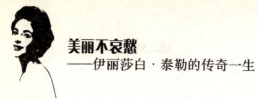

其实生活在伤感沉闷的感情世界中，绝望压抑得快要横刀自刎，偏偏什么也说不出来。影片中乔治喝醉的时候经常唱一首童谣："谁害怕大灰狼"，英语的"伍尔夫"是"狼"的发音，人们把"大灰狼"改成"维吉尼亚·伍尔夫"，就成了电影的名字。

《谁怕维吉尼亚·伍尔夫》在美国备受欢迎并且获得多项大奖的原因在于，它颠覆了人们心目中的社会高级知识分子的形象，活生生地呈现了知识分子的困扰。在一般人看来教授应该满腹经纶，宽容而淡定；教授的夫人应该是温柔大方、体贴娴雅。但影片告诉我们那都是他们伪装后的假象，真实生活中他们被学问所困，甚至无法面对正常生活中的问题。

剧中所有的人都没完没了地高谈阔论却全然不见任何行动上的改变，他们只要维护那些学过的道理，就像这些道理比天还大；他们的幽默感都用了在无休止的争论上，他们的生命也就这样被消磨掉了。

影片中这对夫妻可以说对彼此十分了解，他们很痛苦，但又害怕改变。因为，他们需要虚伪的尊重，害怕

妻子在与来宾调情，丈夫默然不语

别人知道他们的真实情况，所以每当需要真正面对现实的时候，他们都选择忍耐。玛莎编造出一个孩子来弥补生活缺陷，她甚至分不清现实和虚构的区别。即使如此，这对已经过成这样的夫妻还是会继续生活下去。虽然剧情里没有死亡和失去，但实际上它是一部更深层的悲剧，没法改变的悲哀。

年轻时没勇气面对解决的各种实质问题一直被他们用做学问、立规矩这些冠冕堂皇的表象掩盖住，假装不存在；这么多年过去，等生活从里往外

夫妻唱起古老歌曲

散发出腐败发酵的霉味时，他们已经连揭开外皮往里看一眼的勇气都没了，只有挨过一天是一天。他们一遍遍地说狼来了，说我们不怕。

片名也很特别，突出知识分子的身份和他们对生活的敏感。他们都很熟知英国女作家维吉尼亚·伍尔夫。这位女作家因为不能忍受现实而自杀。这个片名提示他们的这种无可奈何的相濡以沫，最终会导致扭曲不堪的结局。

影片在形式上也很特别，它以急风骤雨般的语言，创造出了令人震惊的效果，这种风格的电影可谓前无古人。

提到演员，我们不得不佩服电影公司的老板们，人精中的人

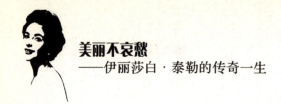

美丽不哀愁
——伊丽莎白·泰勒的传奇一生

精啊！他们选的4个演员实在太出色了！

这部影片在筹拍的时候，电影公司就开始发愁——演员实在是不好找。这也不能怪公司老板和导演。他们需要找的女主角玛莎是个四十多岁，伶牙俐齿，一会儿聪明一会儿糊涂的中年女人；男主角乔治是个窝囊无能又有些文化气质的中年男人。

这时，泰勒和理查德·伯顿的丑闻已经渐渐被人们淡忘，但是对他们感兴趣的人还是不少。该片制片人莱曼忽然心生一计——把现实生活中这对最有名的夫妇拉进来，肯定可以让影片获得巨大的成功。

泰勒开始断然拒演，因为片中粗话连篇，吵闹不断。但是一听说可以和理查德一同出演，而且演夫妻，泰勒马上欣然同意。这样一来，工作的时间也可以跟理查德谈恋爱（吵架），而且这也许是一个成功的好机会。

要么不做，要么就尽全力。这是泰勒一向的风格。为了演好比本人大15岁的玛莎，泰勒投身于狂吃暴饮，迅速增肥25磅，完全颠覆了原来的大美女形象。伯顿也在妻子的启发下尝试改变戏路，放下大男人的架子，当了一回懦弱刻薄的教授丈夫。片子里很多激烈的对骂情景都是他们直接照搬自己的生活，一时间演得如胶似漆，战火纷飞。在拍片期间，泰勒用了许多化妆品把自己打扮得臃肿邋遢，全无风采。

片子里很多激烈的对骂情景都是他们直接照搬自己的生活，一时间演得如胶似漆，战火纷飞。

为了影片的神秘感，摄制组看到泰勒的妆容后马上贴出"谢绝进入"的声明，所有与本片不相关的人，包括记者都被拒之门外。

这部家庭伦理片耗资750万美元。公开放映后，泰勒和理查德的崭新的银幕形象果然备受观众的赞赏。他们在影片中蓬头垢面，互相仇视，开口如开枪，两眼射出火焰，恨不得将对方烤熟后吃了。影片中那些粗糙又真实的语言令人目瞪口呆，发人深省。

《谁怕维吉尼亚·伍尔夫》违背了电影诞生以来约定俗成的行为准则。电影公司很担心审委会不会让这部影片通过。事实证明这种担心是多余的，因为时代变了。电影审委会不但没有删减那些污言秽语和粗俗的讽刺镜头，还把它视为现实主义悲剧的典范。

泰勒和理查德最大的魅力是在表演中流露出的真实。因为他们在生活中本来就是一对明星夫妻，而且也不是一对省油的夫妻。虽然他们不是教授，也不是那种不能面对现实的人，但是他们在一起已经生活了几年，深知相爱容易相处难，也会因为欲望得不到满足而争吵。

泰勒凭借《谁怕维吉尼亚·伍尔夫》竟然再次斩获奥斯卡金像奖。人们认为这是泰勒电影生涯中的顶极表演，她的演技达到了从未有过的高度，这次获奖完全不是靠迷人的脸蛋。

理查德·伯顿也获得了奥斯卡最佳男主角的提名，可惜这次他依然与小金人无缘，只能眼巴巴地看着妻子将小金人揽入怀中。

《谁怕维吉尼亚·伍尔夫》共获得了13项奥斯卡奖提名。

为饰演角色扮丑后的理查德·伯顿　　　　增肥25磅扮丑后的泰勒

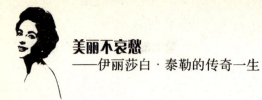

《驯悍记》

原片名：*The Taming of the Shrew*

主演：伊丽莎白·泰勒

理查德·伯顿

西里尔·库萨克

上映时间：1967 年 3 月

片长：122 分钟

影片改编自莎士比亚的著名喜剧《驯悍记》，讲述的是脾气倔犟、不服管教的凯瑟琳娜（泰勒饰）如何被一个外地来的大胡子男人皮图丘（伯顿饰）收服的故事。

凯瑟琳娜是帕杜亚镇的富翁巴普提斯塔的大女儿，她泼辣能干、不喜欢伪装，又因为平时说话嗓门大，吵起架来无人能敌，有时为了表达自己的感受还会大打出手，镇上没有男人敢娶她。

再加上她有一个表面温顺迷人的妹妹，这妹妹不比姐姐漂亮，

打闹中的凯瑟琳娜和皮图丘

他们摔到了地窖的棉花堆上

但她擅长用温顺柔弱的态度和委婉的姿容去吸引男人，弄得全镇的男人都在追求她。于是在妹妹的对比之下，姐姐更显得不可救药，人们竟然给她起了个绰号"泼妇凯瑟琳娜"。

其实，这时的凯瑟琳娜还只是姑娘，而且长得也光艳照人，但就是没有男人发现她的美丽。即使有，在大众舆论的压力下也没人敢表现出来。因为她不喜欢也不会像妹妹那样装模作样地吸引年轻的小伙子们，她虽然外表强悍，但内心善良温柔。

> 她虽然外表强悍，但内心善良温柔。

凯瑟琳娜一直在等一个可以真正看到她的美丽而且有本事驾驭她的男人，她相信这个男人总有一天会出现在自己面前。可是随着时间的流逝，追求妹妹的人越来越多，"泼妇凯瑟琳娜"这个称呼也更加远近闻名，她所等待的人却一直没有出现，凯瑟琳娜陷入了焦躁中，脾气更差了。

父亲巴普提斯塔了解自己的大女儿，但是他也管不了她的脾气，只好用另一种方式保护她。他向外界声明，只有凯瑟琳娜先出嫁，才会让小女儿出嫁。

这一天，镇上来了一个叫皮图丘的男人，他没有被凯瑟琳娜的凶悍吓到，反而被她的特点吸引。皮图丘外貌粗犷英俊，看似大大咧咧没心没肺，但见到巴普提斯塔后，马上直奔主题，要娶走他嫁不出去的大女儿。他认为凯瑟琳娜这些疯狂的特点都没什么大不了，降伏她不是什么难事。于是，一场不可避免的"驯悍大战"就拉开了帷幕。

在皮图丘驯服凯瑟琳娜的这场大战中，有几次重量级的较量。首先，在求婚的时候，面对凯瑟琳娜的拒绝和破口大骂，皮图丘不但不生气，还有一套自成一格的办法：

"要是她骂我，我就夸她声音好听，像夜莺一样在歌唱。"

女大当嫁，
新娘拿起了花束

"要是她瞪眼，我就说她像朝霞照耀下的玫瑰。"

"要是她不理我，我就会说她是个能言善辩的人。"

"要是她让我滚，我就向她表达我的感谢，就当她留我多住一个星期那样的高兴。"

"要是她不同意我的求婚，我就坚持，问她，打算什么时候结婚，我就在这里。"

这个大胡子就凭借这种"以德报怨"的"赞美诗"，面不改色地化解了凯瑟琳娜粗暴的拒绝。同时，他还耐着心陪着凯瑟琳娜"大打出手"了一场，战况十分激烈，他们从楼上追逐到楼下，从屋顶掉进仓库，不管凯瑟琳娜怎么折腾大闹砸东西，他都不发怒、不放弃。最后，凯瑟琳娜终于发泄完了自己积聚多年的怨气，筋疲力尽地坐在墙角大哭起来，哭出了她心中的委屈。这时候，她的心已经开始软化了，最终"答应"了皮图丘的求婚，但她心里对这个大胡子并不服气，只是觉得女大当嫁，嫁了就嫁了吧。

这第一场较量，皮图丘胜了，不但向凯瑟琳娜求婚成功，还得到了两万金币的嫁妆。

接下来的较量更能彰显皮图丘的智慧和自信。婚礼当天，凯瑟琳娜一反往日的邋遢，精心装扮得美丽动人，如同女神般容光焕发。然而在举行婚礼的教堂前，皮图丘却不见人影。当凯瑟琳娜和众人都等得快睡着了的时候，他才姗姗来迟，穿着破破烂烂的衣服，马鞍几乎拖到地上，左手一只鸡右手一只鸭，一副不认真的样子。

　　婚礼在一片混乱笑闹中结束，皮图丘却不肯舒舒服服地坐下来欢宴一场，他立刻带着新娘淋着大雨赶回自己家——一座落满灰尘的城堡，还一路走一路唱歌，将凯瑟琳娜视如无物，任她在大雨里骑着马跟在身后，甚至狼狈地摔倒在路边的积水中。到家后，他有意让新娘看着一桌子的美食却不让她吃到，还很有道理地说，不能让被笨仆人烤焦的肉弄伤新娘子饿了一天的肚子。饥寒交迫的凯瑟琳娜简直快被他气疯了。

　　其实皮图丘这么做，只是想让凯瑟琳娜明白，作为妻子，得懂得体会丈夫的感受，不能随着自己的小性子胡闹，同时他也在训练妻子的耐心和忍功。当然，凯瑟琳娜也不是省油的灯，洞房花烛夜，当皮图丘用温柔的眼神等待着新娘的温存时，被折腾了一天的凯瑟琳娜泼性大发，不知从哪里变出一只大锅，用锅底砸了这位新郎的头。差点被打晕的皮图丘没有跟凯瑟琳娜动粗，只是气呼呼地走了，他还是想智取，用自己的方法告诉凯瑟琳娜打闹是什么也得不到的。

凯瑟琳娜为有了一个家而高兴　　　　　　夜深人静，单独相对，男主人公的眼神里有爱

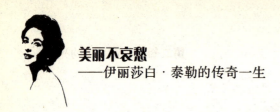
皮图丘走后，凯瑟琳娜发现出嫁的第一个夜晚却要独守空房，她想家了。但当她回想起出嫁这一天发生的事情，她偷偷地笑了。因为她本能地知道她有了一个新家，这是一个只属于她和丈夫的全新环境，她的丈夫早晚会爱她。这个回合好像两个人都没输。

皮图丘本身不是一个不守时、不懂疼人的丈夫，但是凯瑟琳娜是一个被惯坏的女孩，她只按自己的意愿行事，高兴的时候可以管理家政，有条有理地收拾房间，但是一不顺心就会狂性大发，毫不顾及别人的感受。为了教会新娘做一个与人为善的女主人，皮图丘用上了他独特的方法，就是以其人之道还治其人之身——跟凯瑟琳娜讲道理肯定是没用的。

这一天，凯瑟琳娜的妹妹也要结婚了。皮图丘找来了几个有名气的裁缝为凯瑟琳娜缝制新衣服，好让她体体面面地回娘家参加妹妹的婚礼。华美的布匹堆满了房间，衣服做得精致得体、款式高雅，令凯瑟琳娜垂涎，然而正当她爱不释手的时候，皮图丘突然发起火来，他开始大骂裁缝，并且恶狠狠地撕碎了这些刚刚做好、还没有上身的美丽衣裳。凯瑟琳娜终于明白自己以前任性的作风是多么的伤人。

皮图丘发现凯瑟琳娜其实很聪明，只是以前没有人教她、帮助她。于是他还想教会自己的妻子懂得包容和顺从。他的手段也很出奇：准备回娘家前，皮图丘深夜就把凯瑟琳娜叫醒，要求她马上出发；还硬说天已经亮了，出发的时间到了。他愿意让凯瑟琳娜穿上早已准备好的最体面的衣服，戴上最华丽的帽子，但她必须承认"现在是早上7点"，否则就什么都没有，也别想回去参加婚礼了。凯瑟琳娜要面子，为了漂漂亮亮地回家，她马上承认"现在是7点"。就这样，凯瑟琳娜学会了妥协，学会了为达到目的顺从别人的说法——那说法对不对不重要，只要不影响大事、目的达到就可以了。凯瑟琳娜的确聪明，估计笨女人真的会让皮图丘搞晕的。

这种所谓的"教学方法"表面上有点滑稽，但是对一个什么都明白，却总是以自我为中心的人，还是很有效的。凯瑟琳娜很快就学会了。

经过一系列的交锋，凯瑟琳娜渐渐明白，也许自己的确有很多优点，但是这些还不足以带来幸福。从她选择了丈夫那一刻起，也就选择了自己未来的生活，只有做到包容、理解以及在必要时顺从对方，自己的优点才能转化为生活中的价值，否则，只有两败俱伤。

结尾的时候，在盛宴席间，包括皮图丘在内的几位丈夫打起了赌——谁的妻子最识大体，在外人面前最给丈夫面子。让在场所有人吃惊的是，皮图丘赢了，因为只有凯瑟琳娜听他的吩咐，懂得配合他。而其他看似温柔的妻子结婚后其实很不在乎丈夫的感受，包括凯瑟琳娜那位如花解语的妹妹。

莎翁笔下的凯瑟琳娜并不是真的疯癫胡闹，她精力旺盛、内心深深地渴望着爱，当碰上真正愿意费心驾驭她的丈夫时，她会比其他女人更加包容。

这部 1967 年版的《驯悍记》，保留了莎翁原剧台词的机智和幽

等待着爱，但还不了解关键所在

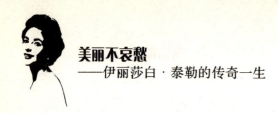

默，改编后由伊丽莎白·泰勒和理查德·伯顿这对生活中真正的夫妻出演，增添了许多新奇的内容，深受观众好评。

此时，这两位明星结婚已有3年，他们两人性格相似，一样的充满欲望，一样的倔犟要强，而且从来都互不相让，更不会装腔作势地相敬如宾，所以他们的婚姻生活从来都不是风平浪静的。最不可思议的是他们深爱着对方。他们之间这种令人匪夷所思的爱情，极像莎翁笔下的那两个不寻常主人翁之间的感情。可以说，这两个角色非他们莫属。

其实，不难发现，他们精力充沛，影片中这种争闹也是他们交流和表达爱的方式。他们从针锋相对到恩爱逾常的表演过程充满了爆发力，让观众眼花缭乱。泰勒和伯顿的本色出演为影片加分不少，令人不禁联想现实生活是不是也这么精彩。

也许真正的爱情生活并不一定非得相敬如宾，只要双方真诚相爱、两个人拥有相近的智商和情商，那么智慧地为爱过招并且打打闹闹（当然不是真的大打出手）不仅是一种解决问题的方式，有时还会令感情升温。

理查德·伯顿饰演的大胡子皮图丘，外表虽粗枝大叶，但内心细腻而聪慧过人。面对强悍的女人，他可以发现其他男人看不到的优点，也有他独特的驾驭方法。

这部电影结尾，皮图丘驯服了悍妇凯瑟琳娜（一物降一物），但是两个人真正在一起生活是相互改造的过程，互相深爱、认可、妥协，然后才能包容和理解，共同营造未来。当他们彼此之间不再装模作样的时候，他们就在周围装腔作势的世界中成为了两个真正相爱的人，无人能令他们分离。

《破镜谋杀案》

原片名 : *The Mirror Crack'd*

其他中文片名 :《破镜奇案》

主演 : 安吉拉·兰斯拜瑞

　　　伊丽莎白·泰勒

　　　洛克·赫德森

　　　金·诺瓦克

上映时间 : 1980 年 12 月

影片开始于一所豪华的别墅。息影多年的著名影星玛丽娜（泰勒饰）正在举行一个盛大的夏日酒会。周围的邻居、热情的影迷为了一睹往日大明星的风采，纷纷赶来加入其中。酒会上，正当人们尽情快乐的时候，玛丽娜的一位忠实的影迷突然不省人事，一命呜呼了！

警察赶到现场后，马上对案情进行了调查。这位去世的影迷是中毒而死，而她生前是个热心人，热衷于公益事业，几乎没有仇人。警察还发现死者喝的一杯鸡尾酒本来是玛丽娜的丈夫贾森（洛克·赫德森饰）调给玛丽娜的。难道玛丽娜是凶手的真正目标？谁又是玛丽娜的仇人？ 玛丽娜的丈夫自然成了警察怀疑的对象。

这时，庄园里的一名女佣不知去向。庄园的主人收到纸条和匿名电话要钱。夜里突然响起枪声，又是一桩凶杀案……

玛丽娜面对不了身边发生的离奇变化，精神崩溃了。

这个时候，警察已经束手无策了。村子里住着一位喜欢推理

泰勒饰演的玛丽娜

的老态龙钟的马普尔小姐（安吉拉·兰斯拜瑞饰）。上了年纪的马普尔小姐自称能够猜到事情的来龙去脉。但是凶杀仍然在进行中，她又能如何阻止？

最终马普尔小姐通过时空转移的方法，用过往的时间和心情去体现凶手的世界，终于慢慢查出了真正的凶手。这个凶手就是大明星玛丽娜自己。

多年前玛丽娜因为一个影迷的亲吻传染上疾病，才不得不息影，而且生出了脑瘫的孩子。当这个影迷再次出现的时候，玛丽娜顿时起了杀心。而她那患难与共的丈夫猜出她是凶手，为了不暴露凶手的身份，一直在玛丽娜的身边保护着她。那杯致命的鸡尾酒本没有毒，是玛丽娜拿到酒后下了毒，再把有毒的酒换给了她的影迷。

比较有意思的是，泰勒在出演这部电影的时候已经48岁，正是议员夫人，也正好息影了很长一段时间。她一出场就喧宾夺

影迷正在与玛丽娜交谈

主，强大的气场完全盖过了身为主角的侦探马普尔小姐。

在影片中饰演泰勒丈夫的是在电影《巨人》中与泰勒早就有过合作的终生好友洛克。洛克是银幕上无可争议的偶像。他在《巨人》中同样饰演泰勒的丈夫，从年轻一直演到两鬓霜雪。这部电影中的洛克虽然有些老了，但仍然高大英俊，给人特别的安全感。（真是怎么都看不出来他是同性恋。）比起《巨人》中他们风华正茂时候的演出，几十年过去了，虽然泰勒的玉容已改，但经历沧桑之后，他们的表演都多了一些从容和淡然。

除了玉婆泰勒之外，还有不少昔日的巨星云集在这部影片中。比如喜剧之王卓别林的女儿、与梦露一同演过《热情似火》的当红小生托尼等。《破镜谋杀案》可说是继《尼罗河上的惨案》和《东方快车谋杀案》后，比较著名的推理侦探片。

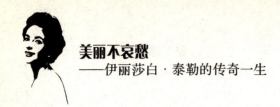

美丽不哀愁
——伊丽莎白·泰勒的传奇一生

后　记

讲故事的人

　　对于那些讲述过伊丽莎白·泰勒人生故事的人，这里不妨说一句。

　　有些人如数家珍般地把泰勒一生经历的事情从头到尾讲下来，却发现越是讲到后面，思绪越凌乱，最后甚至完全散落，对泰勒的印象也变成一地的碎片，不能收拾。这并不奇怪，原因很简单。因为他们一直是用自己的思维方式，从自己习惯的角度去看待泰勒。他们没有真正走进泰勒的生活，而只是看到了她外表的魅力，然后拿自己的经历作为标准去想象泰勒的状态（或许他们在生活中并没有一个当电影明星的密友）。

　　于是这些讲述者会发现与泰勒一样漂亮的女影星不在少数，泰勒的演技也并不是最出众的。他们奇怪地看到泰勒的成功不仅现实存在，而且灿烂夺目，更重要的是，她的辉煌几乎贯穿整个人生，保持了将近七十年。于是，他们百思不得其解，要么把泰勒想成一个美丽得不食人间烟火的女神，有超凡的神力；要么自我安慰地想象她生活在哀愁和痛苦中无法自拔。

　　其实只有真正走进她的内心世界，把她当成一个身边的老朋友，去探究她特有的思维，洞察泰勒每个时期心理的变化，才会真的了解她。如果可以尝试用她的思维方式考虑问题，那么许多发生在她身上的看似复杂的事情都会变得简单，许多看似离奇的状况也会变得正常和容易接受。

你会发现泰勒并不是神宇中看得到摸不着的流星。她的确就像你身边的每一个朋友，有快乐有痛苦，有失败有成功，有付出也有收获。她每天也要面对普通人都要面对的事情（三饱一倒，食色性也），只是她拥有自己的思维，从与众不同的角度出发看待所有的事情。比如，她不喜欢自欺欺人，问题发生的时候，她很少给自己的错误找借口，而是尽早地去面对事情的真相，并且坦荡洒脱地处理问题，最后宽容地接受处理后的结果。这个过程或许很艰难，但她从不逃避。这就让她成了一个幸福多一点（积少成多就不是一点了）、哀愁少一点的成功女人。

而且她喜欢跟聪明人打交道，无论是在婚姻上还是事业上，她都只抓住最重点的自我需要。当朋友满足她、帮助她的时候，她可以忽略和忍耐对方身上的缺点而与他们共同应对、营造生活。她生活在世人的瞩目之下，却从不让自己桎梏其中。尽管无数人称赞她的完美，并向她强调这是多么令人仰视的天赋，她依然清醒地知道，世界上并不存在完美的人，也没必要成为一个完美的人。她只要真实地活着，去接受身边的人对自己的真爱就可以了。她尽量去体会生活的本质——名声、财富、容貌、爱情都只在当时当刻有效。因为人的生命是有限的，只有几十年，无论多少财富也不可能把明天买下，也不可能留住青春和美丽。所以，她要珍惜每一天，抓住一切机会去做值得的事情。她尊重理想，但做起事情来很现实。成为一个幸福聪明的普通人，才是泰勒一生努力的方向。当然，她做到了。

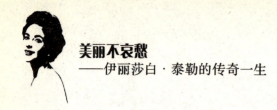

　　泰勒拥有数不清的价值连城的珠宝，6亿美金的财富，还先后享受过性格不同的7位丈夫的厚爱。提到她的7位丈夫和珠宝，泰勒曾经说过："我一生真的没有想要那么多珠宝和丈夫。"说这话的时候，她也真的是这么想的，但当一个优秀的男人手捧名贵的珠宝站在她面前，说爱上她的那一刻，她也同样是一定会收下珠宝，更不会错过体会幸福的机会的。尽管泰勒用各种说法证明她不是最幸福的女人，但是有心的人稍微分析一下就会知道她真的算不上哀愁。换个角度，如果一个超级富有的男人活跃于各种场合，一生娶过7位美女妻子，儿孙满堂，影史流芳，有自己的香水品牌，那么会不会有人认为这样的男人不成功很哀愁呢？我只想说，他可真有能力，真有福气。

　　泰勒就是有同样经历的幸福成功的女人。

　　这并不是要鼓励你积极地去离婚和再婚，而是希望你去大胆而真实地生活，像泰勒一样活出自己的精彩。

　　光阴荏苒，岁月如梭，当那些与泰勒同样天生丽质的明星（男明星和女明星）因衰老被无情淘汰的时候，泰勒用她智慧的头脑，独特的思维方式，"演出"她看似不平凡的充实人生，为我们树立了美丽不哀愁的典范。

伊丽莎白·泰勒一生大事及演出电影年表

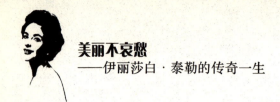

1932 年

2 月 27 日，伊丽莎白·泰勒，全名是伊丽莎白·罗斯蒙德·泰勒（Elizabeth Rosemond Taylor），出生在英国伦敦近郊的怀尔德伍德路 8 号。她的父亲弗朗西斯·泰勒（Francis Taylor）是一位画商，母亲萨拉·泰勒（Sara Taylor）曾是戏剧演员，还有一个哥哥霍华德·泰勒（Howard Taylor）。

1942 年 10 岁

出演的影片《每分钟出生一个孩子》（*There's One Born Every Minute*）上映。

1943 年 11 岁

出演的影片《灵犬莱西》（*Lassie Come Home*）上映。

1944 年 12 岁

影片《简·爱》（*Jane Eyre*）上映，小泰勒被 20 世纪福克斯电影公司借走，在影片中饰演了小简·爱的朋友小海伦。

影片《多弗的白色悬崖》（*The White Cliffs of Dover*）上映。

在米高梅公司的影片《玉女神驹》（*National Velvet*）中成为主演，成为家喻户晓的童星。

年表中所有提到电影的年份均指电影上映的年份，而非拍摄的年份，当然，许多电影都是当年拍摄、当年上映。

1946 年 14 岁

影片《战火历险记》（*Courage of Lassie*）上映。

1947 年 15 岁

影片《乳燕飞》（*Cynthia*）和《伴父生涯》（*Life with Father*）上映。

1948 年 16 岁

影片《玉女嬉春》（*A Date with Judy*）和《玉女倾城》（*Julia Misbehaves*）上映。

1949 年 17 岁

影片《阴谋者》（*Conspirator*）和《小妇人》（*Little Women*）上映。

1950 年 18 岁

5 月 6 日，泰勒与尼克·希尔顿（Nicky Hilton）举行婚礼

主演的影片《严重的后遗症》（*The Big Hangover*）,《岳父大人》（*Father of Bride*）上映。

1951 年 19 岁

1 月 29 日，泰勒与尼克·希尔顿的婚姻终结。

1947 年泰勒被派拉蒙电影公司借走主演的影片《郎心如铁》（*A Place in the Sun*）上映。这是泰勒的启蒙之作，拍摄期间结识了她一生的挚友蒙哥马利·克里夫特（Montgomery Clift）。

演出的《暴君焚城录》（*Quo Vadis*）和《玉女弄璋》（*Father's Little Dividend*）上映。

1952 年 20 岁

泰勒与 39 岁的英国著名演员迈克尔·怀尔汀（Michael Wilding）结婚

影片《劫后英雄传》（*Ivanhoe*）上映，泰勒在拍摄这部影片时与怀尔汀相识。

《爱情至上》（*Love is Better than Ever*）上映。

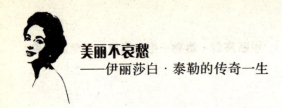

美丽不哀愁
——伊丽莎白·泰勒的传奇一生

1953 年 21 岁

1 月 6 日，泰勒的第一个孩子出生了，就是小迈克尔·怀尔汀（Michael Wilding Jr.）。

拍摄影片《玉女云裳》（*The Girl Who Had Everything*）。

1954 年 22 岁

在这一年中，泰勒有 4 部影片面世，它们是《浪子回头》（*Beau Brummel*）、《狂想曲》（*Rhapsody*）、《象宫鸳劫》（*Elephant Walk*）和《魂断巴黎》（*The Last Time I Saw Paris*）。

1955 年 23 岁

泰勒与怀尔汀的又一个儿子降生了——克里斯托弗·怀尔汀（Christopher Wilding）。

1956 年 24 岁

泰勒出演影片《巨人》（*Giant*）。此片获得 10 项奥斯卡提名。最终泰勒空手而归，导演乔治·斯蒂文斯获得了最佳导演奖。

1957 年 25 岁

泰勒与迈克尔·怀尔汀的婚姻终结，同时与电影制片人迈克尔·托德（Michael Todd）结婚，这是泰勒的第三次婚姻。

生了一个漂亮的女儿伊丽莎白·弗朗西斯·托德（Elizabeth Frances Todd），小名丽莎（Liza）。

泰勒在影片《战国佳人》（*Raintree County*）中与蒙哥马利再次合作，并因为这个角色获得奥斯卡提名。

1958 年 26 岁

托德遇空难去世，泰勒与托德的养子艾迪·费舍尔（Eddie Fisher）相爱，准备再次步入婚姻的殿堂。

泰勒出演的影片《热铁皮屋顶上的猫》（*Cat on A Hot Tin Roof*）上映，并获得奥斯卡最佳女主角的提名。

1959 年 27 岁

泰勒与艾迪举行婚礼。

影片《夏日痴魂》（*Suddenly, Last Summer*）上映，演出女主角凯瑟琳的泰勒再获奥斯卡最佳女主角提名。

1960 年 28 岁

影片《青楼艳妓》（*Butterfield 8*）上映，泰勒因在其中的表演获得次年（1961 年）奥斯卡最佳女主角奖项。

泰勒因患肺炎差点丧命。

1963 年 31 岁

史诗巨片《埃及艳后》（*Cleopatra*）上映，在拍摄这部影片的数年时光里，泰勒结识了和她多年相伴的理查德·伯顿（Richard Burton），他们陷入热恋。

影片《一代情侣》（*The V.I.P.s*）上映。

1964 年 32 岁

泰勒与理查德·伯顿相恋结婚。这是泰勒的第五次婚姻。

1965 年 33 岁

影片《春风无限恨》（*The Sandpiper*）面世。

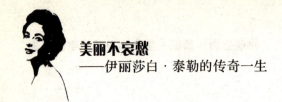

1966 年 34 岁

泰勒与理查德合演的影片《谁怕维吉尼亚·伍尔夫》(*Who's Afraid of Virginia Woolf?* ）上映，泰勒因为在其中的出色表演，第二次获得了奥斯卡的小金人。

1967 年 35 岁

影片《孽海游龙》(*The Comedians*)、《浮士德游地狱》(*Dr. Raustus*)、《驯悍记》(*The Taming of The Shrew* ）与观众见面。泰勒在《驯悍记》中与理查德搭档，有出色的表演。

《禁房情变》(*Reflections in A Golden Eye* ）本是泰勒为了帮助蒙哥马利而筹备的影片，因为蒙哥马利突然去世，她与马龙·白兰度（Marlon Brando）一起演出了这部影片。

1968 年 36 岁

影片《富贵浮云》(*Boom!*)、《沧海孤女恨》(*Secret Ceremony* ）上映。

1969 年 37 岁

影片《安妮的一千日》(*Anne of the Thousand Days* ）上映，但是未能像想象中那样再造辉煌。

1970 年 38 岁

影片《城镇游戏》(*The Only Game in Town* ）上映。

泰勒失去了照顾她多年的助手迪克·汉利。

1972 年 40 岁

泰勒出演的影片《奇男奇女奇情》(*Hammersmith is Out*)、

《牛奶树下》（*Under Milk Wood*）和《爱情你我他》（*Zee and Company*）上映。

1973 年 41 岁

影片《春回情断》（*Ash Wednesday*）、《守夜人》（*Night Watch*）上映，但这些电影都没有让泰勒重振雄风。

1974 年 42 岁

泰勒因影片《娱乐世界》（*That's Entertainment*）获得金球奖最佳女演员奖。

泰勒与理查德离婚。

1975 年 43 岁

泰勒与理查德复婚。

1976 年 44 岁

泰勒与理查德第二次离婚，随后嫁给了参议员约翰·W. 华纳（John W. Warner），他们在 12 月 4 日举行婚礼，这是她的第七次婚姻。

影片《青鸟》（*The Blue Bird*）和《我行我秀》（*It's Showtime*）上映。

1977 年 45 岁

《小夜曲》（*A Little Night Music*）上映，这是泰勒步入中年以后演出的又一部优秀的电影作品。

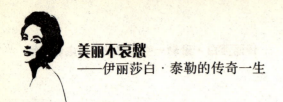

1979 年 47 岁

影片《冬季残杀》（*Winter Kills*）上映。

1980 年 48 岁

影片《破镜谋杀案》（*The Mirror Crack' d*）上映，泰勒在影片里是一位电影明星，可谓本色出演。

1981 年 49 岁

影片《融洽》（*Genocide*）上映。

4 月 27 日，泰勒主演的百老汇戏剧《小狐狸》首次上演，并获得空前绝后的成功。

12 月 22 日，泰勒和她的第七任丈夫约翰·W. 华纳宣布正式分居。

1982 年 50 岁

泰勒与约翰·W. 华纳离婚。

1983 年 51 岁

出演舞台剧《秘密生活》（*Private Lives*）。

1987 年 55 岁

电视剧《扑克俏佳人》（*Poker Alice*）与观众见面，泰勒风采依旧。

1988 年 56 岁

影片《少年托斯卡尼尼》（*Young Toscanini*）和《太空城》（*Moonwalker*）上映。

1989 年 57 岁

不甘寂寞的泰勒出演电视剧《浓爱痴情》（*Sweet Bird of Youth*）并客串影片《共同的线索》（*Common Threads: Stories from the Quilt*）。

1991 年 59 岁

泰勒与拉里·福坦斯基（Larry Fortensky）在迈克尔·杰克逊的梦幻庄园举行了婚礼。

同年泰勒成立了伊丽莎白·泰勒艾滋病基金会。

1992 年 60 岁

泰勒获得奥斯卡颁发的琼·赫肖尔特人道主义奖。

1993 年 61 岁

美国电影学会给泰勒颁发了终身成就奖。

1994 年 62 岁

影片《石头城乐园》（*The Flintstones*）上映。

1996 年 64 岁

泰勒与拉里离婚，这是她第八次离婚了。

1997 年 65 岁

泰勒荣获 SAG 终身成就大奖。

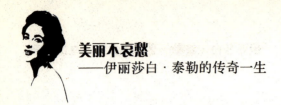

1998 年 66 岁

泰勒荣获电影协会颁发的终身成就奖。

1999 年 67 岁

出演影片《拜访》（*The Visit*）。

2000 年 68 岁

泰勒被英国女王授予爵士勋章，成为伊丽莎白·泰勒女爵士
（Dame Elizabeth Rosemond Taylor）。

2002 年 70 岁

12 月 8 日，泰勒参加了肯尼迪中心的荣誉大奖的颁奖典礼

2003 年 71 岁

好友迈克尔·杰克逊被告上了法庭。11 月，71 岁高龄的泰勒
打破沉默的状态，站出来为杰克逊主持公道。

2009 年 77 岁

杰克逊去世。

2011 年 3 月，79 岁的伊丽莎白·泰勒也终于走完了她传奇的一生

2011 年 3 月 24 日，伊丽莎白·泰勒的葬礼在美国加利福尼
亚州的格兰戴尔的"森林草地"公园举行。她的 4 个儿女和 10
个孙子参加了葬礼。